本书是国家社科基金项目（15XKS023）研究成果

博士生导师学术文库

A Library of Academics by
Ph.D.Supervisors

中国国家文化安全形势与战略

韩源 等 著

光明日报出版社

图书在版编目（CIP）数据

中国国家文化安全形势与战略 / 韩源等著 . -- 北京：
光明日报出版社，2023.3
ISBN 978 - 7 - 5194 - 7155 - 2

Ⅰ.①中… Ⅱ.①韩… Ⅲ.①文化—国家安全—研究
—中国 Ⅳ.①G12

中国国家版本馆 CIP 数据核字（2023）第 186384 号

中国国家文化安全形势与战略
ZHONGGUO GUOJIA WENHUA ANQUAN XINGSHI YU ZHANLÜE

著　　者：韩　源　等	
责任编辑：杨　茹	责任校对：杨　娜　贾　丹
封面设计：一站出版网	责任印制：曹　净

出版发行：光明日报出版社

地　　址：北京市西城区永安路 106 号，100050

电　　话：010 - 63169890（咨询），010 - 63131930（邮购）

传　　真：010 - 63131930

网　　址：http：// book. gmw. cn

E - mail：gmrbcbs@ gmw. cn

法律顾问：北京市兰台律师事务所龚柳方律师

印　　刷：三河市华东印刷有限公司

装　　订：三河市华东印刷有限公司

本书如有破损、缺页、装订错误，请与本社联系调换，电话：010-63131930

开　　本：170mm×240mm

字　　数：279 千字　　　　　　　印　　张：16

版　　次：2023 年 3 月第 1 版　　　印　　次：2024 年 1 月第 1 次印刷

书　　号：ISBN 978 - 7 - 5194 - 7155 - 2

定　　价：95.00 元

目 录
CONTENTS

上篇 国家文化安全形势评估

中篇　国家文化安全战略核心问题

下篇 国家文化安全策略核心问题

上篇　国家文化安全形势评估

第一章

国家文化安全形势评估方法：
文献评述与问题提出

随着冷战结束后非传统安全的凸显，国家文化安全逐渐受到重视。作为一个国家重大战略问题，其产生的根本原因是国家文化体系的内在运行存在着的矛盾和外在不同文化体系的交融与冲突。国家文化安全在整个国家安全体系中越来越重要。党的十七届六中全会指出："当今世界正处在大发展大变革大调整时期，文化在综合国力竞争中的地位和作用更加凸显，维护国家文化安全任务更加艰巨。"党的十八届三中全会通过的《中共中央关于全面深化改革若干重大问题的决定》，强调要"切实维护国家文化安全"。2014年，习近平在中央国家安全委员会第一次全体会议上首次系统阐述了总体国家安全观，明确把国家文化安全纳入国家安全体系。2015年7月1日第十二届全国人民代表大会常务委员会第十五次会议通过的《中华人民共和国国家安全法》，将国家文化安全写入其中。由此可见，国家文化安全是当代中国重大战略问题。

安全形势评估是一切安全战略制定与谋划的前提，也是安全研究的基本问题，然而专门针对国家文化安全形势评估的研究却极为欠缺。总体上看，基于国家层面全面系统调查的实证研究还是空白，并且缺乏科学合理的评估方法和成熟的评估范式。为拓宽视野和思路，除了梳理总结文化安全评估的文献，也需要参考文化软实力、文化产业等方面的评估文献，还有必要从安全的一般性问题入手，总览经济安全、生态和环境安全、社会安全等方面的评估文献，通过借鉴和改造相关领域的安全评估方法，基于国家文化安全的特点，创建一个国家文化安全评估的基本模型，并结合全面系统的现状调研进行实证研究，计算国家文化安全指数，为国家文化安全战略的制定和实施提供相对客观和确定的依据。

一、国家文化安全评估相关文献

(一) 国家文化安全形势分析与评估

从目前公开发表的论文和出版的专著来看，专门对国家文化安全形势进行评估的研究极少。韩源（2004）① 主要运用定性的研究方法对中国国家文化安全形势做出了评估与预测，认为国家文化安全形势评估应该从意识形态和民族文化两个维度展开，然后对影响国家文化安全的三个变量即国际文化环境、国家文化力和国家文化安全战略分别进行考察。胡惠林（2005）② 也对国家文化安全评估进行了研究，并参照经济安全指标体系提出了国家文化安全景气指标。在国家文化安全状态的划分方面，他认为应该将国家文化安全状态分为 7 种：安全、比较安全、基本安全、轻度不安全、中度不安全、严重不安全、安全危机爆发。纪少峰（2007）③ 对美国文化霸权下我国的文化安全形势做了具体分析，将国家文化安全视域中的文化划分为物质层（表层）、制度层（中间层）与心理层（核心层）。由此，根据不同层次的文化在不断变化的环境、时空和状态下的不同表现，将国家文化安全划分为三个不同的状态级，即恶性状态、中性状态和良性状态。孙宁（2011）④ 运用战略管理中的 SWOT 分析法对我国国家文化安全形势做出了宏观性的战略判断。吴瑛（2009）⑤ 从认知、行为等角度对文化安全的"安全困境"进行了理论反思，对安全量化、安全边界等问题提出了自己的理论思考。

另一部分学者则从文化贸易、文化产业、文化生态等具体领域出发，来分析我国的文化安全形势。如肖庆（2011）⑥ 从"风险社会"的视角对我国的国家文化安全问题进行了探讨。贾磊磊等（2008）⑦ 认为国家文化安全面临的现

---

① 韩源. 中国国家文化安全形势评析 [J]. 当代世界与社会主义，2004，22（04）：105.
② 胡惠林. 中国国家文化安全报告 [M]. 太原：山西人民出版社，2005：289.
③ 纪少峰. 论美国文化霸权对中国文化安全的影响 [D]. 武汉：华中师范大学，2007.
④ 孙宁. 新世纪中国共产党的国家文化安全战略论析 [D]. 北京：中国社会科学院大学，2011.
⑤ 吴瑛. 论文化安全的困境——起点与终点的悖离 [J]. 国际新闻界，2009（05）：47-51.
⑥ 肖庆. "风险社会"理论视角下的国家文化安全问题 [J]. 文化艺术研究，2011，4（02）：6.
⑦ 贾磊磊，肖庆. 中国国家文化安全的历史境遇及现实问题 [J]. 中国文化产业评论，2008（01）：36-47.

实问题包括文化认知的历史断裂和文化传承的"意义真空"两个方面。吴满意等（2004）① 认为我国国家文化安全面临的挑战包括：行为方式上的崇外主义倾向、价值观上的功利主义倾向和信仰上的多元化与离散化倾向。总的说来，对中国国家文化安全形势的研究的评估角度不一，但结论基本相似，都判断中国面临着较为严峻的国家文化安全形势。

文化安全评估较为集中的文献是关于网络文化安全评估的研究。当前关于网络文化安全监管与评估的研究主要集中在信息科学领域，学者们大都采用实证科学的方法展开对网络文化安全监管与评估指标的探讨。在网络文化安全监管方面：丁烈云和赵刚（2007）② 探讨了我国网络文化监管迫切需要解决的关键技术问题，并对国内外网络文化监管最新科技做了简要介绍；魏建国（2008）③、仇晶和廖乐健（2008）④、李欢（2016）⑤ 等学者对微博信息的推送技术、网络文化安全预警和监管的关键技术做了实证探讨；李红梅、常淑惠、刘丽娟、张立国（2011）⑥ 等在对网络安全展开分析的基础上，运用综合集成的研究方法，构建了一个网络文化安全预警系统模型。在网络文化安全评估指标方面：王燕、张屹和杨文阳（2008）⑦ 等学者对我国网络文化安全的信息内容进行了分级分类，将网络文化安全的信息内容分为推荐信息与不良信息两大类；王海琴（2014）⑧ 对传统的网络文化安全指标进行了补充，并从正确性、稳定性等方面进行了合理性研究；戴媛（2008）⑨、曾润喜（2009）⑩、陈

---

① 吴满意，孙程芳，谢海蓉. 中国文化安全面临的挑战及其战略选择 [J]. 当代世界与社会主义，2004（03）：119-121.

② 丁烈云，赵刚. 网络文化安全及其监管关键技术研究 [J]. 信息网络安全，2007（10）：28-30.

③ 魏建国. 网络文化安全监管的关键技术研究 [J]. 图书馆界，2008（04）：4-7.

④ 仇晶，廖乐健. 网络舆情与网络文化安全预警技术研究 [J]. 信息网络安全，2008（06）：59-61.

⑤ 李欢. 基于文化安全的微博信息推送技术的研究 [J]. 现代电子技术，2016，39（08）：41-44.

⑥ 李红梅，等. 网络文化安全预警系统构架研究 [J]. 科技传播，2011（24）：213-214.

⑦ 王燕，张屹，杨文阳. 中国网络文化安全推荐信息评价指标体系研究 [J]. 情报杂志，2008，27（05）：64-66.

⑧ 王海琴. 基于合理性评估的网络文化安全指标体系研究 [J]. 中国公共安全（学术版），2014（02）：98-103.

⑨ 戴媛，姚飞. 基于网络舆情安全的信息挖掘及评估指标体系研究 [J]. 情报理论与实践，2008，31（06）：873-876.

⑩ 曾润喜，徐晓林. 网络舆情突发事件预警系统、指标与机制 [J]. 情报杂志，2009，28（11）：52-54.

新杰（2012）①、杨明刚（2017）② 等学者还从不同角度提出了网络舆情安全监测和评估的指标体系，探讨了大数据时代舆情的裂变方式、传播规律和信息预警平台。另外，也有学者尝试对具体领域的网络文化监测问题提出理论性分析。比如，涂成林（2014）③ 就从国家文化安全的视角，探讨了城市网络文化安全的管理体制和监测体系等问题。

网络文化安全评估的研究文献在文化安全研究领域相对充分一点，这与网络信息相对容易测度的特点有关，整体上的国家文化安全评估可以从中得到启发。

另外，关于国家文化安全威胁来源的探讨，也可以看成形势的分析与评估，研究成果主要集中在三个方面。一是关于文化安全"外源性"威胁因素的探讨。这部分研究主要探究了全球化、西方文化扩张与文化霸权、文化帝国主义以及意识形态渗透等外源性因素对我国国家文化安全带来的冲击。例如，于炳贵和郝良华（2002）④、孙晶（2004）⑤ 等学者就对西方文化霸权的思想来源、渗透路径以及对我国文化安全的冲击和影响等进行了具体阐述。二是关于文化安全"内源性"威胁因素的探讨。例如，王沪宁（1994）⑥ 最早探讨了次级政治实体的文化主权诉求对国家文化主权带来的冲击；石中英（2004）⑦ 分析了极端民族主义、文化宗教激进主义等对我国文化安全构成的威胁；沈壮海（2009）⑧、张国祚（2011）⑨、胡

① 陈新杰，呼雨，兰月新. 网络舆情监测指标体系构建研究 [J]. 现代情报，2012，32（05）：4-7.
② 杨明刚. 数据能力是云政务的核心能力——以数据融合理论为指导建设 DT 时代的新型智慧城市 [J]. 软件和集成电路，2016（12）：36-41.
③ 涂成林. 网络化时代城市文化安全机制的建构 [J]. 广州大学学报（社会科学版），2014，13（08）：38-43.
④ 于炳贵，郝良华. 全球化进程中的国家文化安全问题 [J]. 哲学研究，2002（07）：10-15.
⑤ 孙晶. 文化帝国主义与文化霸权思想考察 [J]. 北京理工大学学报（社会科学版），2004，6（01）：43-46.
⑥ 王沪宁. 文化扩张与文化主权：对主权观念的挑战 [J]. 复旦学报（社会科学版），1994（03）：9-15.
⑦ 石中英. 论国家文化安全 [J]. 北京师范大学学报（社会科学版），2004（03）：6-13.
⑧ 沈壮海. 文化软实力的中国话语、中国境遇与中国道路 [J]. 马克思主义研究，2009（11）：120-127.
⑨ 张国祚. 提升我国文化软实力的战略思考 [J]. 红旗文稿，2011（08）：9-13.

键（2012）①、骆郁廷（2013）② 等分析了文化软实力不足对我国文化发展带来的不利影响；胡正荣和姬德强（2016）③ 等则分析了大数据背景下文化生产机制、文化价值导向和文化传统传承等方面存在的不足对我国文化安全带来的现实威胁。三是将内源与外源性威胁因素结合起来分析我国国家文化安全所面临的风险。胡惠林（2020）④ 指出外部的文化侵略造成了国家文化主权安全问题，内部的文化内乱造成了国家文化主权范围内的文化安全问题；范玉刚（2016）⑤认为中国国家文化安全的外部威胁表现为全球化带来的文化冲突，以及西方文化霸权对社会主义意识形态的挑战，而内部威胁表现为"一体性话语体系解体后，在多元文化发展格局重构中社会主导文化乏力与主流文化价值观摇摆所带来的文化失序，以及社会转型期文化撕裂对文化生态的破坏，主导文化的内生性梗阻与主流文化价值观影响力衰微等各种'叠加效应'的挑战，及其疲于应对的泛化、散化和碎片化状态"。

（二）关于文化产业安全和评估指标体系建构的研究

目前不少学者对文化产业安全评估展开了研究。代表性的观点认为文化产业安全指"在开放的社会经济条件下，一国文化产业能够在面对外来文化冲击的情况下表现出不受损害或威胁的状态，本质上包括文化产业的社会效益和经济效益双维度安全"⑥。谢巍等（2014）⑦ 借鉴国际竞争力的评估方法，构建了文化产业安全评估指标体系。蔡晓璐（2016）⑧ 提出了由产业发展环境、产业国际竞争力、产业对外依存度和产业控制力四个一级指标构成的文化产业安全评价指标体系。胡惠林、胡霁荣（2020）⑨ 认为，文化产业作为现代文化经济

---

① 胡键. 中国文化软实力建设：必要性、瓶颈和路径 ［J］. 社会科学, 2012 (02)：4-15.

② 骆郁廷. 文化软实力：基于中国实践的话语创新 ［J］. 中国社会科学, 2013 (01)：20-24.

③ 胡正荣, 姬德强. 内生与虚拟：文化安全观的两个视角转换 ［J］. 国家治理, 2016 (11)：43-48.

④ 胡惠林, 胡霁荣. 国家文化安全治理 ［M］. 上海：上海人民出版社, 2020：151-153.

⑤ 范玉刚. 从"文化冷战"到"文化热战"——非传统国家文化安全及其症候分析 ［J］. 探索与争鸣, 2016 (11)：115-122.

⑥ 周晓宏, 等. 我国文化产业安全预警体系构建研究 ［M］. 北京：人民出版社, 2019：29.

⑦ 高海涛, 谢巍. 国际文化竞争中的中国文化产业安全研究 ［J］. 国际文化管理, 2014 (01)：30-39.

⑧ 蔡晓璐. 中国文化产业安全评价指标研究 ［J］. 经济师, 2016 (05)：18-20.

⑨ 胡惠林, 胡霁荣. 国家文化安全治理 ［M］. 上海：上海人民出版社, 2020：332.

的重要形态，兼具社会效益和经济效益双重属性，因此，文化产业的发展应从关注社会效益和经济效益双维度的安全角度统筹评估，现在关于文化产业安全评估指标体系设置更多的是强调经济效益，文化产业的社会效益体现在"文化产业作为一个整体，它提供给社会的文化消费品的内容成分上，以及消费者对文化消费品所应当提供的公共价值的诉求上"。

（三）关于文化软实力评估指标体系构建的研究

"软实力（Soft Power）"这一概念最早由约瑟夫·奈提出。约瑟夫·奈的"Soft Power"被翻译为其他国家的语言时，就会成为一个具有"国别性"的概念。中国学术界更多是将"Soft Power"理解为"软实力"，使其与西方具有霸权色彩的软权力区分开来，从而具有了中国特色与中国气派。2007年10月15日，胡锦涛在党的十七大报告中第一次从国家政策层面明确使用国家文化软实力概念，即"要坚持社会主义先进文化前进方向，兴起社会主义文化建设新高潮，激发全民族文化创造活力，提高国家文化软实力"[1]。之后，文化软实力问题便成为学者们关注的重要议题。

姚洪和郭凤志（2014）[2] 通过梳理现有成果，认为要从构成资源、文化软实力的"力"的表现和"资源+力"的混合体来思考文化软实力的构成要素。以此为依据，可以发现当前学术界关于软实力（文化软实力）评估指标体系的研究和探索也主要遵循这三种逻辑展开。

第一种是从构成资源上建构文化软实力评估指标体系。如格雷戈尔·霍利克（Holyk）（2011）[3] 将软实力细分为经济、人类资本、文化、外交和政治5种类型，并为每一类软实力设置了更加具体的衡量指标。乔纳森·麦克格罗瑞（Jonathan McClory）（2010）[4] 创设了"The Soft Power 30"指标体系，从文化、教育、参与度、数字化、企业和政府治理6个客观维度，结合主观评判对数十个国家的软实力进行了横向比较，在最后的软实力指数中，客观指标占65%，

① 胡锦涛. 高举中国特色社会主义伟大旗帜　为夺取全面建设小康社会新胜利而奋斗——在中国共产党第十七次全国代表大会上的报告［R］. 北京：人民出版社，2007：39.
② 姚红，郭凤志. 中国文化软实力研究态势及其问题破解［J］. 重庆社会科学，2014（01）：60-66.
③ HOLYK G G, Paper Tiger? Chinese Soft Power in East Asia［J］. Political Science Quarterly，2011，126（02）：223-254.
④ 姜红. 亚洲国家软实力上升趋势受关注——英国公司公布2016年度软实力调查［N］. 中国社会科学报，2016-6-22（03）.

主观指标占35%。叶淑兰（2019）① 把文化软实力划分为外、中、内三个层次，其中外层包括由 9 个三级指标构成的文化设施和由 5 个三级指标构成的文化媒介，中层指向由 8 个三级指标构成的文化制度，内层指向由 12 个三级指标构成的精神价值。

第二种是从文化软实力的"力"的表现形式，建构文化软实力评估指标体系。阎学通和徐进（2008）② 较早地对软实力进行了量化研究，他们提出软实力的构成要素包括国际吸引力、国际动员力、国内动员力（对社会上层的动员力、对社会下层的动员力）三个部分，并提出了软实力的计算公式。类似地，熊正德和郭荣凤（2011）③ 提出了文化价值吸引力、文化知识生产力、文化体制引导力和文化产业竞争力的"四力"模型。花建（2013）④ 则把国家文化软实力分为文化动员力、文化环境力、文化贡献力、文化生产力、文化传播力和文化消费力六个方面，并以此建构了包括 32 个二级指标的文化软实力评估指标体系。

第三种是以"资源+力"的形式来构建国家文化软实力评估指标体系。孙亮（2009）⑤ 认为中国文化软实力由六个要素构成，即发展模式软实力、核心价值观软实力、国家形象文化软实力、文化生态软实力、外交软实力、传播软实力，如国家文化形象软实力的具体内容包括国民素质形象、民族文化符号、全球视野中中国文化的比较地位和文化的生产、学习与创新水平。林丹和洪晓楠（2010）⑥ 认为文化软实力的基本指标包括文化凝聚力、文化吸引力、文化创新力、文化整合力、文化辐射力五个部分。胡键（2014）⑦ 认为硬性文化资源和软性文化资源分别形成两种文化软实力。

① 叶淑兰. 中国文化软实力评估：基于对上海外国留学生的调查 ［J］. 社会科学，2019 （01）：14-25.
② 阎学通，徐进. 中美软实力比较 ［J］. 现代国际关系，2018 （01）：24-29.
③ 熊正德，郭荣凤. 国家文化软实力评价及提升路径研究 ［J］. 中国工业经济，2011 （09）：16-26.
④ 花建. 文化软实力：全球化背景下的强国之道 ［M］. 上海：上海人民出版社，2013：42-43.
⑤ 孙亮. "文化软实力"指标体系的建构原则与构成要素 ［J］. 理论月刊，2009 （05）：145-147.
⑥ 林丹，洪晓楠. 中国文化软实力综合评价体系研究 ［J］. 大连理工大学学报（社会科学版），2010，31 （04）：65-69.
⑦ 胡键. 中国文化软实力评估与增进策略：一项国际比较的研究 ［J］. 中国浦东干部学院学报，2014，8 （02）：40-53.

二、其他安全领域评估文献

（一）关于经济安全评估指标体系建构的研究

首先，国外学术界关于经济安全监测与预警的研究。早在 1988 年的巴黎统计学大会上，就有学者提出利用不同色彩来对经济状态做出评价。国际学术领域经常采用的经济预警方法主要有：第一，ARMA 模型，由美国统计学家金肯（JenKins）和波克斯（Box）提出，这是一种时间序列的预测方法；第二，ARCH模型，由美国加州大学罗伯特·恩格尔（Robert Engle）提出，由于它集中反映了方差变化的特点，因此广泛应用于金融数据时间序列的分析中；第三，VAR模型，由克里斯托弗·西姆斯（Christopher Sims）提出，他将单变量自回归模型推广到由多元时间序列变量组成的"向量"自回归模型；第四，ANN 方法，除了具有比较好的模式识别能力以外，还可以克服统计预警等方法的局限；第五，贝叶斯（Bayes）概率模式分类法，它从模式识别的角度对宏观经济运行进行预警。

其次，国内关于经济安全监测与预警的研究。赵英（1999）[①] 较早地建立了我国经济安全预警量化指标以及国家经济安全计量模型，他认为国家经济安全体系由国内经济、国际经济联系、社会与政治因素、国家防务和生态环境 5个子系统构成，共包含 53 个测量指标，并将指标的安全状态划分为安全、基本安全、不安全和危机四个等级。李金华（2001）[②] 提出"可在突出财政金融风险的前提下，按照社会再生产过程的逻辑联系，即生产（产业）—分配（收入）—流通（市场）—消费（投资）的思路，构筑中国国家经济安全监测警示系统"，即通过由财政金融风险、产业风险、收入分配风险、市场风险、投资风险和域外风险组成的 6 个子系统和 41 个具体指标组成的动态系统来刻画经济运行的安全度。聂富强等（2005）[③] 提出应从明确警义、寻找警源、分析警素、研究警度、发现警限、探讨警级等几个逻辑阶段，来构建国家经济安全预警系

---

① 赵英. 超越危机——国家经济安全的监测预警 [M]. 福州：福建人民出版社，1999：90-91.
② 李金华. 国家经济安全监测警示系统的构建 [J]. 中南财经大学学报，2001（05）：27-30.
③ 聂富强等. 中国国家经济安全预警系统研究 [M]. 北京：中国统计出版社，2005：13-20.

统的基本框架，建构以直接影响体系和间接影响体系为子系统的国家经济安全指标体系，探讨运用综合评价方法——多元统计分析方法对国家经济安全波动状态进行监测以便做出预警。陈首丽、马立平（2002）① 指出影响国家经济安全的因素由外部风险和内部风险两部分构成，并以此为依据提出了由"国民经济发展的对外依存度的风险程度、市场风险程度、国民经济主导产业的风险程度、宏观经济调控力度、国民经济基础产业的风险程度、科技风险制约程度、社会保障程度、金融风险程度"等组成的国家宏观经济安全运行监测指标体系。顾海兵、李宏梅和周智高（2006）② 提出经济安全突发监测评估系统主要从战争、政治、社会稳定、环境领域等方面来监测，在评估系统运行中运用到的方法主要有规范方法、实证方法、专家调查法以及抽样调查方法。雷家骕和陈亮辉（2012）③ 认为应当围绕国民利益来思考国家经济安全问题，提出应以综合评价法为依据，借鉴当前国际通行的主权信用评级中的定性与定量相结合的等级评价方法。

（二）关于环境安全评估的研究

首先是国外学术界关于环境安全及其评估的研究。20 世纪 50 年代，哈里森·布朗（Harrison Brown）在《人类未来的挑战》一书中指出，由于人类自身的不稳固以及无节制地资源开发，世界终将随着工业文明的衰亡而大受创伤。费厄菲尔德·奥斯伯恩（Feierfield Osborne）也对环境与安全的关系发表了自己的看法。1962 年，美国学者蕾切尔·卡逊（Rachel Carson）在《寂静的春天》中分析了人与自然共同生存的问题。第二次世界大战后，学者们对于环境安全的论述，主要涉及经济发展、自然资源、环境容量限制以及可持续发展等方面的内容。

20 世纪 70 年代以后，现代意义上的国家环境安全的概念才明确提出。1977年，美国学者莱斯特·R. 布朗（Lester R Brown）在《建设一个持续发展的社会》中首次使用了环境安全概念，他将环境安全纳入了国家安全的范畴。此后，很多重要的国际杂志，如《国际组织》《国际安全》等开始关注并发表关于环境安全的文章，很多国际组织和研究机构，如世界环境与发展委员会、世界观

---

① 陈首丽，马立平. 国家经济安全监测指标体系［J］. 山西统计，2002（04）：6-7.
② 顾海兵，李宏梅，周智高. 我国国家经济安全监测评估系统的设计［J］. 湖北经济学院学报，2006，4（05）：5-15.
③ 雷家骕，陈亮辉. 基于国民利益的国家经济安全及其评价［J］. 中国软科学，2012（12）：17-32.

察研究所等也发表了很多关于环境安全的报告。这场关于环境安全问题的广泛关注也影响到很多国家的政界要人，如美国前副总统戈尔在其专著《平衡的地球》一书中，阐述了将环境问题纳入国家安全范畴的观点。在这样的背景下，环境安全成为学术界一个新的研究热点，其中环境安全评估是国外学者们关注的一个重要问题。

目前，国际社会对生态及环境评价指标系统的建构方法具有代表性的主要有"压力—状态—响应"（PSR）评价体系、"驱动力—状态—响应"（DSR）评价体系、"驱动力—压力—状态—暴露—影响—响应"（DPSEEA）评价体系等。

国内关于环境安全的关注开始于 20 世纪 90 年代。目前学术界关于环境安全相关评估指标体系的建构方法明显受到国际主流范式的影响，主要有以下几种：

第一，依据"压力—状态—响应"（PSR）模型来建构环境安全相关评估指标体系。PSR（压力—状态—响应）模型以因果关系为基础，是联合国环境规划署和经济合作与发展组织等部门所发展的一项反映可持续发展机理的概念框架，目前在环境安全评估相关领域应用较为广泛。吴舜泽（2006）[1] 用 PSR 框架结构对生态系统的不同圈层进行剖析，然后提炼出指数层，进而筛选出具体的指标形成指标层，从而形成了一套"五级相异、逐级收敛、五层四维三度的复合指标体系"。高珊和黄贤金（2010）[2] 依据 PSR 模型的作用机理从环境、行为、决策三个层面，构建了由压力层（人均 GDP、人均耕地面积、能源消费总量）、状态层（人均水资源量、水土流失比例、污染负荷程度）、响应层（粮食产量、森林覆盖率、治理污染投资总额）构成的中国生态建设成效评价指标体系。

第二，依据"驱动力—压力—状态—影响—响应"（DPSIR）模型来建构环境安全相关评估指标体系。DPSIR 模型是由 PSR 模型演化而来的，具有综合性、整体性、系统性和灵活性等优点，被广泛应用于环境系统评估中。该模型从系统角度阐述了人类活动与环境系统的相互作用。董殿波、孙学凯等（2017）[3]

---

① 吴舜泽. 国家环境安全评估报告 [M]. 北京：中国环境科学出版社，2006：66-68.

② 高珊，黄贤金. 基于 PSR 框架的 1953—2008 年中国生态建设成效评价 [J]. 自然资源学报，2010，25（02）：341-350.

③ 董殿波，等. 基于 DPSIR 模型的水丰湖生态安全评估 [J]. 河北大学学报（自然科学版），2017，37（06）：630-639.

以 DPSIR 模型为依据，从社会经济影响、水生态健康、生态服务功能、调控管理 4 个方面构建了水丰湖生态安全评估指标体系。李玉照、刘永和颜小品（2012）[1] 对 DPSIR 模型进行了改进，并以改进后的 DPSIR 模型为基础，构建了由目标层、准则层、要素层、指标层组成，涵盖了 59 个具体指标的流域生态安全评价指标体系。

第三，"驱动力—状态—响应"（DSR）模型。DSR 模型由联合国可持续发展委员会（UNCSD）提出。陈秀莲（2017）[2] 以 DSR 模型的构建思想为基础，结合海洋战略资源特征，构建了由三级指标构成的南海石油安全度评估指标体系。张苗和陈银蓉（2015）[3] 将 DSR 模型和城市土地低碳集约利用内涵有机结合起来，提出了由目标层、准则层和指标层构成的，包括驱动力、状态和响应等要素的评价指标体系。

第四，压力—状态—功能—风险（PSFR）模型。张远等（2016）[4] 以此为框架，构建了包括"目标层—方案层—要素层—指标层"的流域水生态系统评估体系。张爱国（2018）[5] 基于压力—状态—功能—风险（PSFR）模型，依据《江河生态安全调查与评估技术指南（试行）》，建立了包括 4 个专项指标、16 个分项指标、34 个评估指标的河北省滦河流域生态安全评估指标体系。

（三）关于社会安全评估指标体系建构的研究

关于社会安全的概念及其理论是由哥本哈根学派在冷战后基于欧洲安全形势的巨大变化提出来的。哥本哈根学派代表人奥利·维夫（Ole Waever）认为社会安全指涉整体的社会，包括民族、类似于民族的种族、宗教共同体甚至部族和部落。他认为社会安全是主体间性的安全，其本质是认同的安全，即认为"认同是社会安全的最终评判"。国外学术界关于社会安全预警的相关研究主要有三种理论范式，其理论模型主要有：流程模型，由罗伯特·希斯提出，他将

---

①　李玉照，刘永，颜小品. 基于 DPSIR 模型的流域生态安全评价指标体系研究 [J]. 北京大学学报（自然科学版），2012，48（06）：971-981.

②　陈秀莲. 基于 DSR 模型的中国海洋战略资源安全评估和预测——以中国南海石油安全为例 [J]. 世界地理研究，2017，26（03）：46-58.

③　张苗，陈银蓉，周浩. 基于 DSR 模型的城市土地低碳集约利用评价——以武汉市为例 [J]. 水土保持研究，2015，22（05）：169-175.

④　张远，等. 流域水生态安全评估方法 [J]. 环境科学研究，2016，29（10）：1393-1399.

⑤　张爱国，等. 基于 PSFR 模型的河北省滦河流域生态安全评估 [J]. 安全与环境学报，2018，18（03）：1198-1203.

危机管理划分为缩减、预备、反应、恢复四个阶段；问题管理，这是公共危机预警管理的基础；冲突分析，方法包括冲突模型化，强化社会风险评估，情报主导等。①

国内学术界对于社会安全的理解并不完全一致。郑杭生和洪大用（2004）②认为"社会安全是社会系统能够保持良性运行和协调发展，把妨碍因素及其作用控制在最小范围内"；余潇枫（2013）③认为"社会安全是行为体间'优态共存'的安全模式，通过行为体间'互惠共建'的和合互动，达到'和合''优化'的生存状态"；朱志萍（2016）④认为"社会公共安全是不确定的大多数人的健康、人身、财产等不受威胁、没有缺损等状态，以及由人群而产生的社会公共秩序的良好与有序"。另外，社会安全评估也是我国学术界关注的一个重要命题，当前学术界对社会安全评估的研究取得了积极成果。韩春梅（2019）⑤将社会安全风险作为一级指标，将城镇化经济发展、生态环境、发展公平、人口管理风险、社会治安风险、社会保障管理风险等12个因素作为二级指标，将刑事案件数量、基尼系数、城乡居民收入比等39个具体指标作为三级指标，构建起城镇化进程中的社会安全风险评估体系。王龙和霍国庆（2019）⑥提出社会安全的本源影响因素主要包括"政治因素（如制度体系、决策机制、民主公正等）、经济因素（如发展水平、贫富差距、福利保障等）、文化心理因素（如社会信任、社会认同、主流价值观和道德规范等）"，社会安全本源因素的三个构成要件为公平感、获得感和秩序感，在此基础上，他们进一步分析了公平感、获得感和秩序感三种社会安全心理因素之间的内在作用机理，并进行了实证分析。

① 陈亮. 国外社会安全预警防范理论研究进展 [J]. 情报杂志, 2011, 30（08）：42-46.
② 郑杭生, 洪大用. 中国转型期的社会安全隐患与对策 [J]. 中国人民大学学报, 2004, 18（02）：2-9.
③ 余潇枫. 安全治理：从消极安全到积极安全——"枫桥经验"五十周年之际的反思 [J]. 探索与争鸣, 2013（06）：44-47.
④ 朱志萍. 大数据环境下的社会公共安全治理 [J]. 上海公安高等专科学校学报, 2016, 26（01）：90-96.
⑤ 韩春梅, 赵康睿, 张心怡. 城镇化进程中社会安全风险评估指标权重赋值研究——基于层次分析法 [J]. 中国人民公安大学学报（社会科学版）, 2019, 35（03）：133-145.
⑥ 王龙, 霍国庆. 社会安全的本源影响因素及其作用机理实证研究 [J]. 管理评论, 2019, 31（11）：255-266.

三、现有文献的启发及问题的提出

综合前文关于国家文化安全评估相关文献，以及其他安全领域评估研究基本方法的梳理，可以为本课题的研究提供有益启发，并由此提出本课题关于国家文化安全评估的问题设定。

（一）国家文化安全评估相关文献的启发

通过对直接相关的国家文化安全形势分析文献的梳理，可以发现当前我国学术界关于国家文化安全形势的评估分析几乎都是静态分析与定性分析，并从宏观和整体的视角指出我国国家文化安全面临的挑战与威胁，在此基础上探讨维护我国国家文化安全的对策。这种静态的"就事论事"式的分析与定性评估使得一些问题没有得到回答。比如哪些因素是影响我国文化安全的核心变量？它们是通过何种因果机制发挥作用的？它们之间又有怎样的相关性？它们对我国国家文化安全的威胁达到了何种程度？虽然有少数研究者对国家文化安全进行了一定意义上的量化研究，但距离计量意义上的实证研究还有很大的距离。因此，有必要尝试跨学科对话和跨领域整合，在定性与定量相结合的基础上，充分借鉴经济安全、环境安全、社会安全等领域已经相对成熟的安全评估方法，进一步加大对国家文化安全风险预判、识别及防控机制的相关研究，特别是以动态和系统的眼光对国家文化安全形势做出相对确定的评估，计算出国家文化安全指数。

在文化产业安全评估方面，文化产业社会效益定量评估具有相当难度，虽然学术界针对文化产业社会效益专门的定量评估研究较少，但是文化产业的社会效益评估对于维护和塑造国家文化安全具有非常重要的意义。

另外，在评估的指标体系方面，文化软实力、文化竞争力等相关研究比以上两类文献成熟，这些文献关于指标设计中分层分类的思路可以为研究国家文化安全评估指标体系提供有益借鉴。

（二）其他安全评估研究方法的启发

经济安全领域的文献对国家文化安全形势的评估有启发意义。首先，国家文化安全与国家经济安全同属于国家安全体系的重要组成部分，因此，可以考虑从国家安全整体视角来研究国家文化安全；其次，国家经济安全作为一个相对独立的子系统，很多学者运用系统分析法对其进行监测与预警研究，文献中将国家经济安全面临的外部风险作为经济安全威胁的来源，将一国经济系统应对外部风险的能力作为经济安全能力，并构建了二者之间的关系。这种逻辑关联与国家文化安全系统的状况很相似。文献普遍认为西方文化霸权是我国国家文化安全面临的主要外源性风险，而文化软实力与文化安全战略则是我国维护文化安全的关键，因此，文献中关于国家经济安全评估指标体系的建构思路，对于建构国家文化安全形势评估指标体系有重要的启发意义。另外，在经济安全领域，有学者从母子系统的关系来研究国家经济安全监测预警，将国家经济安全系统分为金融安全、财政安全、能源安全、产业安全、粮食安全、信息安全等多个子系统，并对每个子系统的安全形势分别进行指标体系设计与定量评估。国家经济安全评估中的母子系统的综合评估研究思路，对国家文化安全评估的层次划分也具有很好的借鉴意义。

在环境安全评估方面，通过比较几种环境安全评估指标体系的构建模型，可以发现，研究者可将 P（压力）和 D（驱动力）二者严格区别开来，驱动力指向人口、经济、社会等人类活动，具有动态性，而压力则指向人类活动所形成的驱动力之下的环境中某种要素的增加或减少，从而引起环境 S（状态）的变化，环境状态的变化必然会对人类生存与安全造成影响（I）。但由于国家文化安全问题本身的无形性与抽象性，驱动力和压力很难进行严格区别，在压力作用下国家文化安全状态会发生变化，但这种变化对于作为文化主体的人的影响很难在短期内可测，加之考虑到 PSR 模型所具有的综合性、灵活性以及三者之间明晰的因果关系等特点，我们发现，运用 PSR（压力—状态—响应）模型来构建国家文化安全形势评估指标体系，具有其合理性与可操作性。

社会安全和文化安全相似的地方在于二者均属于具有抽象性的安全问题，评价指标体系的设定皆适合运用定性与定量相结合的方法，即评价指标应由客观指标和主观指标两部分构成。因此，社会安全评估指标体系设计中的具体指标的筛选（哪些选择主观指标，哪些选择客观指标），不同指标权重的赋值方法，具体指标数据不同的获取方法等，都对国家文化安全评估指标体系的建构和实证分析具有较大的参考价值。

（三）本课题关于国家文化安全形势评估的基本问题设定

当前学术界很多学者都认识到了国家文化安全定量评估的价值和意义，并且有少数学者对国家文化安全评估指标体系的构建做出了探索，这对国家文化安全形势定量评估具有非常重要的参考价值。但现有少数与文化安全相关的定量评估的研究成果并未展开实质性的实证研究。因此，本课题考虑跨学科、跨领域整合，在定性与定量相结合的基础上，充分借鉴经济安全、环境安全、社会安全等领域已经相对成熟的安全评估方法，建构一个以计算国家文化安全指数为目标的国家文化安全形势评估体系。

第二章

基于 PSR 的国家文化安全形势评估指标体系

当前对于国家文化安全态势的评估大多是静态的、定性的、不系统的，难以对我国文化安全形势的演变给出全面准确的评价，也难以服务于我国文化安全的预警和策略应对。本章力图从"动态系统"角度重释国家文化安全，由此初步构建一套中国国家文化安全评估指标体系。

一、国家文化安全体系的三个子系统

要明确国家文化安全的基本含义。国家文化安全的主体不是文化而是国家，因此，国家文化安全应理解为国家安全的文化维度，国家安全的文化层次。一切安全的根本就是人的安全，人的安全不仅是生命安全、财产安全，还有精神文化领域的安全，而这一切共同的焦点就是利益，所以一切安全问题的焦点就是人的利益。上升到整个社会、国家、全球的层次上来看，那就是阶级、集团、国家的利益。归根结底，一切安全都是利益安全，都是人的利益安全，国家安全的实质就是国家利益安全。

国家的利益表现在哪些方面呢？很多从事国际政治研究的学者，仅仅把国家利益看成是民族利益，这是有所欠缺的。实际上国家应该有两重含义，一是列宁所指的作为阶级统治工具的国家，这里的国家是专政工具、阶级统治工具，是阶级斗争激化的产物，所以有阶级冲突就有了国家。我们通常所讲的国家机器就是从这个意义上理解的。因此，这个意义上的国家，它的利益就是阶级和集团利益，也就是政权利益，执政党利益，以往我们在讨论国家利益时往往忽视了这一方面。还有一方面就是比较"主流"的观点，那就是民族国家的利益。自从威斯特伐利亚条约确立之后，现代国际关系中国家的利益就是具有独立主权的民族国家的民族利益，在中国就是包括 56 个民族在内的中华民族共同利益。国家利益的最大化就是作为政权阶级统治工具的国家利益和作为民族国家利益的重合与一致，在这种国家利益理解基础之上我们才能准确看清楚什么是国家安全。因此，国家利益有这两种含义也就对应两个层面的国家安全，一方面是维护民族国家的统一和民族利益最大化，而另一方面是维护现有政权的巩固，当两种利益重合的时候就是同一个安全，当背离的时候，作为统治工具的国家就失去合法性和合理性。

国家文化安全的实质就是国家文化利益安全。《中华人民共和国国家安全法》第二条对国家安全作了界定："国家安全是指国家政权、主权、统一和领土完整、人民福祉、经济社会可持续发展和国家其他重大利益相对处于没有危险和不受内外威胁的状态，以及保障持续安全状态的能力。"相应地，国家文化安全也就是体现一个国家文化利益相对处于没有危险和不受内外威胁的状态，以及保障这种持续安全状态的能力。

首先，作为政权的国家的文化利益表现在与这种政权相对应的文化形态，也就是意识形态的统治地位。国家政权被称作国家机器，政府、法庭、军队、警察以及各职能部门称为硬国家机器，建立在这样的基础之上，并且同时为这种国家机器服务的意识形态我们可称作软国家机器。就像计算机具有软件硬件一样，软件的使用为计算机的正常运行提供了必不可少的条件，因此，意识形态也是国家机器的重要组成部分。作为软国家机器的意识形态对利益的维护就表现为国家文化安全的一个层次，因此，主导意识形态地位的巩固，意识形态的安全，也就成为国家文化安全的第一问题和核心问题，而在中国这样的社会主义国家，这个问题就显得更为突出。可以认为，意识形态由硬国家机器产生出来，为硬国家机器服务，它为现政权提供合法性、合理性的支持，如果丧失对意识形态的认同，那么就意味着现政权丧失了合法性。很难设想仅仅依靠枪杆子就能够维护政权的稳定，所谓民心就是认同，民心所向反映的就是对主导意识形态的认同或否定，因此政权的合法性、合理性有赖于它的文化基础，也就是主导意识形态的认同。意识形态受到挑战，面临威胁，所导致的后果就是政权危机。这就是冷战结束后我们在整个以资本主义为主体的世界体系当中，作为社会主义国家的中国为什么特别强调意识形态建设重要性的根源所在。

国家文化安全还有另外的一个考察层次——民族国家。以中国为例，56个民族的共同利益在国际环境当中就表现在文化认同、民族认同和国家认同三方面，这是民族国家利益的核心所在。在这个层次上能够达成这三个认同的前提，就是全民族共有的文化基础，这也支撑了整个的民族认同、国家认同和文化认同。如果民族文化发展的独立性、自主性受到挑战，那么民族国家认同也就会面临危机。可以设想，一个国家如果丧失了民族国家认同，这个国家其实也就不复存在。历史上这种例证非常多，任何一场侵略战争都会伴随文化入侵。如果在国家间冲突非常尖锐的时候，要摧毁其中一个国家的存在，那么一方面是摧毁现有政权的存在，另一方面就是摧毁民族文化认同的存在。例如，日本侵华战争不仅仅是一个推翻现政权的问题，也包含了大量的文化入侵。从这个意义上来讲，国家文化安全的第二个层次就是民族文化的安全，它最终维护的是一个民族国家的统一问题，是一个民族国家赖以传承的遗传基因和血脉。

国家文化安全对应国家利益的这两个层次，但实际上还有一个方面与我们的日常生活特别贴近，但又纳入不了意识形态和民族文化的体系，那就是人民大众纷繁复杂、丰富多彩、多元化、多样性的公共文化实践活动。公共文化实践活动是意识形态和民族文化所不能涵盖的。因为它具有丰富性、多样性、多元化的特点，在这方面直接对应的就是人的精神状态和精神风貌，一个人的健康除了包括身体健康、心理健康，还应当包括精神文化生活的健康。同样，一个民族也不仅有疆土、人口、经济实力、军事实力这些硬指标、硬实力，还应当有意识形态、民族文化这些用来支撑国家机器和民族统一的文化因素，同时还应当包括全民族的精神文化状况和精神文化风貌，这部分体现为公共文化生活。公共文化生活也面临一个安全的问题，公共文化安全表现的形式，就是精神风貌是朝向真善美还是假恶丑，如果公共文化实践活动与意识形态主导不相背，与民族国家认同不相背，同时表现为积极的真善美的方向，这是一个国家深厚的文化软实力所在。相反，如果既与主导意识形态相背离，同时又与民族文化认同相左，甚至是假恶丑的消极腐朽没落的文化生活和文化形态，那么这不是增强国家文化软实力，而是消减国家文化软实力。社会文化环境的积极健康问题也就是精神文化的安全问题，如果说公安部门涉及的公共安全直接表现在人身财产安全上的话，那么也应该存在一个关注的维度——不仅有人的生物学特征的安全问题，人的精神文化生活也存在安全问题。实际上国家间的竞争和冲突达到尖锐状态的时候所面临的不仅表现在意识形态领域的摧毁，民族文化的挑战，甚至公共文化生活的健康也是一个战略问题。由此，我们可以从总体上对国家文化安全做一个基本的划分，国家文化安全的实质是国家文化利益的安全，主要表现在意识形态安全、民族文化安全和公共文化安全这三个方面。

二、基于 PSR 模型的国家文化安全形势评估指标设计思路

关于文化安全形势评估的相关现有文献的一个突出特点就是仅关注当下状

态，而对潜在威胁和发展趋势缺乏综合考察，简言之，主要是静态分析而不是动态评估。形势应该理解为既包括事物当前所处的状态，也包括事物未来的发展趋势，而事物的当前状态和未来发展趋势都是由事物本身的内在矛盾和外部环境所决定的，外部环境有积极因素也有消极因素，有客观因素也有主观因素。由此，国家文化安全形势可理解为特定时期国家文化利益所处的状态和未来的趋势，趋势将由影响国家文化利益的各种因素相互作用，此消彼长的结果决定。这些因素可以简单概括为两类，压力性因素（导致安全问题的根源）和响应性因素（应对和解决安全问题的措施）。这样的安全系统样态与前述环境安全评估文献中的 PSR 评估模型逻辑抽象是相似的，可以借鉴 PSR 模型设计国家文化安全评估指标体系，在运用 FAHP（模糊层次分析法）分析的基础上，通过建构 PSR 的数学关系对国家文化安全形势做出总体评估。

PSR（Pressure-State-Response），即"压力—状态—响应"模型是加拿大统计学家大卫·J. 拉波特（David J. Rapport）和托尼·弗兰德（Tony Friend）于 1979 年提出的。PSR 模型以因果关系为基础，"按照'原因—效应—反应'的思路，阐释人类活动给自然界施加压力，改变了环境和资源的状态，进而通过决策、行为等发生响应，促进生态系统良性循环的过程"①。

按照 PSR 模型的基本思路，国家文化安全系统是一个由压力、状态、响应三者相互制约与作用的开放、综合的动态系统。结合前文关于国家文化安全体系三个子系统即意识形态安全、民族文化安全和公共文化安全的划分，我们可以分别来建构单个子系统的 PSR 框架，然后采用 FAHP（模糊层次分析法）对国家文化安全总体形势做出评估。

在国家文化安全 P-S-R 动态运行体系中，意识形态、民族文化和公共文化皆是国家文化安全的受体。压力（P）用于描述国家文化安全问题产生的根源和面临的威胁，即开放的国家文化系统运行时，在意识形态、民族文化和公共文化领域存在的一系列对立统一的矛盾。意识形态安全子系统的压力（P）主要来源于理想与现实的矛盾、继承与发展的矛盾、主导与多元的矛盾、国际与国内的矛盾、原则与灵活的矛盾；民族文化安全子系统的压力（P）主要来源于多元与一体的矛盾、外来与本土的矛盾、民族与世界的矛盾、传统与现代的矛盾、目标与实力的矛盾；公共文化安全子系统的压力（P）主要来源于文化需求与文化供给的矛盾、

---

① 高珊，黄贤金. 基于 PSR 框架的 1953—2008 年中国生态建设成效评价 [J]. 自然资源学报，2010，25（02）：341-350.

精英与大众的矛盾、功利追求与价值理想的矛盾、物质生活与精神生活的矛盾、私人空间与社会公域的矛盾。状态（S）用于描述在压力（P）作用与影响下，国家文化安全在意识形态安全、民族文化安全和公共文化安全三个子系统所呈现出来的现状。意识形态安全子系统的状态（S）主要通过重大政治原则、全民族共同理想、社会主义核心价值观、马克思主义主要原则、党和国家大政方针等方面呈现出来；民族文化安全子系统的状态（S）主要通过民族自豪感、民族精神标志、民族历史共同体认识、国家政治民族文化四个方面的认同统一度、文化符号传承等方面呈现出来；公共文化安全子系统的状态（S）主要通过文化民生、文化环境、文化活动、精神风貌、文化资源等方面呈现出来。响应（R）是执政党、国家、政府等相关行为主体为了破解矛盾和改善状态而做出的相应对策。意识形态安全子系统的响应（R）主要包括相关主体在思想意识、党宣部门工作、重点群体工作、理论建设、底线防控、国家环境改善等方面所做出的对策；民族文化安全子系统（R）的响应包括相关主体在思想意识、文化传承、文化创新、文化竞争、文化融合、文化外交等方面做出的对策；公共文化安全子系统的响应（R）包括相关主体在思想意识、防控机制、政策工具、引导措施、管理体制等方面做出的对策。因此，国家文化安全系统中三个相对独立的子系统即意识形态安全形势、民族文化安全形势、公共文化安全形势将由它们各自的现有状态（S）、内在矛盾构成的压力（P）以及采取的响应（R）措施三方面共同决定，据此，通过对三个子系统各自的形势判断，然后运用 FAHP（模糊层次分析法）以计算最终国家文化安全指数的形式，对国家文化安全形势作出总体判断。

图 2-1 简明展示国家文化安全体系中 PSR 的关系。

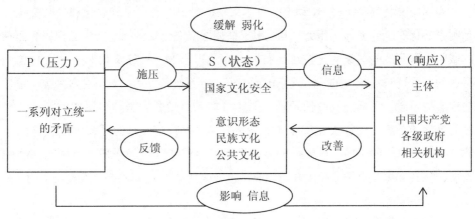

图 2-1　基于 PSR 模型的中国国家文化安全形势评估基本框架

三、国家文化安全"五层三维三度"指标体系及其说明

由于国家文化安全问题的复杂性，在构建形势评估指标体系时，需要建立多层次的结构体系，有区别、有层次地从不同角度反映国家文化安全问题。通过上述对国家文化安全三个子系统结构与 PSR 模型的分析，国家文化安全体系作为形势评估指标体系的第一层，即总体层，综合表达国家文化安全的总体水平，动态评估的思想将体现国家文化安全现状和未来变化趋势。意识形态安全、民族文化安全和公共文化安全三个子系统作为国家文化安全形势评估指标体系的第二层，即系统层，反映国家文化安全三个子系统的安全态势，从而确定维护和塑造国家文化安全的重点领域。国家文化安全形势评估指标体系的第三层是 FAHP 目标层，分别对应意识形态安全、民族文化安全和公共文化安全三个子系统的 PSR 框架。而每个子系统的 PSR 框架中的具体内容即构成 FAHP 准则层，是 PSR 每一个层次中与目标存在因果关联的中间层，即国家文化安全形势评估指标体系的第四层。国家文化安全形势评估指标体系的第五层是指标层，指标层是可度量、可比较、可获得的单项指标，同属于一个准则层下的指标之间具有相关性。以上五个层次的确定构成了国家文化安全形势评估"五层三维三度"指标体系的基本框架。

该指标体系的设计满足了对国家文化安全形势进行定量评估的需要，即通过对子系统安全现状以及变化趋势的评估与预测，进而综合反映国家文化安全总体运行系统的安全程度。更重要的是，该指标体系的设计跳出了全球化、社会转型、市场经济、信息技术发展、西方文化霸权、挑战与应对、问题与对策等思维范式，突破了传统安全与非传统安全的话语框架，为国家文化安全研究提供了一个全新的研究范式和话语框架。

（一）指标体系展示

表 2-1　中国国家文化安全形势评估指标体系

总体层	系统层	目标层	准则层	指标层
中国国家文化安全体系	意识形态安全	状态层 S	重大政治原则	党领导一切
				两个维护　两个确立
				四个意识
				四个自信

续表

总体层	系统层	目标层	准则层	指标层
中国国家文化安全体系	意识形态安全	状态层 S	全民族共同理想	祖国统一
				民族团结
				国家富强
				民族振兴
				人民幸福
			社会主义核心价值观	国家层面： 富强 民主 文明 和谐
				社会层面： 自由 平等 公正 法治
				个人层面： 爱国 敬业 诚信 友善
			马克思主义主要原则	思想路线
				实践基础
				发展理念
				最高理想
			党和国家大政方针	基本路线
				方针政策
		压力层 P	理想与现实的矛盾	党政干部言与行
				政策制定与落实
				人民期望与现实
			继承与发展的矛盾	理论继承与发展
				道路继承与发展
				制度继承与发展
				文化继承与发展
			主导与多元的矛盾	学术思想
				网络舆论
				传媒信息
				宗教传播

续表

总体层	系统层	目标层	准则层	指标层
中国国家文化安全体系	意识形态安全	压力层 P	国际与国内的矛盾	国际舆论交锋
				西方思想渗透
				国际形势影响
			原则与灵活的矛盾	理论学习
				工作实践
		响应层 R	思想意识	国家意志
				社会氛围
				个人意识
				战略思想
			党宣部门工作	领导体制
				工作理念
				主流媒体
			重点群体工作	立德树人
				党建引领
				干部带头
			理论建设	解答能力
				批判能力
				解决能力
			底线防控	体制机制
				工作准则
				防控操作
			国际环境改善	交流沟通
				反击渗透
				秩序建构
	民族文化安全	状态层 S	民族自豪感	身份感
				荣誉感
				成就感

续表

总体层	系统层	目标层	准则层	指标层
中国国家文化安全体系	民族文化安全	状态层 S	民族精神标志	集体本位
				家国情怀
				忠义精神
			民族历史共同性认识	历史情感共同性认识
				民族融合共同性认识
			国家、政治、民族、文化四个方面认同统一度	国家认同
				政治认同
				民族认同
				文化认同
			文化符号传承	生活方式（中餐）
				思维方式（中医药）
				风俗习惯（传统节日）
				情感表达（文学艺术）
				语言文字（汉语汉字）
		压力层 P	多元与一体的矛盾	价值追求
				生活习惯
				语言文艺
				历史轨迹
				利益需求
			外来与本土的矛盾	国外文学艺术和学术思想影响
				城市外国人口占比
				英语传播影响
				西方节日影响
				进口文化产品影响
				在华跨国公司雇员就业人口占比
				有出国经历人数占比
			民族与世界的矛盾	价值观的民族性与世界性
				历史逻辑的民族性与世界性
				民族意识与世界意识

续表

总体层	系统层	目标层	准则层	指标层
中国国家文化安全体系	民族文化安全	压力层 P	传统与现代的矛盾	文艺形式的传统与现代
				价值观的传统与现代
			目标与实力的矛盾	文化实力与综合国力差异
				国际地位与文化贡献差异
		响应层 R	思想意识	国家意志
				社会氛围
				个人意识
				战略思想
			文化传承	政策制定
				工作措施
			文化创新	政策制定
				工作措施
			文化竞争	政策制定
				工作措施
			文化融合	民族文化融合政策与措施
				中外文化融合政策与措施
				中马文化融合政策与措施
			文化外交	文化外交政策
				文化交流措施
				中国在国际文化组织作用
				国际文化秩序建构
	公共文化安全	状态层 S	文化民生	文化消费水平
				文化保障水平
			文化环境	广播影视音像文化信息
				网络文化信息
				纸媒报刊图书文化信息
			文化活动	娱乐休闲
				文体兴趣
				演艺观赏

续表

总体层	系统层	目标层	准则层	指标层
中国国家文化安全体系	公共文化安全	状态层 S	文化活动	民俗节庆
				参观旅游
				展会游园
				宗教活动
			精神风貌	文明礼貌
				人文素质
				意志品质
				信心能力
				社会心态
			文化资源	文化多样性
				文化资源管理
				文化资源开发利用合理性
		压力层 P	文化需求与文化供给的矛盾	文化产业量的供需矛盾
				文化产业质的供需矛盾
				文化事业度的供需矛盾
			精英与大众的矛盾	文化产品思想性与娱乐性
				文化作品高雅性与通俗性
				文化经典正统性与普及性
			功利追求与价值理想的矛盾	经济效益与社会效益
				工具理性与价值理性
			物质生活与精神生活的矛盾	物质生活水平与精神生活水平差异
				物质生活需求度与精神生活需求度差异
				精神生活感官性内容与思想性（超越性）内容比例差异

总体层	系统层	目标层	准则层	指标层
中国国家文化安全体系	公共文化安全	压力层 P	私人空间与社会公域的矛盾	文化兴趣个人选择与社会价值导向
				文化行为个性化与文化活动公共性
				文化创造个人自由与文化传播公共秩序
		响应层 R	思想意识	国家意志
				社会氛围
				个人意识
				战略思想
			防控机制	法律规章
				监管机制
				操作措施
			政策工具	文化产业政策
				文化事业政策
				教育行业政策
			引导措施	优秀文艺作品和文化精品激励措施
				主旋律作品的产出机制
				主旋律作品的影响力
			管理体制	领导体制
				法律法规
				行业协会
				文化产业与文化事业协调机制
				市场机制与政府作用协调机制
				文化生产与文化传播协调机制

（二）具体指标说明

1. 意识形态子系统指标说明

意识形态安全问题源于意识形态系统发展中一系列对立统一矛盾的运行，在这些矛盾运行的压力与作用下，意识形态安全状态发生改变，而解决意识形态安全问题应该从缓解矛盾和改善状态两个方面入手。主导意识形态安全状态的变化态势，主要由内在矛盾构成的压力变化趋势和响应措施的变化趋势以及二者形成的力量抗衡来共同决定。

意识形态安全状态层（S）指标主要描述在某个特定时期，民众对于以马克思主义为指导的社会主义意识形态的认知认同状况，进而了解马克思主义在意识形态领域是否居于一元指导地位。作为目标层的意识形态安全状态包括四个准则层：第一个是重大政治原则，它是衡量主导意识形态安全状态最重要的要素，主要通过党领导一切、两个维护、四个意识和四个自信等四个指标来衡量；第二个是全民族共同理想，主要通过祖国统一、民族团结和中国梦（国家富强、民族振兴、人民幸福）等具体指标来评估；第三个是社会主义核心价值观，主要通过民众对社会主义核心价值观的认同状况来评估；第四个是马克思主义主要原则，主要通过民众对党的思想路线、公有制主体地位、人民中心理念、共产主义最高理想的认同度来评估，其中作为实践基础的公有制主体地位起着最为基础的作用；第五个是党和国家大政方针，主要通过民众对党的基本路线以及党的十九大以来各项方针政策的认知认同度来衡量。

意识形态安全压力层（P）主要描述对状态层指标产生影响的各种因素，基于对意识形态作用规律和意识形态风险形成规律的分析，确定将理想与现实的矛盾、继承与发展的矛盾、主导与多元的矛盾、国际与国内的矛盾、原则与灵活的矛盾等五个对立统一的矛盾运行作为构成意识形态安全压力目标的准则层。其中理论与现实的矛盾主要描述党和政府方针政策的落地情况，主要通过党政干部言与行、政策制定与落实、人民期望与实现三个具体指标来衡量；继承与发展的矛盾主要描述马克思主义基本原理和党的创新理论指导下的实践与时俱进和一脉相承兼顾的状况，主要通过马克思主义中国化的几大理论成果、新中国成立以来的发展道路和中国特色社会主义各项制度和文化所体现的继承与发展统一的程度来衡量；主导与多元的矛盾主要描述社会主义意识形态与多元思想之间的关系，通过学术思想、网络舆论和传媒信息所呈现的多元多样思想状况和宗教的传播影响等来衡量；国际与国内的矛盾主要描述国际环境和国际文化秩序对主导意识形态安全的影响，通过国际社会舆论交锋状况、西方思想对中国社会的影响程度和中国应对国际形势变化的情况来衡量；原则与灵活的矛盾主要描述意识形态工作方法有效性的问题，主要通过政治理论学习是否做到严谨规范又灵活务实、维护中央权威与激活基层活力是否有效统一来衡量。

意识形态安全响应层（R）主要描述党和政府为缓解压力和改善状态而已经或正在采取的措施和这些措施的效果。党和各级政府以及相关部门和个人的响应措施，可以从思想意识和实际行动两个层面来分析，其中思想意识层面主要通过党和国家、社会主体以及公民个人重视思想政治工作的程度以及党和国家是否有系统、完备、科学的意识形态工作思想来评估。实际行动方面主要包括：第一是主流渠道（党宣部门），主要通过宣传思想工作的领导体制、各级宣传部门的工作理念、主流媒体的宣传效果三个指标做出评估；第二是基础工作（特殊群体），主要通过学校思想政治理论课立德树人的效果、基层党组织的党建引领效果、领导干部政治理论学习效果三个指标做出评估；第三是理论建设，主要通过现有理论对中国发展道路、制度模式、取得成就和存在问题的解答能力，对错误思潮的批判能力和意识形态理论对现实问题的解决能力三个指标做出评估；第四是底线防控，主要通过意识形态风险管控机制的健全程度，管控工作准则的清晰合理程度以及对新闻报道、书刊出版、网络舆情的防控效果三个指标来做出评估；第五是国际环境改善，主要通过对外讲好中国故事、传播好中国声音的工作成效，反击西方国家意识形态渗透的效果和在国际秩序建构中的努力及效果来做出评估。

2. 民族文化安全子系统 PSR 指标说明

民族文化安全问题源于中华民族文化传承与发展中所产生的一系列对立统一矛盾的运行，在这些矛盾运行的压力作用下，民族文化安全状态发生变化。解决民族文化安全问题一方面要着眼于缓解矛盾，另一方面要着眼于改善状态，而民族文化安全态势的变化取决于压力层与响应层的变化以及二者之间力量的对比情况。

民族文化安全状态层（S）指标主要描述在某个特定时间段，民众对于中华民族文化认知认同的状况。民族文化安全状态（S）的评估主要从五个准则层展开：第一是民族自豪感，民族自豪感可以通过作为中国人的身份感、荣誉感和成就感三个具体指标来进行测评；第二是民族精神标志，中华民族精神的灵魂与核心是爱国主义，具体主要是通过对民众的集体本位、家国情怀和忠义精神三方面表现情况的测评来进行评估；第三是历史共同性，一方面，通过对 1840

年以后中国沦为半殖民地半封建社会，中国人民所遭受侵略的历史记忆即历史情感共同性来测评，另一方面，通过56个民族，尤其是汉族、维吾尔族、蒙古族、藏族、回族五个民族对自己所属民族历史之于中华民族共同历史的认同状况，即民族融合共同性来测评；第四是认同统一度，主要通过民众的国家认同、政治认同、民族认同和文化认同四个指标进行评估；第五是文化符号传承，主要通过对中国民众的生活方式、思维方式、风俗习惯、情感表达和语言文字五个指标进行调查展开评估。

民族文化安全压力层（P）指标主要描述对状态层发生作用的各种因素，依据对民族文化传承与发展规律的分析，民族文化安全压力主要来源于多元与一体的矛盾、外来与本土的矛盾、民族与世界的矛盾、传统与现代的矛盾以及目标与实力的矛盾等一系列对立统一矛盾的运行。其中多元与一体的矛盾描述作为多元存在的56个民族和作为一体存在的中华民族之间的矛盾，主要通过56个民族在价值追求、生活习惯、语言文艺、历史轨迹、利益需求等方面的统一度来衡量；外来与本土的矛盾描述外部因素之于国家文化安全的影响程度，主要通过对国外文学艺术和学术思想影响、城市外国人口占比、英语传播影响程度、西方节日在中国的认同度、进口文化产品消费、跨国公司雇员就业人口占比、有出国经历人数占比等几个具体指标进行评估；民族与世界的矛盾描述民族性文化和世界性文化的相互贯通和相互交融性，主要通过价值观的民族性与世界性、中国模式历史逻辑的民族性与世界性、中国人民族意识与世界意识的兼容性三个具体指标做出评估；传统与现代的矛盾描述传统与现代之间相互适应对方的程度，一方面通过文艺形式，即古诗文对当代中国人的生活状态和思想感情的程度进行考察，另一方面通过中国传统价值观与当今中国人实际价值观的对比进行考察；目标与实力之间的矛盾描述实然与应然之间的差距，一方面考察文化与国力，即中国文化软实力国际地位与中国综合国力国际地位之间的差距，另一方面考察国际地位与文化贡献，即中华文化对世界的贡献与中国成为世界性强国目标之间的匹配程度。

民族文化安全响应层（R）主要描述党和政府为缓解压力和改善状态而已经或正在采取的措施和这些措施的效果。党和各级政府以及相关部门和个人的响应措施依然从思想意识和实际行动两个层面来分析，其中思想意识层面主要考察党和国家、社会主体、公民个人重视民族文化的程度以及党和国家是否有系统、完备、科学的传承和弘扬中华民族文化的战略思想。在实际行动上，首先需要考察国家是否有鼓励、支持民族文化传承、创新，提高中华文化影响力以及促进民族融合、文化外交的政策体系；其次需要考察这些政策的实施效果如何；最后考察在这些政策支持下中国国家文化软实力的状况，主要通过文化影响力、产业竞争力、中西马关系的融合度、中国在国际文化组织中的作用以及在国际文化秩序建构中的贡献情况来衡量。

3. 公共文化安全子系统 PSR 指标说明

公共文化安全问题的产生主要是源于大众文化生产与消费过程中所产生的一系列对立统一矛盾的运行，在这些矛盾运行的作用下，公共文化安全状态发生改变，解决公共文化安全问题应从破解矛盾和改善状态两个方面入手。

公共文化安全状态层（S）描述在一系列对立统一矛盾的作用下，某一特定的时间段内，国民的公共精神文化生活的健康程度。公共文化安全状态可通过文化民生、文化环境、国民的文化活动、精神风貌以及教育生态等方面做出评估。文化民生指向国家在解决人民基本温饱问题后，为解决人民精神文化需要而做出的努力，可以通过文化消费，即中国人均文化产品消费与世界人均文化产品消费的比较，和文化保障，即公共文化服务全国总体水平，两个指标来衡量；文化环境指向影响一个社会价值观的外在因素，当今时代文化环境的优劣主要考察广播影视音像文化信息、网络文化信息、纸媒报刊图书文化信息等的健康程度；文化活动指向民众的文化行为，主要通过对民众日常的娱乐休闲、文体兴趣、演艺观赏、民俗节庆、参观旅游、展会游园以及宗教活动的形式和内容的健康程度做出评估；精神风貌指向民众能力、气质、觉悟等方面的外在表现，主要通过对当今中国人的文明礼貌状况、人文素养、意志品质、信心能力和社会心态的考察做出评估；文化资源准则层通过对文化多样性、文化资源管理状况、文化资源开发利用合理性三项指标考察来做出评估。

公共文化安全压力层（P）指标主要描述对状态层发生作用的各种因素，以大众文化生产与消费规律为依据，公共文化安全压力主要来源于文化需求与文化供给的矛盾、精英与大众的矛盾、功利追求与价值理想的矛盾、物质生活与精神生活的矛盾、私人空间与社会公域的矛盾。文化需求与文化供给的矛盾指向一定时期内，民众对文化产品的需求和文化部门向社会和市场提供的文化产品供给之间的矛盾。这种矛盾首先体现为文化产业量的矛盾，可通过我国人均文化产业产值与世界人均文化产业产值的比较做出测评，其次体现为文化产业质的矛盾，可通过测量民众对文化产品的质量满意度做出评估，最后体现为文化事业度的矛盾，可通过对政府以经济效益为核心的政绩评价与发展文化事业的矛盾进行考察；精英与大众的矛盾根源于人们对当下的世俗需要和指向未来的人文精神需要之间的悖论性存在。精英与大众的矛盾可以通过对民众文化产品思想性与娱乐性、文艺作品高雅性与通俗性、文化经典正统性与普及性的考察做出评估。功利追求和价值理想的矛盾主要考察社会主义市场经济条件下，文化产业对于功利与理想之间张力的状况，可通过经济效益与社会效益的统一度和工具理性与价值理性的兼顾度做出评估。物质生活与精神生活的矛盾描述在我国社会现代化转型和变革中，人们对于物质与精神的追求上所体现出来的矛盾，首先可以通过对人们精神生活状况和物质生活条件的考察得知现状，然后进一步考察国人精神生活水平和物质生活水平的协调性。私人空间与社会公域的矛盾描述个人与社会的关系以及选择权利与责任担当的关系，可通过文化兴趣个人选择与社会价值导向、文化行为个性化与文化活动公共性、文化创造个人自由与文化传播公共秩序三个方面的协调性做出具体评估。

公共文化安全响应层（R）主要描述党和政府为缓解公共文化安全压力和改善公共文化安全状态而已经或正在采取的措施和这些措施的效果。党和各级政府以及相关部门和个人的响应措施依然从思想意识和实际行动两个层面来展开。在思想意识方面，主要考察党和国家对文化健康的重视程度和促进文化健康发展的战略思想，社会对文化产业等"精神食粮"健康问题的重视程度，以及公民个人对健康精神生活的重视程度。在实际行动方面，首先是关于防控机制的测评，一方面，考察针对文化环境"污染治理"的法律规章是否健全，另一方面，考察针对文化信息发布和文化产品生产的监督、管理措施是否健全；其次是关于政策工具的测评，主要考察产业政策基本内容及其实施对于经济效益与社会效益矛盾的解决能力、文化事业政策基本内容及其实施对于提高大众精神生活水平的作用力、教育行业政策基本内容及其实施对于促进人自由而全面发展的有效性；再次是关于引导措施的测评，引导措施指向党和国家对于民众公共文化活动的价值观导引，可以通过测评优秀文艺作品和文化精品的激励措施、主旋律作品的产出机制、主旋律作品的影响力做出评估；最后是管理体制，管理体制指向主体以什么样的手段、方法来实现管理任务和目的，公共文化安全管理体制指向党和政府及其相关部门就如何保障公共文化安全所采取的一系列手段、方法等，可以通过对各级文化管理部门的领导体制和法律法规、文化领域行业协会作用、文化产业与文化事业的关系、市场机制与政府作用的关系、文化生产与文化传播的关系等进行测评，做出评估。

第三章

基于 PSR 和 FAHP 的国家文化安全形势评估：
方案设计与实证研究

百年未有之大变局背景下，我国国家文化安全面临更加复杂的局面，如何清楚认识错综复杂的国家文化安全系统，"准确"评估我国国家文化安全形势，是维护和塑造国家文化安全的前提性问题。然而，当前对于国家文化安全态势的评估大多是静态的、定性的、不系统的，难以对我国文化安全形势的演变给出全面准确的评价，也难以服务于我国文化安全的预警和应对国内外势力对我国文化安全全方位的挑战。石中英（2004）① 较早地提出有必要建立一套基于数据的检测国家文化安全状况的系统，并认为这是维护国家文化安全的重要手段，但这一建议并未受到足够的重视。大量文献都对国家文化安全的主要内容进行了分类总结和指标示例（胡惠林，2005②；刘跃进，2004③；潘一禾，2005④）。只有少数文献专门对国家文化安全形势进行评估（韩源，2004⑤），但这类文献也只是定性分析。显然，专门从整体和系统的角度构建国家文化安全评估指标体系，并以计算国家文化安全指数的方法对我国文化安全态势展开实证研究的文献极为欠缺。

尽管如此，在国家文化安全以外的金融安全、生态安全等其他安全研究领域，已有一些成熟方法用于整体安全评估或预警指数的构建。例如，广泛用于金融系统稳定性评估的主成分分析（PCA）和动态因子模型（DFM）（王娜和施

① 石中英. 论国家文化安全 [J]. 北京师范大学学报（社会科学版），2004（03）：5-14.
② 胡惠林. 中国国家文化安全报告 [M]. 太原：山西人民出版社，2005：1-8.
③ 刘跃进. 解析国家文化安全的基本内容 [J]. 北方论丛，2004（05）：88-91.
④ 潘一禾. 当前国家体系中的文化安全问题 [J]. 浙江大学学报（人文社会科学版），2005，35（02）：13-20.
⑤ 韩源. 中国国家文化安全形势评析 [J]. 当代世界与社会主义，2004，22（04）：103-107.

建淮，2017①；惠康等，2010②；孙攀峰和张文中，2020③；杨小玄和王一飞，
2019④），用于个人综合信用评分的机器学习方法（周毓萍和陈官羽，2019⑤；
何儒汉等，2020⑥），用于生态安全评估的压力—状态—响应（PSR）方法（张
锐等，2013⑦；张军以等，2011⑧；徐成龙等，2014⑨）。然而，这些方法并不适
用于国家文化安全指数的构建。原因在于，这些方法严重依赖定量和高频的数
据，不能很好地处理定性和低频的指标，而国家文化安全相较于金融和生态等
领域，更多地涉及精神和意识形态的范畴，因而对文化安全的评估也会较多地
运用到由专家打分和问卷调查获得的低频定性指标。因此，构建我国文化安全
指数的关键前提是采用一种对低频定性指标较为宽容，但同时又能保证评估的
综合性和准确性的方法。

　　基于以上考虑，本课题采用萨蒂（Saaty）（1980）⑩ 提出的模糊层次分析法
（FAHP）来构建我国文化安全指数。FAHP 方法是一种能够同时运用定性和定量指
标进行某个系统的综合评价的运筹方法。该方法因系统、灵活和简洁的优点而在各
行各业的安全评价领域得到广泛青睐，例如金融投融资安全（喻海燕，2015⑪；宋

---

① 王娜，施建淮. 我国金融稳定指数的构建：基于主成分分析法［J］. 南方金融，2017
（06）：46-55.

② 惠康，任保平，钞小静. 中国金融稳定性的测度［J］. 经济经纬，2010（01）：145-149.

③ 孙攀峰，张文中. 基于 FSCI 指数的中国金融稳定性评估［J］. 技术经济与管理研究，
2020（03）：70-76.

④ 杨小玄，王一飞. 我国系统性风险度量指标构建及预警能力分析——基于混频数据动态
因子模型［J］. 南方金融，2019（06）：3-15.

⑤ 周毓萍，陈官羽. 基于机器学习方法的个人信用评价研究［J］. 金融理论与实践，2019
（12）：1-8.

⑥ 何儒汉，苏裕益，向俐双，等. 基于梯度提升决策树的卷烟零售户信用评分模型研究
［J］. 计算机应用研究，2020，37（S1）：108-110.

⑦ 张锐，郑华伟，刘友兆. 基于 PSR 模型的耕地生态安全物元分析评价［J］. 生态学报，
2013，33（16）：5090-5100.

⑧ 张军以，苏维词，张凤太. 基于 PSR 模型的三峡库区生态经济区土地生态安全评价
［J］. 中国环境科学，2011，31（06）：1039-1044.

⑨ 徐成龙，程钰，任建兰. 黄河三角洲地区生态安全预警测度及时空格局［J］. 经济地
理，2014，34（03）：149-155.

⑩ T. L. Saaty, *The Analytic Hierarchy Process*［M］. New York：Mcgraw-Hill，1980.

⑪ 喻海燕. 我国主权财富基金对外投资风险评估——基于三角模糊层次分析法（TFAHP）
的研究［J］. 厦门大学学报（哲学社会科学版），2015（01）：110-118.

琳，2017①）、工程项目安全（朱明明，2010②；强跃等，2013③）、生态环境安全（吴春生等，2018④；范语馨和史志华，2018⑤）等。尽管该方法在大量不同领域的安全态势评估中得到了广泛应用，但在文化安全领域尚未发现该方法的使用。FAHP 方法将一个综合问题拆分为若干层次分别进行评估的过程，契合了国家文化安全已有研究中将文化安全分为不同内容分别进行分析的思想（刘跃进，2004⑥；吴满意等，2004⑦；潘一禾，2005⑧；涂成林，2014⑨）。因此，FAHP 运用于国家文化安全指数的构建和文化安全态势的评估，不仅具有极大的可行性，实际操作也是较为简便的，并且符合学界对国家文化安全具体内容的已有认识。本课题将在已有文献提出的国家文化安全具体层次的基础上，从系统和全局角度，以 PSR 的理念构建一个全新和综合性的评估体系，并运用 FAHP 对我国的国家文化安全形势进行开创性的综合定量评价研究。

一、研究方案设计

为了以国家文化安全指数构建的形式系统性地评估我国总体的文化安全形势，本课题将我国国家文化安全指数构建分为总体层、系统层、目标层、准则层和指标层五个从上至下的层次，并按照从下至上、逐步综合的步骤，使用模糊层次分析法（FAHP）和"压力—状态—响应"（PSR）分析相结合的方法进

---

① 宋琳. 基于模糊层次分析法的 P2P 网贷行业风险评估研究［J］. 东岳论丛，2017，38（10）：96-101.

② 朱明明. 基于模糊层次分析法的工程项目风险评估［J］. 科技管理研究，2010，30（20）：214-217.

③ 强跃，何运祥，刘光华. 基于模糊层次分析法的中小型水利水电工程施工风险评价［J］. 施工技术，2013，42（21）：51-54.

④ 吴春生，黄翀，刘高焕，等. 基于模糊层次分析法的黄河三角洲生态脆弱性评价［J］. 生态学报，2018，38（13）：4584-4595.

⑤ 范语馨，史志华. 基于模糊层次分析法的生态环境脆弱性评价——以三峡水库生态屏障区湖北段为例［J］. 水土保持学报，2018，32（01）：91-96.

⑥ 刘跃进. 解析国家文化安全的基本内容［J］. 北方论丛，2004（05）：88-91.

⑦ 吴满意，孙程芳，谢海蓉. 中国文化安全面临的挑战及其战略选择［J］. 当代世界与社会主义，2004（03）：118-121.

⑧ 潘一禾. 当前国家体系中的文化安全问题［J］. 浙江大学学报（人文社会科学版），2005，35（02）：13-20.

⑨ 涂成林. 网络化时代城市文化安全机制的建构［J］. 广州大学学报（社会科学版），2014，13（08）：38-43.

行指数构建。

其中，总体层为中国国家文化安全指数。总体层下面有意识形态安全指数、民族文化安全指数和公共文化安全指数三个系统。每一个系统按照 PSR 分析的思想，又分为状态（S）指数、压力（P）指数和响应（R）指数三个目标。对于任意一个系统，状态表示这一系统文化安全的现状，压力表示系统面临的可能使得文化安全形势恶化的内外部压力，响应表示系统内各个主体在维护文化安全上做出的努力。每个目标又分为若干准则，每个准则又分为若干指标。本课题所用"五层次"指数构建体系可被简要总结如表 3-1。

表 3-1　我国国家文化安全"五层次"评估体系概要

总体层	系统层	目标层	准则层	指标层
中国国家文化安全	意识形态安全	状态 S	……	……
		压力 P	……	……
		响应 R	……	……
	民族文化安全	状态 S	……	……
		压力 P	……	……
		响应 R	……	……
	公共文化安全	状态 S	……	……
		压力 P	……	……
		响应 R	……	……
FAHP：总体←系统　　PSR：系统←目标			FAHP：目标←准则←指标	

为从下至上构建国家文化安全指数，本课题首先使用萨蒂（Saaty）（1980）[①]提出的 FAHP 方法，按照指标到准则再到目标的顺序，构建出九个目标层的指数。随后，本课题分别将每个系统下三个目标层的指数综合为意识形态安全指数、民族文化安全指数和公共文化安全指数这三个系统层的指数。最后，再一次使用 FAHP 分析将系统层的指数综合为中国国家文化安全指数，从而形成对中国国家文化安全态势整体的和全面的判断。

下文首先介绍从准则层到目标层的指数构建步骤，即"基于 FAHP 方法的目标层的指数构建"，再介绍从目标层到系统层的指数构建步骤，即"基于 PSR 分析的系统层的指数构建"，最后构建总体指数。从系统层到总体层的指数构建

---

① T. L. Saaty, *The Analytic Hierarchy Process*［M］. New York：Mcgraw-Hill, 1980.

所使用的方法和从指标层到目标层的方法是一致的，都是 FAHP 分析。要进行从系统层到总体层的指数构建，只需将总体层作为目标层，而将系统层作为准则层，进行一个两层次的简单的 FAHP 分析即可。因方法相同，便略去系统层到总体层的构建步骤，仅对"基于 FAHP 方法的目标层的指数构建"进行详细介绍。

（一）基于 FAHP 方法的目标层的指数构建

FAHP 方法将一个受多种因素影响的复杂问题分解为目标层、准则层和指标层三个从上至下的层次，并按照从下至上的步骤对该问题进行评估。目标层为决策者要评估的最终问题，准则层为影响最终问题的几个方面，而每一个准则下又可分出若干具体的指标以服务对准则的评估。在本书中，目标层的目标有九个，即意识形态安全、民族文化安全和公共文化安全三个系统下，每个系统又分别包含状态（S）、压力（P）和响应（R）三个方面。假设要分析任意一个目标，例如，意识形态安全下的状态指数（S），再假设该目标下有四个准则，每个准则下又有三个指标，则相应的 FAHP 框架设定如图 3-1。当然，不同目标下的准则数量以及不同准则下的指标数量都有差异，但这并不影响 FAHP 分析的步骤。此处假设仅为举例。

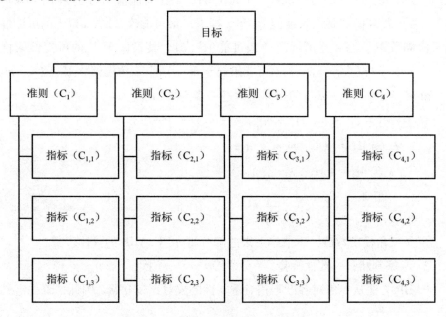

图 3-1　评估某个目标的 FAHP 框架

1. 三角模糊数

FAHP 依赖专家对评估体系中各准则和指标相对重要性的两两比较构造指数。相较于更传统的层次分析法（AHP），模糊层次分析法（FAHP）引入数学中的模糊数来反映在专家评估中出现的模糊比较的情况。例如，在本课题的文化安全评估体系中，专家可能并不能给出语言文字是否相较风俗习惯更重要的准确判断，而是给出一个相对重要性的可能判断。因此，相较于 AHP，FAHP 更能反映人类思维过程的模糊性，其评估也是更加科学准确的。

本书使用范拉霍温（Van Laarhoven）和佩德里茨（Pedrycz）（1983）[①] 提出的三角模糊数来反映专家判断的模糊性。一个实数 x 以 $\mu_M(x)$ 的可能性隶属于一个三角模糊数 $M = (l, m, u)$，当且仅当 $\mu_M(x)$ 按如下方式定义。

$$\mu_M(x) = \begin{cases} \dfrac{x-l}{m-l}, & l \leqslant x < m \\ \dfrac{x-u}{m-u}, & m \leqslant x < u \\ 0, & \text{其他情况} \end{cases} \tag{1}$$

直观地看，作为一个实数的 x 可以被理解为模糊数 M 可能的确定性取值，$\mu_M(x)$ 为取得这个 x 的"可能性"，l 为 M 的"最小可能值"，m 为 M 的"最可能值"，而 u 为 M 的"最大可能值"。当 x 等于"最可能值"时，x 以 1 的可能性隶属于模糊数 M。当 x 逐渐远离"最可能值"时，其隶属于 M 的可能性线性递减。当 x 小于 l 或大于 u 时，x 不可能隶属于 M。两个三角模糊数 $M_1 = (l_1, m_1, u_1)$ 和 $M_2 = (l_2, m_2, u_2)$ 的运算法则进一步定义如下。

$$M_1 \oplus M_2 = (l_1 + l_2, \ m_1 + m_2, \ u_1 + u_2)$$
$$M_1 \otimes M_2 = (l_1 l_2, \ m_1 m_2, \ u_1 u_2)$$
$$\lambda \otimes M_1 = (\lambda l_1, \ \lambda m_1, \ \lambda u_1) \tag{2}$$
$$\frac{1}{M_1} = \left(\frac{1}{u_1}, \ \frac{1}{m_1}, \ \frac{1}{l_1}\right)$$

定义三角模糊数后，本节接下来的部分将介绍 FAHP 的具体步骤。

2. 专家判断和一致性检验

FAHP 方法从专家对各准则相对重要性的成对比较开始。因此，首先定义准

[①] LAARHOVEN P J M V, PEDRYCZ W. A fuzzy extension of Saaty's priority theory [J]. *Fuzzy sets and Systems*, 1983, 11 (1-3): 229-241.

则 C_i 相较于准则 C_j 的相对重要性如下。

表3-2　指标相对重要性定义

相对重要性	定义	说明
1	同等重要	C_i 比 C_j 同等重要
3	稍微重要	C_i 比 C_j 稍微更加重要
5	重要	C_i 比 C_j 更重要
7	明显重要	C_i 比 C_j 明显更加重要
9	非常重要	C_i 比 C_j 非常之重要
2, 4, 6, 8	中间重要性	中间相对重要性对应的标度值
1/2, 1/3, 1/4, 1/5, 1/6, 1/7, 1/8, 1/9	以上整数的相反判断	C_j 比 C_i（稍微、更加、明显、非常等）更加重要

　　假设研究共聘请 K 位专家对总计 N 个准则（如图3-1中的 C_1 到 C_4 共四个准则）的相对重要性进行判断，其中第 k 位专家对指标 C_i 相对于 C_j（$i < j$）的相对重要性给出的判断为 $m_k^{C_i \sim C_j}$。进一步定义由第 k 位专家意见组成的实数互反判断矩阵 $\mathbf{RM}_k$ 如下。

$$\mathbf{RM}_k = \begin{bmatrix} 1 & m_k^{C_1 \sim C_2} & \cdots & m_k^{C_1 \sim C_N} \\ \dfrac{1}{m_k^{C_1 \sim C_2}} & 1 & \cdots & m_k^{C_2 \sim C_N} \\ \vdots & \vdots & \ddots & \vdots \\ \dfrac{1}{m_k^{C_1 \sim C_N}} & \dfrac{1}{m_k^{C_2 \sim C_N}} & \cdots & 1 \end{bmatrix} \qquad (3)$$

　　可以看出，我们定义 $m_k^{C_i \sim C_i} \equiv 1$，也就是一个准则相对它自己永远是同等重要的，这是符合常理的。我们还定义 $m_k^{C_j \sim C_i} = 1/m_k^{C_i \sim C_j}$，这正是"互反"的含义，即矩阵对角线两边相对的元素互为倒数。

　　然而，这样获得的互反判断矩阵 $\mathbf{RM}_k$ 还不能直接用于进一步的分析。因为专家在做判断的时候不可避免地会出现思维上不一致的情况，导致矩阵 $\mathbf{RM}_k$ 不是一致阵①。在 AHP 分析中，尽管专家思维不一致的情况在某种程度上是可以

---

① 如果一个由实数组成的矩阵 $\mathbf{A}$ ｛$a_{i,j}$｝满足对任意的 $i \neq k \neq j$ 有 $a_{i,k} \times a_{k,j}$，则称矩阵 $\mathbf{A}$ 为一致阵。

接受的，但思维不一致太过严重的专家判断则是不可接受的。因此，萨蒂（*Saaty*）（1977）[①] 提出对互反判断矩阵进行一致性分析，以保证互反判断矩阵足够接近一致阵，以此将思维不一致控制在一定范围内，从而保证 AHP 分析的合理性。类似的问题也出现在 FAHP 分析中。因此，有必要对 FAHP 分析中专家做出的判断进行一致性分析。

按照 AHP 分析中一致性检验的标准步骤，针对第 k 位专家意见形成的互反判断矩阵 **RM**$_k$，本文定义一致性指标 CI 如下。

$$CI = \frac{\lambda_{\max} - N}{N - 1} \tag{4}$$

其中 $\lambda_{\max}$ 为 **RM**$_k$ 的最大特征根。$CI = 0$ 表示 **RM**$_k$ 是严格的一致阵。CI 越大则表明 **RM**$_k$ 的不一致程度越高，专家判断的结果也就越不合理。然而，CI 的量纲与 N 有关，是不确定的。为判断 CI 要有多接近 0 才使结果可以接受，本文按照 $a_{i,j}(i < j)$ 在表 3-2 所示的 17 个值上随机取值，按照 $a_{j,i} = 1/a_{i,j}$ 且 $a_{i,i} \equiv 1$ 的规则随机生成矩阵 $A = \{a_{i,j}\}_{N \times N}$ 一万个，并计算出这一万个矩阵的一致性指标 CI_1 到 CI_{500}。随后，算得随机一致性指标 $RI = \sum_{p=1}^{10000} CI_p / 10000$。最后，本课题定义一致性比率 CR 为一致性指标与随机一致性指标的商 $CR = CI/RI$。

显然，CR 依概率被标准化到 ［0，1］区间。因此，我们可以认为当 $CR < 0.1$ 时，**RM**$_k$ 的不一致程度在可接受的范围内，即第 k 位专家的判断在思维一致性方面是基本合理的。

3. 模糊数综合判断矩阵

在获得每位专家的判断 **RM**$_k$ 且确定专家判断通过一致性检验后，我们首先综合 K 位专家的判断，形成以实数代表多位专家判断的综合判断矩阵 $RM = \sum_{k=1}^{K} \mathbf{RM}_k / K$。在记该矩阵第 i 行 j 列的元素为 $m_{i,j}$ 的基础上，我们参照苏哲斌（2006）[②] 的做法，按如下规则将实数 $m_{i,j}$ 转化为模糊数 $M_{i,j} = (l_{i,j}, m_{i,j}, u_{i,j})$。

[①] T. L. Saaty. A scaling method for priorities in hierarchical structures ［J］. *Journal of mathematical psychology*，1977，15（3）：234-281.

[②] 苏哲斌. FAHP 中三类判断矩阵的一致性问题和排序方法研究 ［D］. 西安：西安理工大学，2006.

$$l_{i,j} = \begin{cases} \dfrac{1}{\dfrac{1}{m_{i,j}}+1}, & m_{i,j} < 1 \\ 1, & m_{i,j} = 1 \\ m_{i,j} - 1, & m_{i,j} > 1 \end{cases} \qquad u_{i,j} = \begin{cases} \dfrac{1}{\dfrac{1}{m_{i,j}}-1}, & m_{i,j} < 1 \\ m_{i,j} + 1, & m_{i,j} \geqslant 1 \end{cases} \qquad (5)$$

如此，我们便可以定义模糊数综合判断矩阵为 $FRM = \{M_{i,j}\}_{N \times N}$。

4. 互补判断矩阵

模糊数综合判断矩阵 FRM 仍然由模糊数组成，这仅仅反映了各准则间模糊的相对重要性，却无法给出各准则精确的相对重要性以用于进一步的分析。因此，需要对 FRM 进行去模糊化，将其转换为以实数表示的互补判断矩阵 CM。为了表达的简洁，不妨记 CM 第 i 行 j 列的元素为 $R_{i,j}$。首先，定义准则 C_i 的综合模糊值如下。

$$d_i = \frac{\sum_{j=1}^{N} M_{i,j}}{\sum_{i=1}^{N} \sum_{j=1}^{N} M_{i,j}} \qquad (6)$$

显然，d_i 仍是一个模糊数。为去模糊化，定义 $d_i = (l_i, m_i, u_i)$ 大于 $d_j = (l_j, m_j, u_j)$ 的可能度函数如下。

$$V(d_i \geqslant d_j) = \begin{cases} 1, & m_i \geqslant m_j \\ \dfrac{u_i - l_j}{(u_i - m_i) + (m_j - l_j)}, & m_i < m_j \text{ 且 } u_i > l_j \\ 0, & \text{其他} \end{cases} \qquad (7)$$

显然，$V(d_i \geqslant d_i) \equiv 1$。一些观点认为，令 $R_{i,j} = V(d_i \geqslant d_j)$ 即可得到去模糊化的互补判断矩阵 CM，然后按照 AHP 的标准步骤计算各准则的权重即可。然而，这一做法可能导致一些准则的权重为 0，即导致这些准则对目标没有任何贡献。这显然是不合理的，因为如果一个准则对目标没有任何贡献，那么我们在研究中就不应当纳入这个准则。我们采取苏哲斌（2006）[1] 提供的平均优势度来解决这一问题。平均优势度被定义如下。

$$P(d_i \geqslant d_j) = \frac{V(d_i \geqslant d_j) + 1 - V(d_j \geqslant d_i)}{2} \qquad (8)$$

---

[1] 苏哲斌. FAHP 中三类判断矩阵的一致性问题和排序方法研究［D］. 西安：西安理工大学，2006.

显然，平均优势度是从可能度计算而来的一个实数。苏哲斌（2006）[①] 证明了平均优势度的三个性质 $0 < P(d_i > d_j) \le 1$、$P(d_i > d_i) \equiv 0$ 和 $P(d_i > d_j) + P(d_j > d_i) \equiv 1$ 对任何 $i \ne j$ 都成立。最后，令 $R_{i,j} = P(d_i > d_j)$，以上三个性质就能有效避免使用 $V(d_i > d_j)$ 构造 CM 导致的准则权重为 0 的问题。

5. 准则和指标的相对权重

基于徐泽水（2001）[②] 提出的简便算法，本文得出准则 C_i 对目标的相对权重为

$$w_i = \frac{\sum_{j=1}^{N} R_{i,j} + \dfrac{N}{2} - 1}{N(N-1)} \tag{9}$$

不难看出，$\sum_{i=1}^{N} w_i = 1$。因此，w_i 作为准则 C_i 的相对权重来使用是合理的。

值得注意的是，以上步骤仅仅计算了各准则相对目标层的相对权重，尚未得到各指标相对准则层的相对权重。然而，得到指标层相对权重的方法与准则层的步骤是相同的。例如，对准则 C_1 下的三个指标 $C_{1,1}$、$C_{1,2}$ 和 $C_{1,3}$ 重复以上 FAHP 分析步骤，区别仅仅在于将准则替换为指标，即可得到准则 C_1 下三个指标的相对权重 $w_{1,1}$、$w_{1,2}$ 和 $w_{1,3}$。

6. 目标层指数

然而，相对权重 w_i 和 $w_{i,j}$ 仅分别满足 $\sum_{i=1}^{N} w_i = 1$ 和 $\sum_{j=1}^{N} w_{i,j} = 1$，却并不一定满足 $\sum_{i=1}^{N} \sum_{j=1}^{N} w_{i,j} = 1$，因此相对权重并不能作为各指标用于计算目标层的指数的最终权重。这一最终权重被定义为 $tw_{i,j} = w_i \times w_{i,j}$。

具体数据方面，本文通过数据库获取、问卷调查、专家评价以及文献评价等方式采集到各指标的数据，并将其统一至 [0，100] 的量纲，针对各个指标具体的处理方法将在实证分析部分阐述。若指标 $C_{i,j}$ 的数据为 $s_{i,j}$，目标层指数则为 $tgtidx = \sum_{i,j} tw_{i,j} \times s_{i,j}$。

（二）基于 PSR 分析的系统层指数

以上，本课题已介绍了 FAHP 分析的步骤。按照这些步骤可得到九个目标

---

① 苏哲斌. FAHP 中三类判断矩阵的一致性问题和排序方法研究 [D]. 西安：西安理工大学，2006.

② 徐泽水. 模糊互补判断矩阵排序的一种算法 [J]. 系统工程学报，2001，16（04）：311-314.

层的指数。接下来将介绍如何将每个系统下的状态（S）、压力（P）和响应（R）三个目标层的指数综合为一个系统层的指数。

假设在某个系统层下，已得到状态指数、压力指数和响应指数分别为 $tgtidx^S$、$tgtidx^P$ 和 $tgtidx^R$，这三个指数的量纲均为 $[0,100]$。本书基于这三个指数构建系统层的指数 $sysidx$ 如下。

$$sysidx = \begin{cases} tgtidx^S + \dfrac{(tgtidx^R - tgtidx^P)(100 - tgtidx^S)}{100}, & tgtidx^R > tgtidx^P \\[3mm] tgtidx^S - \dfrac{(tgtidx^P - tgtidx^R)\,tgtidx^S}{100}, & tgtidx^R \leqslant tgtidx^P \end{cases}$$

(10)

系统层指数揭示了一个文化系统（在本文中为意识形态、民族文化和公共文化）总体的安全形势。状态指数表示文化系统当下的静态安全状况，压力指数表示文化系统面临的内外部压力，而响应指数则表示政府和大众面对压力、维护文化安全的决心和措施。

以上系统层指数是以状态指数为"基础得分"，并认为：当响应指数大于压力指数时，针对压力的应对措施足以对抗压力，文化安全得到"增强"，因此系统层指数在"基础得分"上加上一定分值；当响应指数小于压力指数时，针对压力的应对措施不足以对抗压力，文化安全被"削弱"，因此系统层指数在"基础得分"上减去一定分值。此外，加减的分值均与压力指数和响应指数之间的差值呈正相关：响应措施高于压力的程度越大，文化安全得到的"增强"越多；响应措施低于压力的程度越大，文化安全被"削弱"得也就越严重。

以上系统层指数还满足与状态指数和响应指数正相关而与压力指数负相关。这表示，当一个文化系统当下的基本安全状况越好、政府和大众维护文化安全的决心和行动越强或者文化系统面临的内外部压力越低，那么文化系统总体的安全形势就越好，系统层指数也就越高。系统层指数的量纲为 $[0,100]$。当状态指数和响应指数取 0 而压力指数取 100 时，系统层指数取 0，此时文化系统处于最不安全的极值状态；当状态指数和响应指数取 100 而压力指数取 0 时，系统层指数取 100，此时文化系统处于最安全的极值状态。不难看出，以上所展示系统层指数的特征都是符合直觉以及 PSR 分析思想的。

最后，再使用一次简单的两层次 FAHP 分析，就可以将以上步骤得出的三个系统层的指数——意识形态安全指数、民族文化安全指数和公共文化安全指数，综合为总体层的中国国家文化安全指数。具体方法已在本章开头提及，此处不再赘述。同样地，国家文化安全指数的量纲也为 $[0,100]$。

二、实证分析

本节首先展示我国文化安全"五层次"评估体系各层次的具体内容，即表3-1的详细版本，随后介绍该体系中各指标的数据采集和赋值方式，并介绍互反判断矩阵的获取办法及其一致性检验结果，最后阐述总体层、系统层和目标层各指数的分析结果及其在我国国家文化安全评估中的含义。

（一）国家文化安全"五层次"评估体系及数据采集方法

本课题所用我国文化安全"五层次"评估体系、体系中各指标的数据采集方法（"数据采集"列）和赋值方式（"赋值方式"列）如下表3-3。

表3-3 中国国家文化安全"五层次"评估体系

总体层	系统层	目标层	准则层	指标层	数据采集	赋值方式
总体国家文化安全	意识形态安全	目标1 意识形态安全状态 S	准则1 重大政治原则	党领导一切	普查	a
				两个维护 两个确立	普查	a
				四个意识	普查	b
				四个自信	普查	b
			准则2 全民族共同理想	祖国统一	普查	a
				民族团结	普查	a
				国家富强	普查	b
				民族振兴	普查	b
				人民幸福	普查	b
			准则3 社会主义核心价值观	国家层面：富强 民主 文明 和谐	普查	b
				社会层面：自由 平等 公正 法治	普查	b
				个人层面：爱国 敬业 诚信 友善	普查	b
			准则4 马克思主义主要原则	思想路线	普查	b
				实践基础（所有制立场）	普查	a
				发展理念（以人民为中心）	普查	b
				最高理想	普查	b
			准则5 党和国家大政方针	基本路线	普查	b
				方针政策	普查	b

总体层	系统层	目标层	准则层	指标层	数据采集	赋值方式
总体国家文化安全	意识形态安全	目标2 意识形态安全压力 P	准则6 理想与现实的矛盾	党政干部言与行	专家调查	c
				政策制定与落实	专家调查	c
				人民期望与现实	专家调查	c
			准则7 继承与发展的矛盾	理论继承与发展	专家调查	c
				道路继承与发展	专家调查	c
				制度继承与发展	专家调查	c
				文化继承与发展	专家调查	c
			准则8 主导与多元的矛盾	学术思想多元	专家调查	b
				网络舆论多样	专家调查	b
				传媒信息繁复	专家调查	b
				宗教传播蔓延	专家调查	b
			准则9 国际与国内的矛盾	国际舆论交锋	专家调查	b
				西方思想渗透	专家调查	b
				国际形势影响	专家调查	b
			准则10 原则与灵活的矛盾	理论学习	专家调查	c
				工作实践	专家调查	c
		目标3 意识形态安全响应 R	准则11 思想意识	国家意志	专家调查	b
				社会氛围	专家调查	b
				个人意识	普查	b
				战略思想	专家调查	b
			准则12 党宣部门工作	领导体制	专家调查	c
				工作理念	专家调查	b
				主流媒体	专家调查	b
			准则13 重点群体工作	立德树人	专家调查	b
				党建引领	文献评估	b
				干部带头	文献评估	b

续表

总体层	系统层	目标层	准则层	指标层	数据采集	赋值方式
总体国家文化安全	意识形态安全	目标3 意识形态安全响应 R	准则14 理论建设	解答能力	专家调查	b
				批判能力	专家调查	b
				解决能力	专家调查	b
			准则15 底线防控	体制机制	专家调查	b
				工作准则	专家调查	b
				防控操作	专家调查	b
			准则16 国际环境改善	交流沟通	专家调查	b
				反击渗透	专家调查	b
				秩序建构	专家调查	b
	民族文化安全	目标4 民族文化安全状态 S 国家、政治、民族、文化四个方面认同统一度	准则17 民族自豪感	身份感	普查	b
				荣誉感	普查	b
				成就感	普查	b
			准则18 民族精神标志	集体本位	普查	b
				家国情怀	普查	b
				忠义精神	普查	b
			准则19 民族历史共同性认识	历史情感共同性认识	普查	b
				民族融合共同性认识	普查	b
			准则20	国家认同	普查	a
				政治认同	普查	a
				民族认同	普查	a
				文化认同	普查	a
			准则21 文化符号传承	生活方式（中餐）	普查	c
				思维方式（中医药）	普查	b
				风俗习惯（传统节日）	普查	b
				情感表达（文学艺术）	普查	b
				语言文字（汉语汉字）	普查	b

续表

总体层	系统层	目标层	准则层	指标层	数据采集	赋值方式
总体国家文化安全	民族文化安全	目标5 民族文化安全压力 P	准则22 多元与一体的矛盾	价值追求	专家调查	b
				生活习惯	专家调查	c
				语言文艺	专家调查	c
				历史轨迹	专家调查	c
				利益需求	专家调查	c
			准则23 外来与本土的矛盾	进口文化产品影响	专家调查	b
				国外文学艺术和学术思想影响	专家调查	b
				英语传播影响	专家调查	b
				西方节日影响	专家调查	b
				城市外国人口占比	文献评估	b
				在华跨国公司雇员就业人口占比	文献评估	b
				有出国经历人数占比	文献评估	b
			准则24 民族与世界的矛盾	价值观的民族性与世界性	文献评估	b
				历史逻辑的民族性与世界性	专家调查	c
				民族意识与世界意识	专家调查	c
			准则25 传统与现代的矛盾	文艺形式的传统与现代	专家调查	c
				价值观的传统与现代	专家调查	b
			准则26 目标与实力的矛盾	文化实力与综合国力差异	专家调查	c
				国际地位与文化贡献差异	专家调查	c
		目标6 民族文化安全响应 R	准则27 思想意识	国家意志	专家调查	b
				社会氛围	专家调查	b
				个人意识	普查	b
				战略思想	专家调查	b
			准则28 文化传承	政策制定	文献评估	b
				工作措施	文献评估	b

续表

总体层	系统层	目标层	准则层	指标层	数据采集	赋值方式
总体国家文化安全	民族文化安全	目标6 民族文化安全响应R	准则29 文化创新	政策制定	文献评估	b
				工作措施	文献评估	b
			准则30 文化竞争	政策制定	文献评估	b
				工作措施	文献评估	b
			准则31 文化融合	民族文化融合政策与措施	专家调查	b
				中外文化融合政策与措施	专家调查	b
				中马文化融合政策与措施	专家调查	b
			准则32 文化外交	文化外交政策	文献评估	b
				文化交流措施	专家调查	b
				中国在国际文化组织作用	文献评估	b
				国际文化秩序建构	专家调查	b
	公共文化安全	目标7 公共文化安全状态S	准则33 文化民生	文化消费水平	文献评估	b
				文化保障水平	文献评估	b
			准则34 文化环境	广播影视音像文化信息	专家调查	b
				网络文化信息	专家调查	b
				纸媒报刊图书文化信息	专家调查	b
			准则35 文化活动	娱乐休闲	专家调查	b
				文体兴趣	专家调查	b
				演艺观赏	专家调查	b
				民俗节庆	专家调查	b
				参观旅游	专家调查	b
				展会游园	专家调查	b
				宗教活动	专家调查	b
			准则36 精神风貌	文明礼貌	专家调查	b
				人文素养	专家调查	b
				意志品质	专家调查	b
				信心能力	专家调查	b
				社会心态	专家调查	b

总体层	系统层	目标层	准则层	指标层	数据采集	赋值方式
总体国家文化安全	公共文化安全	目标7 公共文化安全状态 S	准则37 文化资源	文化多样性	文献评估	b
				文化资源管理	文献评估	b
				文化资源开发利用合理性	文献评估	b
		目标8 公共文化安全压力 P	准则38 文化需求与文化供给的矛盾	文化产业量的供需矛盾	文献评估	b
				文化产业质的供需矛盾	文献评估	b
				文化事业度的供需矛盾	文献评估	b
			准则39 精英与大众的矛盾	文化产品思想性与娱乐性	专家调查	c
				文艺作品高雅性与通俗性	专家调查	c
				文化经典正统性与普及性	专家调查	c
			准则40 功利追求与价值理想的矛盾	经济效益与社会效益	专家调查	c
				工具理性与价值理性	专家调查	c
			准则41 物质生活与精神生活的矛盾	物质生活水平与精神生活水平差异	专家调查	b
				物质生活需求度与精神生活需求度差异	专家调查	b
				精神生活感官性内容与思想性（超越性）内容比例差异	专家调查	b
			准则42 私人空间与社会公域的矛盾	文化兴趣个人选择与社会价值导向	专家调查	b
				文化行为个性化与文化活动公共性	专家调查	b
				文化创造个人自由与文化传播公共秩序	专家调查	b

续表

总体层	系统层	目标层	准则层	指标层	数据采集	赋值方式
总体国家文化安全	公共文化安全	目标9公共文化安全响应R	准则43思想意识	国家意志	专家调查	b
				社会氛围	专家调查	b
				个人意识	普查	b
				战略思想	专家调查	b
			准则44防控机制	法律规章	文献评估	b
				监管机制	文献评估	b
				操作措施	专家调查	b
			准则45政策工具	文化产业政策	文献评估	b
				文化事业政策	文献评估	b
				教育行业政策	文献评估	b
			准则46引导措施	优秀文艺作品和文化精品激励措施	专家调查	b
				主旋律作品的产出机制	专家调查	b
				主旋律作品的影响力	专家调查	b
			准则47管理体制	领导体制	文献评估	b
				法律法规	文献评估	b
				行业协会	文献评估	b
				文化产业与文化事业协调机制	文献评估	b
				市场机制与政府作用协调机制	文献评估	b
				文化生产与文化传播协调机制	文献评估	b

我们采取普查、专家评价和文献评估三种方式采集各指标的得分。对于涉及认知或立场倾向等的指标采取普查方式，对于需要就现象、问题等做分析判断的指标采取专家评价的方式，对于需要依据数据、专门研究等做出判断的指标采取文献评估的方式，即由课题组专人负责，通过查阅相关数据或者相关问题的研究文献综合分析做出判断。其中，普查和专家调查采取问卷调查的方式。在"五层次"评估体系中，由于指标多达159个，为便于操作，每一个指标均只对应一个问题，每一个问题下有A、B、C、D、E五个选项供被调查者选择或

供文献判断。

在普查中，我们共发出 1157 份问卷，收回 1157 份问卷，问卷回收率为100%，问卷回收情况较为理想。针对所调查的各个问题，答案缺失比例最高为0.7779%，最低为0%，问卷填写情况较为理想。被调查者的职业涵盖教师、学生、公务员、企事业单位员工等，民族结构包括汉族、藏族、维吾尔族、回族、蒙古族及其他少数民族，学历、年龄和政治面貌结构也充分考虑了能反映国家文化安全有关情况的代表性。并且，问卷的投放也考虑到了区域大致分布，包括北京、上海、福建、湖南、新疆、四川、贵州等地。可以认为，所做普查具有全面性和代表性。普查问卷、被调查者的分布和调查结果展示于附录A。

在专家调查中，我们邀请 7 位专家（6 位教授/研究员、1 位副教授）填写问卷。这些专家的研究涵盖意识形态、传统文化和文化产业等领域，可以认为，所调查专家的意见具有一定代表性。专家调查问卷和调查结果展示于附录B。

在文献评估中，我们搜集了 60 余份文献用于评估，根据文献研究进行综合判断，可以认为，本课题所做文献评估具有一定科学性。文献评估体系、评估结果和相应结果的来源展示于附录C。

为获得指标的得分，我们将指标下的每一个选项对应到一个分数区间，并使得该区间的中点、最低点和最高点分别表示该选项对应的中间分、最低分和最高分。例如，某一指标对应问题的 A 选项定义的分数段为 80~100，而某被调查者在这个指标上选择了 A 选项，则该被调查者在这一指标上的中间分、最低分和最高分分别为 90、80 和 100。最后，指标最终的中间得分、最低得分和最高得分被定义为所有被调查者在这一指标上的中间分、最低分和最高分的算术平均。具体而言，我们采取表 3-4 展示的 a、b、c 三种方式定义各指标的五个选项对应的分数区间。

表 3-4　指标对应选项赋值方式

选项	方式 a	方式 b	方式 c
A	90-100	80-100	0-20
B	70-90	65-80	20-55
C	50-70	55-65	55-65
D	10-50	20-55	65-80
E	0-10	0-20	80-100

从表中可以看出，方式 a 为较"极端"的赋值方式。对于采取方式 a 赋值

的指标，我们认为部分问题的选项 A 和 E 代表了被调查者较为强烈的政治、文化或情感倾向。方式 b 为较普通的赋值方式。对于采取方式 b 赋值的指标，我们认为被调查者的倾向在对应的问题的各个选项上分布较为平均。方式 c 赋值为方式 b 赋值的反转。对于采取方式 c 赋值主要是反映压力（P）的指标，我们认为靠前的选项（A、B）说明该指标反映的矛盾问题不突出，对国家文化安全的威胁小，相应的压力值给分也应当较低。

（二）一致性检验结果

我们采取专家调查的方式获取互反判断矩阵。我们邀请了熟悉相关领域的 6 位专家（5 位教授/研究员，1 位副教授）每人填写了 57 个互反判断矩阵，其中，准则层对应 47 个矩阵，目标层对应 9 个，总体层对应 1 个。专家填写互反判断矩阵的原始结果展示于附录 D，下表 3-5 仅报告各专家所填互反判断矩阵的一致性比率。

表 3-5　互反判断矩阵一致性比率

互反判断矩阵	专家 1	专家 2	专家 3	专家 4	专家 5	专家 6
总体	0.0135*	0.0987*	0.0000*	0.0000*	0.2017	0.0000*
目标 1	0.0022*	0.0000*	0.0000*	0.2837	0.0380*	0.0790*
目标 2	0.2388	0.0082*	0.0000*	0.0000*	0.0695*	0.0000*
目标 3	0.0022*	0.0247*	0.0396*	0.1681	0.1064	0.3394
目标 4	0.0054*	0.0000*	14.5298	0.0000*	0.0946*	0.0304*
目标 5	0.0082*	0.0000*	0.0340*	0.0000*	0.1133	0.0000*
目标 6	0.0066*	0.0000*	0.0333*	0.5611	0.1213	0.0438*
目标 7	0.0012*	0.0000*	0.0094*	0.0315*	0.0867*	0.1264
目标 8	0.0012*	0.0000*	0.0000*	0.0041*	0.1317	0.0339*
目标 9	0.0000*	0.0000*	0.0000*	0.0996*	0.0681*	0.1319
准则 1	0.0000*	0.0000*	0.0000*	0.0000*	0.1374	0.0000*
准则 2	0.0000*	0.0000*	0.0000*	0.0000*	0.0125*	0.0444*
准则 3	0.0036*	0.0000*	0.0000*	0.0138*	0.0624*	0.1285
准则 4	0.0000*	0.0947*	0.0000*	0.0106*	0.0309*	0.1297
准则 5	0.0000*	0.0000*	0.0000*	0.0000*	0.0000*	0.0000*

互反判断 矩阵	专家 1	专家 2	专家 3	专家 4	专家 5	专家 6
准则 6	0.0000*	0.0000*	0.0000*	0.0134*	0.0614*	0.0000*
准则 7	0.0000*	0.0000*	0.0000*	0.0250*	0.0445*	0.0596*
准则 8	0.0016*	0.0000*	0.0000*	0.0250*	0.0905*	0.0994*
准则 9	0.0000*	0.0000*	0.0000*	0.0035*	0.0624*	0.1279
准则 10	0.0000*	0.0000*	0.0000*	0.0000*	0.0000*	0.0000*
准则 11	0.0000*	0.0000*	0.0000*	0.0058*	0.0629*	0.0438*
准则 12	0.0000*	0.0000*	0.0000*	0.0175*	0.0611*	0.1300
准则 13	0.0000*	0.0000*	0.0000*	0.0035*	0.1753	0.0278*
准则 14	0.0036*	0.0000*	0.0362*	0.0000*	0.0000*	0.1254
准则 15	0.0000*	0.0000*	0.0000*	0.0174*	0.0618*	0.0000*
准则 16	0.0000*	0.0000*	0.0000*	0.0134*	0.0646*	0.1750
准则 17	0.0000*	0.0088*	0.1287	0.0000*	0.0365*	0.0000*
准则 18	0.0000*	0.0000*	0.0000*	0.0000*	0.0615*	0.0000*
准则 19	0.0000*	0.0000*	0.0000*	0.0000*	0.0000*	0.0000*
准则 20	0.0000*	0.0000*	0.0000*	0.0000*	0.0439*	0.1820
准则 21	0.0012*	0.0000*	0.0126*	0.0177*	0.0827*	0.1665
准则 22	0.0000*	0.0000*	0.0000*	0.0000*	0.1126	0.0446*
准则 23	0.0036*	0.0000*	0.0000*	0.0000*	0.0908*	0.0986*
准则 24	0.0034*	0.0000*	0.0000*	0.0172*	0.0618*	0.0000*
准则 25	0.0000*	0.0000*	0.0000*	0.0000*	0.0000*	0.0000*
准则 26	0.0000*	0.0000*	0.0000*	0.0000*	0.0000*	0.0000*
准则 27	0.0228*	0.0000*	0.0000*	0.0106*	0.0854*	0.4557
准则 28	0.0000*	0.0000*	0.0000*	0.0000*	0.0000*	0.0000*
准则 29	0.0000*	0.0000*	0.0000*	0.0000*	0.0000*	0.0000*
准则 30	0.0000*	0.0000*	0.0000*	0.0000*	0.0000*	0.0000*
准则 31	0.0036*	0.0088*	0.0000*	0.0035*	0.0615*	0.0000*
准则 32	0.0016*	0.0000*	0.0000*	0.0107*	0.1451	0.0580*

互反判断矩阵	专家1	专家2	专家3	专家4	专家5	专家6
准则33	0.0000*	0.0000*	0.0000*	0.0000*	0.0000*	0.0000*
准则34	0.0000*	0.0000*	0.0000*	0.0054*	0.0987*	0.2832
准则35	0.0025*	0.0000*	0.0071*	0.0355*	0.0537*	0.0950*
准则36	0.0000*	0.0000*	0.0000*	0.2070	0.0862*	0.0671*
准则37	0.0000*	0.0000*	0.1289	0.0035*	0.0000*	0.0371*
准则38	0.0000*	0.0000*	0.0000*	0.0135*	0.0985*	0.0362*
准则39	0.0000*	0.0000*	0.0000*	0.2478	0.1730	0.0363*
准则40	0.0000*	0.0000*	0.0000*	0.0000*	0.0000*	0.0000*
准则41	0.0000*	0.0000*	0.0000*	0.0172*	0.1982	0.1281
准则42	0.0000*	0.0088*	0.0000*	0.0036*	0.0631*	0.0279*
准则43	0.0000*	0.0000*	0.0000*	0.0078*	0.2624	0.0432*
准则44	0.0000*	0.0000*	0.0000*	0.1254	0.0898*	0.5385
准则45	0.0000*	0.0000*	0.0000*	0.0000*	0.1012	0.0000*
准则46	0.0000*	0.0000*	0.0000*	0.0035*	0.0607*	0.5347
准则47	0.0000*	0.0000*	0.0000*	0.0258*	0.0390*	0.0553*

注：总体、目标1~9和准则1~47分别对应表3-3中对总体、目标和准则的标号。"*"表示该专家判断形成的互反判断矩阵一致性比率小于0.1，也就是通过了一致性检验。

表3-4显示，大部分互反判断矩阵通过了一致性检验。为保证分析的科学性，对于那些没有通过一致性检验的互反判断矩阵，我们在构造模糊数综合判断矩阵和进行后续分析的过程中删除，只综合那些通过了一致性检验的互反判断矩阵的信息。

（三）相对权重及指标层、准则层得分

按照前文所述的方法，我们算得指标层相对于准则层、准则层相对于目标层以及系统层相对于总体层的相对权重。随后，按照"数据采集方法"一节的步骤，算得各指标和各准则的得分。表3-6展示了各个指标和准则的相对权重及其得分。

表 3-6　指标及准则的相对权重和得分

上一层次	指标或准则	相对权重	最低得分	中间得分	最高得分
重大政治原则	党领导一切	26.23%	83.6301	89.8574	96.0847
	两个维护 两个确定	24.30%	84.9697	90.9248	96.8799
	四个意识	24.30%	77.7163	87.3183	96.9204
	四个自信	25.17%	76.5298	85.9313	95.3328
全民族共同理想	祖国统一	20.23%	87.7787	93.2325	98.6863
	民族团结	19.52%	88.0346	93.4545	98.8745
	国家富强	19.15%	79.2993	89.1782	99.0571
	民族振兴	19.22%	78.9792	88.8214	98.6635
	人民幸福	21.87%	79.3858	89.2798	99.1739
社会主义核心价值观	国家层面：富强 民主 文明 和谐	42.36%	79.4550	89.3599	99.2647
	社会层面：自由 平等 公正 法治	39.36%	79.2294	89.1255	99.0216
	个人层面：爱岗 敬业 诚信 友善	18.28%	79.0095	88.8495	98.6894
马克思主义主要原则	思想路线	26.79%	78.0476	87.7597	97.4719
	实践基础（所有制立场）	25.18%	82.7556	89.1334	95.5113
	发展理念（以人民为中心）	22.88%	78.5541	88.3333	98.1126
	最高理想	25.14%	75.6158	85.0867	94.5577
党和国家大政方针	基本路线	75.00%	77.0804	86.6458	96.2111
	方针政策	25.00%	75.5357	84.8367	94.1376
理想与现实的矛盾	党政干部言与行	32.85%	61.4286	67.8571	74.2857
	政策制定与落实	35.36%	46.4286	58.2143	70.0000
	人民期望与现实	31.79%	51.4286	61.4286	71.4286
继承与发展的矛盾	理论继承与发展	26.16%	22.8571	33.9286	45.0000
	道路继承与发展	25.24%	25.7143	37.8571	50.0000
	制度继承与发展	24.23%	33.5714	48.2143	62.8571
	文化继承与发展	24.37%	40.7143	50.7143	60.7143

上一层次	指标或准则	相对权重	最低得分	中间得分	最高得分
主导与多元的矛盾	学术思想多元	27.33%	55.7143	63.9286	72.1429
	网络舆论多样	26.55%	68.5714	76.4286	84.2857
	传媒信息繁复	22.29%	53.5714	61.0714	68.5714
	宗教传播蔓延	23.84%	50.0000	59.6429	69.2857
国际与国内的矛盾	国际舆论交锋	28.87%	77.8571	87.5000	97.1429
	西方思想渗透	35.57%	68.5714	76.4286	84.2857
	国际形势影响	35.57%	51.4286	61.4286	71.4286
原则与灵活的矛盾	理论学习	47.53%	60.7143	67.1429	73.5714
	工作实践	52.47%	49.2857	58.9286	68.5714
思想意识	国家意志	28.60%	80.0000	90.0000	100.0000
	社会氛围	22.88%	42.8571	53.9286	65.0000
	个人意识	23.10%	76.1155	85.5990	95.0825
	战略思想	25.42%	64.2857	71.4286	78.5714
党宣部门工作	领导体制	35.37%	41.6667	50.0000	58.3333
	工作理念	33.30%	42.8571	53.9286	65.0000
	主流媒体	31.33%	50.0000	59.6429	69.2857
重点群体工作	立德树人	36.21%	54.2857	62.1429	70.0000
	党建引领	33.63%	55.0000	60.0000	65.0000
	干部带头	30.16%	65.0000	72.5000	80.0000
理论建设	解答能力	26.95%	53.5714	63.9286	74.2857
	批判能力	28.13%	48.5714	57.8571	67.1429
	解决能力	44.92%	36.4286	48.9286	61.4286
底线防控	体制机制	42.35%	49.2857	58.9286	68.5714
	工作准则	30.39%	54.2857	62.1429	70.0000
	防控操作	27.25%	54.2857	62.1429	70.0000
国际环境改善	交流沟通	39.30%	43.5714	54.2857	65.0000
	反击渗透	31.22%	42.1429	49.2857	56.4286
	秩序建构	29.48%	46.4286	55.0000	63.5714

上一层次	指标或准则	相对权重	最低得分	中间得分	最高得分
民族自豪感	身份感	33.93%	77.6081	87.2297	96.8512
	荣誉感	31.39%	76.4459	85.8593	95.2727
	成就感	34.68%	73.9948	83.3319	92.6690
民族精神标志	集体本位	36.18%	71.8934	81.1395	90.3856
	家国情怀	36.81%	69.8312	79.1169	88.4026
	忠义精神	27.01%	73.7413	82.8979	92.0545
民族历史共同性认识	历史情感共同性认识	53.68%	74.5714	84.0779	93.5844
	民族融合共同性认识	46.32%	77.7965	87.4870	97.1775
国家、政治、民族、文化四个方面认同统一度	国家认同	24.89%	87.6970	93.1385	98.5801
	政治认同	24.11%	84.3203	90.3377	96.3550
	民族认同	24.79%	87.9879	93.3781	98.7684
	文化认同	26.22%	87.3374	92.8794	98.4215
文化符号传承	生活方式（中餐）	20.60%	53.5733	62.3439	71.1145
	思维方式（中医药）	22.78%	65.1519	73.9887	82.8255
	风俗习惯（传统节日）	18.21%	71.4887	80.2951	89.1016
	情感表达（文学艺术）	17.92%	72.3588	81.6529	90.9470
	语言文字（汉语汉字）	20.49%	77.9018	87.6998	97.4978
多元与一体的矛盾	价值追求	20.60%	50.7143	60.7143	70.7143
	生活习惯	19.05%	67.8571	75.7143	83.5714
	语言文艺	19.58%	45.0000	53.5714	62.1429
	历史轨迹	19.57%	41.4286	52.1429	62.8571
	利益需求	21.20%	47.1429	55.7143	64.2857

上一层次	指标或准则	相对权重	最低得分	中间得分	最高得分
外来与本土的矛盾	进口文化产品影响	16.85%	45.8333	58.7500	71.6667
	国外文学艺术和学术思想影响	16.59%	40.0000	51.2500	62.5000
	英语传播影响	14.18%	23.5714	38.5714	53.5714
	西方节日影响	14.57%	40.7143	50.7143	60.7143
	城市外国人口占比	13.10%	0.0000	10.0000	20.0000
	在华跨国公司雇员就业人口占比	12.41%	0.0000	10.0000	20.0000
	有出国经历人数占比	12.30%	0.0000	10.0000	20.0000
民族与世界的矛盾	价值观的民族性与世界性	44.61%	20.0000	37.5000	55.0000
	历史逻辑的民族性与世界性	27.64%	30.0000	39.6429	49.2857
	民族意识与世界意识	27.74%	51.4286	61.4286	71.4286
传统与现代的矛盾	文艺形式的传统与现代	42.98%	35.7143	43.9286	52.1429
	价值观的传统与现代	57.02%	32.8571	47.5000	62.1429
目标与实力的矛盾	文化实力与综合国力差异	59.86%	66.4286	73.9286	81.4286
	国际地位与文化贡献差异	40.14%	47.8571	56.7857	65.7143
思想意识	国家意志	27.76%	70.0000	78.2143	86.4286
	社会氛围	23.73%	42.8571	53.9286	65.0000
	个人意识	23.95%	77.8082	87.4392	97.0703
	战略思想	24.56%	45.7143	60.0000	74.2857

上一层次	指标或准则	相对权重	最低得分	中间得分	最高得分
文化传承	政策制定	56.27%	55.0000	60.0000	65.0000
	工作措施	43.73%	65.0000	72.5000	80.0000
文化创新	政策制定	54.00%	55.0000	60.0000	65.0000
	工作措施	46.00%	55.0000	60.0000	65.0000
文化竞争	政策制定	51.27%	65.0000	72.5000	80.0000
	工作措施	48.73%	55.0000	60.0000	65.0000
文化融合	民族文化融合政策与措施	42.00%	55.0000	65.7143	76.4286
	中外文化融合政策与措施	28.09%	57.8571	66.4286	75.0000
	中马文化融合政策与措施	29.91%	48.5714	57.5000	66.4286
文化外交	文化外交政策	28.14%	55.0000	60.0000	65.0000
	文化交流措施	24.07%	49.2857	58.9286	68.5714
	中国在国际文化组织作用	23.67%	20.0000	37.5000	55.0000
	国际文化秩序建构	24.12%	49.2857	58.9286	68.5714
文化民生	文化消费水平	47.04%	20.0000	37.5000	55.0000
	文化保障水平	52.96%	65.0000	72.5000	80.0000
文化环境	广播影视音像文化信息	36.46%	39.2857	48.5714	57.8571
	网络文化信息	38.13%	24.2857	36.0714	47.8571
	纸媒报刊图书文化信息	25.41%	51.4286	61.4286	71.4286
文化活动	娱乐休闲	15.18%	32.1429	43.2143	54.2857
	文体兴趣	14.07%	46.4286	55.3571	64.2857
	演艺观赏	14.13%	27.1429	40.0000	52.8571
	民俗节庆	14.63%	46.4286	55.0000	63.5714
	参观旅游	12.89%	42.8571	53.9286	65.0000

上一层次	指标或准则	相对权重	最低得分	中间得分	最高得分
文化活动	展会游园	14.17%	55.7143	63.9286	72.1429
	宗教活动	14.93%	40.0000	50.0000	60.0000
精神风貌	文明礼貌	21.15%	44.2857	55.7143	67.1429
	人文素养	19.47%	43.5714	51.4286	59.2857
	意志品质	18.95%	50.0000	59.6429	69.2857
	信心能力	19.25%	55.0000	62.8571	70.7143
	社会心态	21.18%	38.5714	48.2143	57.8571
文化资源	文化多样性	32.23%	55.0000	60.0000	65.0000
	文化资源管理	35.01%	20.0000	37.5000	55.0000
	文化资源开发利用合理性	32.75%	20.0000	37.5000	55.0000
文化需求与文化供给的矛盾	文化产业量的供需矛盾	30.43%	65.0000	72.5000	80.0000
	文化产业质的供需矛盾	34.58%	55.0000	60.0000	65.0000
	文化事业局部与现代化总体布局的矛盾	34.99%	65.0000	72.5000	80.0000
精英与大众的矛盾	文化产品思想性与娱乐性	36.92%	56.4286	64.6429	72.8571
	文艺作品高雅性与通俗性	30.24%	60.7143	67.1429	73.5714
	文化经典正统性与普及性	32.84%	51.4286	58.5714	65.7143
功利追求与价值理想的矛盾	经济效益与社会效益	52.58%	54.2857	62.1429	70.0000
	工具理性与价值理性	47.42%	54.2857	65.0000	75.7143

上一层次	指标或准则	相对权重	最低得分	中间得分	最高得分
物质生活与精神生活的矛盾	物质生活水平与精神生活水平差异	33.88%	55.0000	65.7143	76.4286
	物质生活需求度与精神生活需求度差异	33.05%	60.0000	68.9286	77.8571
	精神生活感官性内容与思想性（超越性）内容比例差异	33.07%	68.5714	76.4286	84.2857
私人空间与社会公域的矛盾	文化兴趣个人选择与社会价值导向	33.33%	41.4286	52.1429	62.8571
	文化行为个性化与文化活动公共性	30.11%	36.4286	48.9286	61.4286
	文化创造个人自由与文化传播公共秩序	36.56%	47.8571	57.1429	66.4286
思想意识	国家意志	26.15%	72.1429	80.7143	89.2857
	社会氛围	24.74%	36.4286	48.5714	60.7143
	个人意识	24.29%	79.0278	88.8563	98.6849
	战略思想	24.81%	55.0000	65.7143	76.4286
防控机制	法律规章	34.89%	55.0000	60.0000	65.0000
	监管机制	32.17%	55.0000	60.0000	65.0000
	操作措施	32.94%	45.7143	53.9286	62.1429
政策工具	文化产业政策	29.49%	20.0000	37.5000	55.0000
	文化事业政策	31.66%	55.0000	60.0000	65.0000
	教育行业政策	38.85%	20.0000	37.5000	55.0000
引导措施	优秀文艺作品和文化精品激励措施	34.90%	47.8571	57.1429	66.4286
	主旋律作品的产出机制	32.95%	50.0000	59.6429	69.2857
	主旋律作品的影响力	32.14%	57.1429	65.3571	73.5714

续表

上一层次	指标或准则	相对权重	最低得分	中间得分	最高得分
管理体制	领导体制	16.44%	20.0000	37.5000	55.0000
	法律法规	17.90%	55.0000	60.0000	65.0000
	行业协会	16.33%	55.0000	60.0000	65.0000
	文化产业与文化事业协调机制	15.93%	55.0000	60.0000	65.0000
	文化产业市场作用与政府作用协调机制	17.30%	55.0000	60.0000	65.0000
	文化生产与文化传播协调机制	16.09%	55.0000	60.0000	65.0000
意识形态安全 S	重大政治原则	22.15%	80.7315	88.5116	96.2918
	全民族共同理想	19.49%	82.6777	90.7870	98.8963
	核心价值观	19.17%	79.2848	89.1743	99.0639
	马克思主义主要原则	19.55%	78.7377	87.5649	96.3921
	党和国家大政方针	19.64%	76.6943	86.1935	95.6927
意识形态安全 P	理想与现实的矛盾	19.98%	52.9461	62.4041	71.8621
	继承与发展的矛盾	17.72%	30.5261	42.4723	54.4186
	主导与多元的矛盾	20.85%	57.2879	65.5887	73.8895
	国际与国内的矛盾	21.09%	65.1551	74.2899	83.4246
	原则与灵活的矛盾	20.36%	54.7173	62.8326	70.9478
意识形态安全 R	思想意识	17.36%	66.6107	76.0102	85.4097
	党宣部门工作	17.36%	44.6742	54.3297	63.9851
	重点群体工作	16.48%	57.7570	64.5455	71.3339
	理论建设	17.86%	44.4643	55.4826	66.5010
	底线防控	17.90%	52.1680	60.7815	69.3949
	国际环境改善	13.05%	43.9677	52.9352	61.9027
民族文化安全 S	民族自豪感	19.58%	75.9902	85.4478	94.9054
	民族精神标志	19.54%	71.6333	80.8698	90.1063
	民族历史共同性认识	20.03%	76.0652	85.6569	95.2486

续表

上一层次	指标或准则	相对权重	最低得分	中间得分	最高得分
民族文化安全 S	国家、政治、民族、文化四个方面认同统一度	21.17%	86.8608	92.4548	98.0488
	文化符号传承	19.67%	67.8234	76.9198	86.0163
民族文化安全 P	多元与一体的矛盾	19.67%	50.2863	59.4353	68.5843
	外来与本土的矛盾	19.95%	23.6360	35.0438	46.4517
	民族与世界的矛盾	19.95%	31.4836	44.7308	57.9780
	传统与现代的矛盾	19.80%	34.0851	45.9650	57.8448
	目标与实力的矛盾	20.63%	58.9732	67.0467	75.1201
民族文化安全 R	思想意识	15.99%	59.4643	70.1872	80.9100
	文化传承	16.24%	59.3728	65.4660	71.5592
	文化创新	18.54%	55.0000	60.0000	65.0000
	文化竞争	14.52%	60.1273	66.4091	72.6910
	文化融合	17.70%	53.8800	63.4582	73.0364
	文化外交	17.01%	43.9603	54.1570	64.3537
公共文化安全 S	文化民生	20.03%	43.8340	56.0375	68.2411
	文化环境	19.23%	36.6514	47.0719	57.4925
	文化活动	18.10%	41.4314	51.5229	61.6145
	精神风貌	21.94%	46.0813	55.4104	64.7396
	文化资源	20.70%	31.2821	44.7528	58.2235
公共文化安全 P	文化需求与文化供给的矛盾	22.36%	61.5418	68.1772	74.8127
	精英与大众的矛盾	18.90%	56.0827	63.4051	70.7276
	功利追求与价值理想的矛盾	19.71%	54.2857	63.4978	72.7098
	物质生活与精神生活的矛盾	20.94%	61.1409	70.3201	79.4992
	私人空间与社会公域的矛盾	18.09%	42.2731	53.0028	63.7326

续表

上一层次	指标或准则	相对权重	最低得分	中间得分	最高得分
公共文化安全 R	思想意识	22.06%	60.7242	71.0165	81.3088
	防控机制	18.93%	51.9412	58.0000	64.0588
	政策工具	18.84%	31.0810	44.6235	58.1660
	引导措施	19.48%	51.5479	60.6070	69.6660
	管理体制	20.70%	49.2466	56.3014	63.3562

（四）国家文化安全指数计算结果

按照研究方案设计中介绍的 FAHP 和 PSR 方法步骤，我们分别获得总体层、系统层和目标层各指数如表 3-7①。

表 3-7　指数计算结果

层次	对象	最低得分	中间得分	最高得分
总体	国家文化安全	68.2264	76.7969	85.5373
系统	意识形态安全	78.8835	87.4036	95.8867
	民族文化安全	79.5411	86.3549	93.6411
	公共文化安全	37.4404	48.1921	59.0873
目标	意识形态安全状态 S	79.6507	88.4417	97.2327
	意识形态安全压力 P	52.8132	62.1295	71.4457
	意识形态安全响应 R	51.8499	60.9556	70.0613
	民族文化安全状态 S	75.8484	84.4007	92.9531
	民族文化安全压力 P	39.8021	50.5382	61.2743
	民族文化安全响应 R	55.0920	63.0652	71.0383
	公共文化安全状态 S	39.9127	51.0228	62.1328
	公共文化安全压力 P	55.5097	64.0562	72.6027
	公共文化安全响应 R	49.3154	58.5083	67.7012

---

① FAHP 分析获得"意识形态安全""民族文化安全"和"公共文化安全"三个系统相对"国家文化安全"这一总体的相对权重分别为 42.46%、31.33%和 26.21%。

（五）国家文化安全指数综合分析

1. 国家文化安全指数分段定性

我们在获得目标层、系统层和总体层各指数后，需要对总体层、系统层和目标层指数进行分段定性。根据本章第一部分研究方案设计中介绍的赋值思路，在 0 至 100 之间，总体层分为第Ⅰ等级非常安全（对应分值：80≤非常安全<100）、第Ⅱ等级比较安全（对应分值：65≤比较安全<80）、第Ⅲ等级基本安全（对应分值：55≤基本安全<65）、第Ⅳ等级不太安全（对应分值：20≤比较不安全<55）和第Ⅴ等级很不安全（对应分值：0≤很不安全<20）五个等级；相应的系统层亦采用这种等级分段予以描述。就意识形态、民族文化、公共文化三个系统层来看，安全与否，与状态（S）的分值和响应（R）的分值成正相关，与压力（P）的分值成负相关：压力得分越高表示对现有安全状态威胁越高，得分越低则表示对现有状态安全威胁越低；状态和响应得分越高表示安全程度越高，得分越低表示安全程度越低。由此，状态（S）可作如下分段定性，即分值在 0≤S<20 区间表示状态很差，分值在 20≤S<55 区间表示状态较差，分值在 55≤P<65 区间表示状态一般，分值在 65≤P<80 区间表示状态较好，分值在 80≤P<100 区间表示状态很好；相应地对响应（R）作分段定性，分值在 0≤R<20 区间表示响应很差，分值在 20≤R<55 区间表示响应较差，分值在 55≤R<65 区间表示响应一般，分值在 65≤R<80 区间表示响应较好，分值在 80≤R<100 区间表示响应很好；同理，压力（P）分段定性，即分值在 0≤P<20 区间表示压力很小，分值在 20≤P<55 区间表示压力较小，分值在 55≤P<65 区间表示压力一般，分值在 65≤P<80 区间表示压力较大，分值在 80≤P<100 区间表示压力很大。

2. 国家文化安全总体指数分析

就总体层来看，国家文化安全综合指数得分显示最低得分（68.2264）和中间得分（76.7969）均落在"比较安全"区间（65≤比较安全<80），最高得分（85.5373）落在"非常安全"区间（80≤非常安全<100），以中间值为主要参照，表明总体上我国国家文化安全形势较好，评估等级为第Ⅱ等级"比较安全"。从模糊评价思想出发，最高值和最低值都赋予了可能范围的意义，最低得分（68.2264）高于"基本安全"上限的 65 分，这说明，总体上我国国家文化安全形势最低评价也是比较安全的；而最高得分（85.5373）超过"非常安全"下限的 80 分，这说明总体上我国国家文化安全形势最高评价可以认为非常

安全。

3. 意识形态安全指数分析

在系统层，意识形态安全的最高得分（95.8867）和中间得分（87.4036）均居于"非常安全"区间（80≤非常安全<100），表明我国意识形态安全总体形势很好，评估等级为第 I 等级"非常安全"；最低值（78.8835）略低于非常安全等级下限的 80 分，表明我国意识形态安全的最低评价存在进入第 II 等级"比较安全"的可能。

从目标层意识形态的 S（状态）P（压力）和 R（响应）指数得分来看，S 的中间得分和最高得分都处在"很好"区间，与系统层中意识形态总体得分相似，最低得分落在了"比较好"区间但非常接近"很好"下限。意识形态安全指数与其状态（S）分值的这种接近说明意识形态安全系统中的压力（P）和响应（R）综合作用的影响不大，这从 P（62.1295）和 R（60.9556）中间分值比较中得到印证。需要注意，以意识形态安全响应（R）的中间值（60.9556）为准，其评估等级为第 III 等级的"一般"，但是意识形态安全系统中的状态（S）得到高分值，原因是在意识形态安全系统之外还存在一个意识形态发展系统，虽然针对安全问题而采取的响应（R）情况一般，但我国长期的意识形态发展和建设取得积极成效，形成了既有的优质状态，同时也反映了中国特色社会主义建设取得的伟大成就使得人民大众对国家意识形态保持高度认同。这说明改善意识形态安全状态不仅需要疏解压力，完善响应，更要重视发展和建设，提高安全能力，用实践成果奠定意识形态安全的坚实基础。也就是说，安全不仅需要维护，更需要塑造。同时，响应（R）值略低于压力（P）值，系统层的意识形态安全最终指数值也相应地低于目标层意识形态安全系统的状态（S）值，这意味着动态上意识形态安全状态存在下行趋势。这说明在一些持久性、关键性环节上仍有待突破，有必要在响应（R）上有针对性地完善提高。

总体上看，意识形态安全指数中间值进入第 I 等级，总体非常安全，指数最低值落在第 II 等级，总体比较安全。一方面，说明意识形态安全的重心大可超越"消极防御"，应以"积极化解、整合引领"为主；另一方面，说明意识形态安全响应需要长效机制和重点突破有机结合。所以意识形态安全战略应从短期"解决问题"的思路向长期"建立机制"的思路转化，而想要长久和根本性实现意识形态安全，核心问题就是让国家意识形态成为人民大众的精神需求，这样国家意识形态才能扎根，意识形态安全才会持久。

4. 民族文化安全指数分析

在系统层民族文化安全总体指数中间得分（86.3549）和最高得分（93.6411）均居于"非常安全"区间（80≤非常安全<100）的高位，最低得分（79.5411）也十分接近"非常安全"等级下限，这表明我国民族文化安全总体形势很好，评估等级为第Ⅰ等级"非常安全"。民族文化安全指数进入第Ⅰ等级，这与中华文化经历千年风雨仍然绵延不断，并逐步走向复兴的历史进程和现实情况相吻合，也与党的十八大以来大力弘扬中华民族精神的成效相呼应。

民族文化安全的压力（P）值最低，这说明中华文化积蓄的势能强大，自身发展的动力源强劲，应对内外挑战的能力和系统自我修复能力强大。民族文化安全响应（R）值也相对较高，且明显高于压力（P）值，这说明民族文化安全指数未来呈上升趋势。但是从 R 值总体来看，未达到"比较好"的第Ⅱ等级，在百年未有之大变局背景下，全球文化体系激烈震荡，民族文化安全系统的不确定因素还很多，要警惕压力 P 值的非常规增长，进一步提升响应（R）值，使响应（R）值至少能够进入并保持在"比较好"的第Ⅱ等级。

考虑到民族文化安全总体的优良态势，民族文化安全的战略思维不需要面面俱到，不要分散和浪费国家文化安全的战略资源，精力和重心应集中于根本性、永久性问题，这就是集中于强化"中国人"的文化身份认同。

5. 公共文化安全指数分析

就公共文化来看，在系统层的综合得分较低，最低得分（37.4404）和中间得分（48.1921）均落入"比较不安全"区间，而且最高得分（59.0873）也仅接近"基本安全"的中间值，这说明我国公共文化安全总体形势不乐观，评估等级为第Ⅳ等级"比较不安全"。近十年是中国文化产业大发展的十年，大众文化生活越来越丰富，但公共文化安全指数突破了安全基线。这说明，公共文化生活领域的发展与意识形态和民族文化的建设不同，意识形态与民族文化建设——马克思主义意识形态主导、民族文化认同等其实质都是集中在"质"的层面，而公共文化生活领域主要是通过文化产业量的增长和大众文化生活的丰富体现发展水平，然而这种"量"的增长并不会同时增进公共文化安全，相反还会花草同生、鱼龙混杂，使公共文化安全风险增加、安全指数降低。

公共文化安全的指数值的状态（S）值偏低，压力（P）值在公共文化安全PSR 系统中最高，响应（R）值也明显低于压力（P）值，显然公共文化安全的动态呈下行趋势。这警示发展文化产业和文化事业，不能仅仅从量上丰富人民大众精神文化生活。由于精神食粮的安全面临明显风险，需要调动和调整更多的文化安全战略资源重视公共文化安全，从发展端开始塑造安全，从安全端围绕压力因素针对性纾解，切实加强和完善响应的措施。同时应从系统观的高度发挥意识形态安全和民族文化安全较高水平的牵引和带动作用，通过探索形成社会主义核心价值观引领文化产业和文化事业发展的实现机制，以及创新创造激励机制来引导文化产业和文化事业主体，积极主动地在文化生产和文化创作中增强和弘扬民族文化精神，使得意识形态安全、民族文化安全和公共文化安全系统形成良性互动。意识形态安全、民族文化安全、公共文化安全三位一体，这不仅是解决公共文化安全问题的根本，也是增强文化安全系统总体安全能力的关键。

公共文化安全指数总体落在第Ⅳ等级，比较不安全，这就要求公共文化安全战略以坚守大众文化价值底线为核心，这是公共文化安全的最后防线。战略思路也应该以防控、整治、专项治理等思路为主。

6. 总体结论

我国国家文化安全形势评估等级为第Ⅱ等级"比较安全"，在其子系统中，意识形态安全、民族文化安全都是第Ⅰ等级的"非常安全"，而公共文化安全则是第Ⅳ等级的"比较不安全"，这是拉低国家文化安全总体指数进入第Ⅱ等级"比较安全"的原因。所以应考虑将总体国家文化安全系统的近期工作更多集中于公共文化安全领域，公共文化安全形势的改善同时也可以促进意识形态安全和民族文化安全，进而从根本上提高国家文化安全总体水平。

中篇　国家文化安全战略核心问题

第四章

国家文化安全战略价值定位：
国家核心利益的文化保障

关于国家文化安全战略价值的探讨，现有文献的一个突出倾向就是更多集中于文化本身的问题上，文化成为探讨国家文化安全问题的出发点，而本书认为从国家和国家利益出发思考文化安全问题更为重要。国家利益可以分为生存利益和发展利益，从总体国家安全观来看，国家文化安全在这两个方面都处于重要保障地位。

一、国家生存利益与国家文化安全

国家安全是一个国家作为国际社会中基本存在单元生存和发展的前置性条件，对于中国来说"维护国家安全是全国各族人民根本利益所在"[①]。2014 年习近平在中央国家安全委员会第一次全体会议上强调要贯彻落实总体国家安全观，并系统阐述了包括文化安全在内的 11 个方面的国家安全。什么是国家文化安全？国家文化安全与总体国家安全观中的其他安全是什么样的关系？如何在确保国家生存和发展利益条件下维护和塑造国家文化安全？如何以国家文化安全助推国家总体安全？这些问题亟须澄清。站在世界百年未有之大变局和中国迈向现代化国家新征程的时代背景下，中国特色社会主义事业进入了新时代和全面开启建设现代化国家的关键期。作为一个发展中的大国，我国在文化安全领域仍然面临着多元复杂的文化安全威胁，遇到的外部文化阻力和文化挑战逐步增多，各种显性和隐性文化安全威胁层出不穷。因此，维护和塑造国家文化安全具有重大战略意义。要解决国家文化安全问题，首先要明确什么是安全，根据《国家安全法》的规定，国家安全可理解为国家利益不受损害和威胁的一种

[①] 中共中央党史和文献研究院. 习近平关于总体国家安全观论述摘编 [M]. 北京：中央文献出版社，2018：14.

状态。一切安全的根本就是人的安全，人的安全不仅是生命安全、财产安全，还有精神文化领域的安全，而这一切共同的焦点就是利益，所以一切安全都是人的利益安全，上升到整个社会、国家的层次上来看，那就是阶级、集团和国家的利益。因此，维护国家文化安全的实质就是维护国家文化利益安全。深刻认识国家文化安全的战略意义，首先有必要澄清什么是国家利益以及什么是国家利益安全。

（一）国家和国家利益的双重含义

1. 民族国家和国家利益

从人类社会产生历史来看，国家是一群具有相似共同社会特征的人在长期的历史发展中形成的一个类共同体，该共同体在领土疆域这样一个空间维度和历史传承的时间维度上不断发展，形成了作为国际交往的行动主体——"民族国家"，它以自然地理环境为存在前提，以具有排他性认同的人群为基础，"它的成员认为自己属于一个与邻国区分开来的独特的人群或民族"①。基于领土和人群之上的政治统治机构，通过不断建构共同利益，增强国民经济、政治、文化等方面的联系，培育和形成了包括一个或者数个民族所构成的利益共同体。

从词源角度看，中文语境下的国家最初指代天子分封给诸侯的封地，《辞海》中称国家是"古代诸侯封地称国，大夫封地称家"。因此，中国人观念中的国和家尽管层次不同，但国和家是具有同构性的，即国家利益和家庭利益、民众利益、民族利益具有内在一致性。那作为国家政治机构及其最高领导人——君主就是国家利益的代表和化身。国家政权服务和代表国家利益，因此，就如孟子主张"民为贵，社稷次之，君为轻"。政府组织所存在的意义和价值是"民为邦本，本固邦宁"。但是这样一种用民族利益指代国家利益的表述，随着多民族的融合和阶级的出现便会产生民族利益与国家利益之间的冲突，因为民族国家的一个重要特点就是它需要在其主权空间范围内的众多族裔（族群甚至种族）意义上的民族（自然民族）的基础上，构建一个包容性的统一国家政权，并由这个国家政权垄断行使对内对外主权。如此，需要在族裔意义上的各民族之上构建一个共同的超越自然民族的"公共民族"，即政治民族作为自己的民族基础。这个政治民族并非自然历史产物，而是一个政治"拟制"的产物，其作用就是要解构自然民族的"民族自决"意义上的政治国家拟制，解构其独立建构国家政权的力量，由此产生了现代国家政权与国家利益问题。

---

① 戴维·米勒. 政治哲学与幸福根基 [M]. 李里峰，译. 南京：译林出版社，2013：111.

2. 政权国家与国家利益

从马克思主义国家视角来看，恩格斯在《家庭、私有制和国家的起源》中指出，国家不是从来就有的，人类处于原始社会阶段的时候，由于生产力低下，导致不可能有剩余产品供分配，由此人与人之间处于最原始的平等阶段，没有任何上层建筑来分配和调节利益关系。当社会生产力进一步发展，开始出现剩余产品后，不同群体之间就有了关于剩余产品分配的矛盾冲突，这导致本来利益一致的集团分裂为经济利益互相冲突的阶级，阶级之间地位产生了变化，出现了剥削者和被剥削者，这个时候剥削阶级就需要有一种"表面上驾于社会之上的力量"来缓和冲突，统治被剥削者。列宁在《国家与革命》中进一步论述道"这种从社会中产生但又自居于社会之上并且日益同社会脱离的力量，就是国家"，所以，国家不是从外部强加于社会的一种力量，而是社会在一定发展阶段上的产物。"国家是阶级矛盾不可调和的产物和表现。在阶级矛盾客观上达到不能调和的地方、时候和程度，便产生国家。反过来说，国家的存在表明阶级矛盾的不可调和。"①

因此，在马克思主义者看来，国家是由于出现了阶级和阶级冲突导致的专制工具，是阶级统治工具，是阶级斗争激化的产物，所以有阶级冲突就有国家。我们通常所讲的国家机器就是从这个意义上讲的，这个意义上的国家，它的利益就是阶级集团利益、政权利益，现代政治体系中也就是执政党的利益，以往我们在讨论国家利益时往往忽视了这一方面，由此带来一个问题就是国家利益和政权利益（也即执政党利益）是否合一的问题。掌握政权的是统治阶级，而往往一个国家中除了统治阶级以外，还包括被统治阶级在内的其他阶级，因此，掌握政权、实现本阶级利益是所有阶级追逐政权的最大动机；而国家利益是站在一个整体性立场来描述的，其比较对象是另外的政权国家。因此，国家利益注重的是包括统治阶级和被统治阶级在内的所有人的整体性利益。由此产生了一个统治阶级和国家利益的天然冲突和张力问题，统治阶级为了实现自己的利益，就会导致"每一个企图取代旧统治阶级的新阶级，为了达到自己的目的不得不把自己的利益说成是社会全体成员的共同利益"②。只有把属于本阶级的私利说成全体社会成员的利益也就是国家利益，其统治的合法性才能体现出来。当社会存在着多种阶级和多个利益集团时，国家利益不是简单的各个阶级利益

---

① 列宁选集：第 3 卷［M］. 北京：人民出版社，2012：116.
② 马克思恩格斯文集：第 1 卷［M］. 北京：人民出版社，2009：522.

相加的总和，因为阶级和阶级之间的利益存在着交叉和冲突的状况，由此，对于阶级国家而言，国家利益就是"全体国民利益重合的部分"①。显然，这样一种利益重复的部分不足以完整表述作为一个政权国家的整体性利益，因为对于政权国家而言，有诸如文化安全在内的国家利益不属于重复部分，但是这部分利益对于政权国家而言又极其重要。因此，这样的表述也存在着逻辑上和实践中的问题。

3. 正确认识国家利益：民族国家和政权国家双重指涉

如前所述，不管是民族国家还是政权国家，单一视角都不能完全展现国家利益的整体性范畴。因此，"国家利益具有双重概念，一个概念是国际政治范畴的国家利益，指的是一个民族国家利益，另一个概念是国内政治意义上的国家利益，指的是政府利益或者政府所代表的全国性利益"②。这两种利益可能一致也可能背离，国家利益的最大化是作为政权阶级统治工具的国家的利益和作为民族国家的利益重合、一致达到最大化，在这种国家利益理解基础之上我们才能准确看清什么是国家利益。因此国家利益有双重的含义，一方面是维护民族国家的全民族的利益的最大化，而另一方面是维护现有政权的巩固，当两种利益重合的时候，他们就增进国家利益，当两种利益背离的时候，作为统治工具国家的合法性以及合理性就会面临挑战。

（二）"政权国家"利益与意识形态安全

1. 阶级意识形态上升为政权国家意识形态的过程

根据历史唯物主义原理，每个政权国家中都有多种生产关系，由此产生了多个代表不同阶级利益的意识形态学说体系。如在资本主义社会发展历程中，雇佣制生产关系为了符合生产力发展要求的生产关系，逐步在社会中占据主导地位；同时，也还存在着已经不适应生产力发展要求的、丧失历史必然性的、处于没落阶段的封建生产关系和代表未来生产力发展方向的、正在不断获得历史必然性的、新兴的萌芽阶段的社会主义生产关系。这样就必然体现思想上层建筑上存在着反映封建生产关系的意识形态学说（封建主义意识形态）、反映资本主义生产关系的意识形态学说（资本主义意识形态）和代表未来生产关系发展方向的意识形态学说（社会主义意识形态）。

但是在众多的意识形态中，包括政治思想在内的上层建筑是由占主导地位

---

① 张雅瑰. 国家利益辨析［J］. 中共中央党校学报，1998（04）：9.

② 阎学通. 中国国家利益分析［M］. 天津：天津人民出版社，1996：4.

的生产关系总和所决定的，因此，经济上占统治地位的阶级的意识形态，一般也是政治上占统治地位的意识形态，因为"统治阶级的思想在每一时代都是占统治地位的思想。这就是说，一个阶级是社会上占统治地位的物质力量，同时也是社会上占统治地位的精神力量。支配着物质生产资料的阶级，同时也支配着精神生产资料，因此，那些没有精神生产资料的人的思想，一般地是隶属于这个阶级的。占统治地位的思想不过是占统治地位的物质关系在观念上的表现，因而这也就是这个阶级的统治的思想"①。经济上的统治阶级，一般都是政治上的统治阶级，他们的意识形态构成国家意识形态的主体或者核心，而在经济生活中居于不同地位的阶级，其利益存在着差异甚至是对立对抗关系，这就导致"由于国家是从控制阶级对立的需要中产生的，由于它同时又是在这些阶级的冲突中产生的，所以，它照例是最强大的、在经济上占统治地位的阶级的国家，这个阶级借助于国家而在政治上也成为占统治地位的阶级，因而获得了镇压和剥削被压迫阶级的新手段"②。为了调和阶级矛盾和冲突，有必要建立一个超然于各阶级之上的政治设施——国家，由此"国家是阶级统治的机关，是一个阶级压迫另一个阶级的机关，是建立一种'秩序'来抑制阶级冲突，使这种压迫合法化、固定化"③。因此，国家意识形态就是屹立于社会大厦之上的维护统治阶级统治的观念体系的上层建筑，是社会中居于统治地位的意识形态。为了获得、巩固自己的统治地位，就需要通过不断建构和解构意识形态学说来达到目的：一是不断建构反映本阶级利益和要求的意识形态体系，包括理想、理论和政策制度主张等，并且要想实现社会的普遍认同，就必须赋予原本只反映和代表本阶级利益的意识形态学说以"普遍性"，实现包括被统治阶级在内的全社会认同；二是不断批判、解构与本阶级建构相异的意识形态，通过持续的思想批判来瓦解异质意识形态的正当性、合理性，使其丧失合法性，削弱异质意识形态的影响力，进而达到巩固本阶级思想统治的目的。

一个具体的社会形态中还存在众多的与居于统治地位的阶级所建构的国家意识形态相区别的意识形态，这些居于从属地位的意识形态都代表各自所属阶级（集团）的利益。这些阶级、集团并不会自动放弃获得政治上层建筑，于是众多意识形态也在不断地进行着争夺思想阵地的"竞争"，不断阐述、论证自己

---

① 马克思恩格斯文集：第1卷 ［M］. 北京：人民出版社，2009：550-551.
② 马克思恩格斯文集：第4卷 ［M］. 北京：人民出版社，2009：191.
③ 列宁选集：第3卷 ［M］. 北京：人民出版社，2012：114.

的历史合理性，企图扩大自己特殊利益的"普遍性"。正如马克思、恩格斯指出："每一个企图取代旧统治阶级的新阶级，为了达到自己的目的不得不把自己的利益说成是社会全体成员的共同利益。"① 由此也就形成了主导意识形态面临的可能的安全风险。

2. 政权国家利益与统治阶级意识形态内在矛盾张力

在意识形态领域，天然存在国家意识形态（统治阶级的意识形态）与社会其他意识形态之间的矛盾以及各社会意识形态之间的矛盾，由众多的矛盾构成一个复杂的矛盾体系。意识形态领域的斗争，关键在于国家政治上层建筑能否巩固其统治地位。因此，在众多的矛盾中，国家意识形态与其他异质社会意识形态之间的矛盾是国家文化安全场域中最核心的问题，国家意识形态拥有维护现有国家政权的合法性、稳定性和反击众多社会意识形态瓦解、削弱国家意识形态的正当性。

在一个具体的社会形态中，围绕政权的争夺而形成的国家意识形态和社会意识形态之间的矛盾为国家文化安全场域中意识形态斗争的主要矛盾。其实质就是国家意识形态要继续扩大、维护、巩固自己的经济基础和上层建筑的权威性、合法性，必然要采取批判、解构甚至消灭异质意识形态的行动。同样，那些没落的腐朽的已经被生产力发展所抛弃的旧意识形态和那些方兴未艾的新兴意识形态也在不断对国家意识形态进行思想的动摇。"过了时的社会力量，虽然它存在的基础早已腐朽，可是，在名义上它还控制着权力的一切象征，它继续苟延残喘，同时在它尚未宣告死亡和宣读遗嘱的时候，继承者们就为遗产而争吵了起来。为历史所证明的古老真理告诉我们：正是这种社会力量在咽气以前还要作最后的挣扎，由防御转为进攻，不但不避开斗争，反而挑起斗争，并且企图从那种不但令人怀疑而且早已被历史所谴责的前提中作出最极端的结论来。"② 社会主义社会是超越一切剥削阶级社会的新型社会，是实现劳动人民的解放并且剥夺剥削阶级利益的新社会，虽然它是社会化大生产发展的必然产物，是代表生产力发展的要求，是代表历史必然性的社会，但是，由于社会主义是刚刚从旧社会中"脱胎"的全新的社会，就必然还带有一些所脱胎的那个旧社会的痕迹。特别是中国的社会主义，是脱胎于半殖民地半封建社会基础上建立的新社会，还处于并将长期处于社会主义初级阶段，而以公有制为主体多种所

① 马克思恩格斯文集：第 1 卷 ［M］. 北京：人民出版社，2009：522.
② 马克思恩格斯全集：第 14 卷 ［M］. 北京：人民出版社，2013：503.

有制经济共同发展的社会主义市场经济体制决定了社会生产关系的复杂性。经济基础的复杂性决定了中国特色社会主义的国家意识形态，还必然面临着与封建主义、资本主义等旧意识形态之间长期的斗争。这种植根于经济基础之上新旧势力之间的国家意识形态和社会意识形态的矛盾，是中国国家文化安全领域中意识形态安全核心问题产生的根本原因。当然也应该看到，国际上敌视社会主义中国的西方势力有意识地攻击也是引发中国意识形态安全问题的重要因素。

（三）"民族国家"利益与民族文化安全

1. 民族国家与民族文化关系耦合

如果说意识形态安全的靶标主要是"政权—国家"或者政治国家的建构和巩固的话，那么，民族文化安全则主要指向"民族—国家"的建构和稳定。民族国家作为一个政治社会体，同样具有正当性的问题，因为它的存在并不是天然的，而是政治拟制和政治实践互构而成的，特别是现代民族国家，除极少的单一民族的国家外，基本上都是"多民族国家"，在国家领土范围内具有众多的次国家民族（或者说族裔），这就与国家的统一性形成矛盾，这个矛盾是在政治民族（或者国家民族）的范式下得到化解的。政治民族是现代民族国家能建成并且稳固的基本要素，如所谓的美利坚民族，构成了美国现代国家的"族群基础"；俄罗斯民族是俄国现代民族国家的基础。同样，中华民族是中国民族国家的政治民族基础，她包含生活在中国这片土地上的 56 个民族和一些尚待识别的"族群"。中华民族作为中国现代民族国家建构合理性的民族基础，是在中华五千年文明历史中交互融合、近代以来共同抵御外辱和新中国成立以来在国家大力支持下共同发展而形成的一个"政治民族"基础上的"文化民族"。与"中华民族"紧密一致的中华文化，自然成为中华民族（政治民族）和中国（民族国家）的文化基础，成为现代政治民族建构和民族国家拟制的正当性的文化支撑，是民族凝聚力和国家完整性的文化基础。在此意义上的民族文化安全的主要含义是"指向民族认同的文化基础是否受到威胁和动摇，而不能理解为所谓的民族文化的纯洁性"①。为此，在探索国家文化安全的核心问题之时，有必要理清国家安全意义上的民族文化的基本含义、矛盾、功能和安全问题。

2. 民族国家与国家文化安全内在矛盾张力

从国家文化安全的角度分析民族文化所面临的重要内外矛盾，也就是那些危及民族文化生成和认同，进而危害政治民族（国族）基础与民族国家统一的

---

① 韩源. 中国文化安全评论［M］. 北京：金城出版社，社会科学文献出版社，2015：18.

矛盾。

首先，政治民族意义上的民族文化与族裔意义上的民族文化之间存在矛盾。政治民族也就是"国族"，如中华民族、美利坚民族、法兰西民族等。它的拟制与建构成功与否，将直接决定民族国家的团结与稳定。在此意义上的民族文化，也就是"国族"意义上的民族文化，在当代中国就表现为中华文化，在美国就是美利坚文化或者美国文化。政治民族并不是一个族裔意义上的自然历史发展而来的自然的民族，而多是一个政治和国家长期融合的产物，包含了众多自然族裔意义上的民族在内。国族意义上的民族文化是对所包含的众多自然民族的文化的超越。于是，国族意义上的民族文化和族裔意义上的民族文化之间不可避免地存在矛盾。从一般意义上看，国族意义上的民族文化应该是包容、吸纳、兼容、超越族裔意义上的民族文化，同时族裔意义上的民族文化也皈依、认同、吸纳、支持国族意义上的民族文化。如中华民族文化与各具体的族裔意义上的民族文化之间就有相互吸纳、包容的和谐关系，相互吸收积极元素。但从两者之间的本质来看，国族意义上的民族文化是要追求民族国家内文化的统一、协同等目标，而族裔意义上的民族文化却要努力保持特色、差异。特别是在一些多民族国家共同体中，过度突出族裔意义上的民族文化，或者一些族裔民族中的"分裂"势力有意挑动族裔民族与政治国家民族之间的矛盾，导致族裔文化认同超越了民族国家意义上的国家民族文化认同，这种情况就容易引发国族意义上的民族文化与族裔意义上的民族文化之间激烈对抗。如现今英国的苏格兰"独立"问题，自从17世纪苏格兰与英格兰合并后，虽然一直存在要求独立的问题，但都没有太大的影响，同时英国也在不断采取措施提高苏格兰的国家文化认同。但是在"一战"以后，特别是受到苏格兰内"苏格兰民族党"的挑动，在现今已成为危及英国国家安全的重要问题，究其原因，除了一些具体的物质利益外，最为重要的原因就是苏格兰有不同于英格兰的宗教、文化，族裔意义上的文化认同一直没能升华或者升华不足以成为国家民族意义上的民族文化，导致民族认同和国家认同严重差异，以至于众多苏格兰人只重视自己是苏格兰人，而对自己的民族国家无归属感。

新中国成立后，全国各族人民都在中华民族这个大家庭，相对而言是历史上最为融洽，同时也是族裔认同感和民族国家意义上的中华民族认同感最为协调的时候，但在国家民族建构方面也存在一些不足。

其次，民族文化的民族性与文化的全球化之间存在矛盾。前面国家民族意义上的民族文化与族裔意义上的民族文化之间的矛盾，可以归结为内部的、局部的矛盾，是在民族国家内部总体统一基础上的部分差异，除一些极端情况外（如苏联），在民族国家的"保护"下，一般情况并不构成民族文化解构的主要原因。但从整体和外部矛盾来看，特别是随着全球化进程的不断加深，文化的全球传播、扩散与民族文化保持自身国家民族特殊性之间的矛盾成为难以抗拒的重大矛盾。文化是一种生存生活方式，民族国家层次上的民族文化正是一个国家建构和国家行为的文化基础，民族文化的差异决定了不同的民族国家拟制及其政治行为合法性解释的差异。正如没有哪个国家和民族拒绝民主、公平和发展等理念，但是对民主、公平、发展这些理念的具体内涵和评判却有巨大的文化差异，有些甚至是南辕北辙。因此，虽然每个民族国家都有合法性证明的共性问题，但是每个民族的文化又规定了本民族对正义性、合法性等问题的具体内容，这正是每个民族国家都要强调保持自身民族文化特殊性的原因。如果一个民族国家的民族文化遭到解构、抽离、扭曲或者本身遭遇"合法性"危机，其对国家的危害不仅是政权问题，更有民族生存的问题。如有学者忧心忡忡地写道："当我们在自然科学、人文社会科学领域大量引进英语版教材，规定以英语授课甚至鼓吹以英语思维的时候，是否会因此失去以母语进行思维，进行创造的机会，更潜藏着永远跟在别人后面跑，无法进行本源性创新的危险。"① 苏联解体后，人们反思苏联失败的一个重要原因，就是苏联在文化全球化发展进程中，逐渐失去了自身民族文化特征，取而代之的是国民对异质的西方文化的向往，对美国精神的追捧。因此，在文化全球化的进程中，依然居于国际关系主体的民族国家，必须恰当处理文化的全球化与民族文化的民族性之间的矛盾，要在全球化过程中处理好同化与异化、同质与异质、一体与多元、趋同与差异之间的矛盾。

在国家安全场域中的民族文化安全，强调的是国族意义上的民族文化的建构，进而巩固民族国家的政治民族（国家民族）基础。由于现代民族国家的国情各不相同，每个国家基于民族文化安全所面临的基本矛盾不同，导致各国的民族文化安全的重心是有所差异的。加之各民族国家的经济社会发展程度和道路的差异，在全球化、信息化时代，不仅发展中国家遭遇民族文化安全问题，就连发达国家也同样面临通过保护民族文化特色进而巩固民族国家独特发展道路的问题。如加拿大、法国等，虽然同属资本主义发达国家，但是他们同样深感民族文化遭遇美国文化的强势入侵，以至于他们建立了比较全面的文化审查

① 许钧. 语言·翻译·文化的多样性 [N]. 文汇读书周报，2002-06-28 (5).

制度，并且在与其他国家交往中不断提出"文化例外"的政策。就中国目前来看，民族文化安全最为紧迫的问题或挑战可以归纳为适应时代需要的民族文化的建构不足和遭遇的解构力量不断增加。

最后，内外矛盾的交错使得民族文化安全问题复杂化。从理论逻辑来看，中华民族是中华人民共和国的政治民族基础，中华文化就是中华民族的精神文化。由于中国现代民族国家的建构，并非先有"中华民族"的政治民族建构，然后有中华人民共和国的政治国家建构，而是政治国家与政治民族相互影响而建成的特殊模式。中华民族是"一个由中国革命的历史进程及其结果给定了的政治民族概念……中国的政治民族并不是社会民族间历史磨合的产物，而是现代国家先期确立国家权力体系，并在权力所控制的领土、人口与主权范围内刚性生成的特殊民族概念"[①]。

近代以来，"中华民族"基本上是从革命和抵御外敌入侵过程中形成的整体概念。在革命时期，"亡国灭种"的外在压力下形成的民族独立、振兴中华等革命共识，是由与中国几千年文明历史中的传统中华文化有着巨大差异的马克思主义话语体系来表现和主导的，在这个过程中，马克思主义展示出巨大的鼓动能力和凝聚能力。革命取得成功并且建立新中国后，在前期面临巨大的外敌武力入侵和恐遭颠覆的压力，但是国家依然从总体上延续了革命时期的国家民族话语，并且依旧沿用阶级话语代替民族话语，使政治民族即中华民族的建构蛰伏在阶级话语之下，保持了高度的阶级话语体系上的民族国家的合法性认同。改革开放以来，随着国家经济政策的调整，国民经济社会生活从阶级斗争场域转化为民族发展进步场域，此时如果继续沿用革命时期的阶级话语将不再有利于凝聚民族国家的发展力量。由于新中国的国家性质，马克思主义的阶级话语在民族国家经济社会建设时期依然不会彻底退场，但是中华民族文化的进一步拟制必将从原来仅有的阶级话语体系扩展，随之产生扩展的方向和对象问题，这造成了对中华文化的当今形态争论不休。新儒家希望中国的民族文化回归传统；随经济开放和全球化而来的资本主义性质的自由主义希望中国的民族文化融入世界"主流"，国内的"思想文化"呈现出"你方唱罢我登场"的局面，这些各种思想、思潮的交互竞争反映了中国在新时期民族文化的建构并不成熟，以至于马克思主义作为国家指导思想反而在不同程度上遭到"悬置"。正是这种

---

① 任剑涛. 从"民族国家"理解"中华民族" [J]. 清华大学学报（哲学社会科学版），2019，34（05）：1-27.

民族文化建构上的薄弱状态，造成了新时期中国的政治民族基础建构依然不够强大，国家认同在某些场合与某些地方依然不足，进而对国家的认同构成潜在的风险。

民族文化安全不仅在正向建构上存在引发国家安全的问题，而且还有一些外部势力不断解构一个国家的民族文化，企图进一步解构民族国家的政治民族基础，应该说这个问题是全球化、信息化时代构成国家民族文化安全的核心问题。因为当今世界国际竞争的主体依然是在民族国家的范畴内进行的，民族国家依然是世界活动的主要主体，国家利益之争带上了浓郁的民族利益色彩。

就中国来讲，国家政权制度和性质与发达国家的资本主义体系之间存在根本差异。中国现今的政权体制成为西方发达资本剥削世界、奴役中国人民的最大障碍，西方发达资本主义国家在与中国的交往中从未放弃将中国纳入资本全球获利的新型殖民体系。因此，解构中国民族国家合法性、瓦解中华民族精神、扰乱国民文化心理等各种意在最终颠覆中国的阴谋不断上演，借助全球化进程和中国的改革开放，大举向中国进行文化输出，中国的民族文化遭遇前所未有的挑战。例如，借助先发优势，大肆鼓吹西方文化的普世性，极力推动世界文化全球化，诱导中国民族文化"断根忘祖"，进而抽掉中华民族的历史感情和文化根基。由于西方发达资本主义国家目前在经济、科技、生态等领域的先发优势，他们只字不提其资本主义起步阶段或者他们民族"腾飞"初期所犯下的殖民罪行等不光彩的行为，而是不停地炫耀发展起来之后的"光鲜"，鼓吹资本主义文化是普世文化，资本主义社会和国家制度是人类社会和国家制度发展的"终结"目标。在中国制造各种"西方月亮圆""空气都香甜"的幻觉，消解中国发展进步的民族文化认同，瓦解民族文化情感，诱惑发展中国家特别是实行社会主义制度的中国追随资本主义文化，选择资本主义制度等。再如，炮制各种"黑历史"，污蔑、抹黑中国，瓦解民族精神和传统，特别是对中国历史、中国政治、中国英雄等的各种抹黑，同时宣扬资本主义拯救世界的各种超人，炮制各种民族"劣根性"，瓦解中国国民的民族认同和历史认同。

总之，西方国家对中国的民族文化的敌意并没有随着中国改革开放和社会主义建设取得巨大成就以及对世界和平与发展所做出的巨大贡献而降低，反而不断加紧对中国民族文化、民族精神的各种抨击和歪曲，企图构建反华文化圈的同时，不断制造各种腐蚀中国国家民族文化的论调。随着中国经济社会发展的巨大成功，中华民族的政治拟制和与之一致的民族文化的建构，同各个具体族裔民族文化之间的矛盾正在不断融化，但是在全球化的进程中，资本主义发达国家推行的文化西方化、文化一体化给中华文化带来的挑战，不仅没有减弱的迹象，反而有变本加厉的态势。特别是随着中美关系在近年来陷入低潮，美国一些政客炮制文明冲突的言论，企图扰乱中国的现代化进程。

二、国家发展利益与国家文化安全

国家生存利益是底线和基本利益，而国家发展利益则是较高的和目的意义的利益。中国特色社会主义进入新时代，存亡早已不是关切的核心，中国的国家利益赋予了更多发展的内涵，国家安全的意义当然也就应该包含发展权益、发展能力、发展空间、发展需求等方面的保障。国家文化安全当然也应该从国家发展利益角度进行分析。

（一）维护国家文化安全是全面建设社会主义现代化国家的内在需求

1. 社会主义现代化目标及其历史演进

社会主义现代化是党带领人民不断奋斗的重要目标。从历史逻辑角度来看，在完成"一化三改造"建立社会主义制度以后，党和国家就把现代化作为建设社会主义的目标任务，并随着社会主义现代化建设事业的发展进步和时代变化而不断调整完善。新中国成立之初，在苏联援助下大力发展工业，提出了现代化的目标是工业化；到1954年提出发展现代化的工业、农业、交通运输业和国防；再到1964年提出农业、工业、国防和科技的"四个现代化"。改革开放后，逐步提出建设中国式现代化，现代化目标表述还是沿用20世纪60年代的"四个现代化"目标；党的十三大提出的富强、民主、文明的现代化，现代化目标就从过去更多地注重经济发展层面的现代化走向了注重经济、政治和文化现代化在内的全方位现代化；党的十六大提出社会的全面现代化；到党的十七大提出以人为本，并将社会和谐作为现代化目标提出来。党的十八大以来，以习近平同志为核心的党中央为实现中国现代化进行不断探索；党的十九大鲜明提出了建成社会主义现代化强国的目标定位；党的十九届五中全会提出了包括建设"文化强国……国家文化软实力显著增强"在内的九个方面社会主义现代化远景目标，更是对"四个现代化"的传承和创新，明确了我国在推进社会主义现代化进程中的历史选择、出发点和落脚点。从社会主义现代化发展的历史逻辑来看，文化越来越成为现代化的根本性问题，维护和塑造国家文化安全是实现社会主义现代化的应有之义。

2. 国家文化安全内涵的深化涵摄建设社会主义现代化目标

面对世界范围内的现代化发展进程和发展要求，在完成拨乱反正、实现工作重心由"以阶级斗争为纲"转向"以经济建设为中心"后，邓小平同志语重心长地强调："我们要赶上时代，这是我们改革要达到的目的。"① 邓小平同志所称的时代含义蕴含了包括文化在内的社会全面进步目标，这就为我国经济社会发展指明了前进的方向和道路。中国在建设现代化道路征程上，清楚地认识到现代化不仅仅是科技、农业、工业和国防这些器物层面的现代化，当然还应该包含文化的现代化。现代化作为一种最先在西方国家实现了的目标，其发展也经历了长达数百年的曲折过程，并且由于中国社会制度与西方资本主义国家截然不同，这就注定了中国现代化目标和道路与西方资本主义国家存在着显著的区别，尤其是在文化发展目标层面的现代化才是具有根本性和复杂性的现代化。现代化建设中所提出的中国特色社会主义文化是由中华优秀传统文化、革命文化和社会主义先进文化所构成的，如何在文化现代化过程中确保我国现代化目标始终朝着既定方向和道路发展，这就要求在实现现代化的过程中确保国家文化安全，不断加强和完善国家文化安全体系建设。

3. 迈向现代化的文化发展目标需要文化安全

在《中共中央关于制定国民经济和社会发展第十四个五年规划和二〇三五年远景目标的建议》中，专门用一章篇幅来部署"繁荣发展文化事业和文化产业，提高国家文化软实力"。可以认为，没有文化的繁荣发展，就没有社会主义现代化，而没有文化安全的保障，文化建设也就失去了方向和秩序的保证。

（二）维护国家文化安全是全面建设社会主义现代化国家的思想保证

随着社会经济多样化、利益多元化格局的发展，思想上层建筑也在发生变化。一个社会中意识形态领域从某种程度来讲就是一个思想观念的"集散地"，因此面临着复杂多变的情况，呈现出多种意识形态和多元价值导向并存的局面。这就需要在统筹推进"五位一体"总体布局、协调推进"四个全面"战略布局的现代化前进道路上，面对思想文化领域的风险挑战构建维护国家文化安全的思想保障。

1. 文化安全是为全面建设社会主义现代化国家提供精神动力的前提

文化是一个国家兴旺发达、连接过去与未来、接续传承的重要精神内核，在当代中国，维护国家文化安全不仅成为实现中国现代化的基础条件，也是为

---

① 邓小平文选：第3卷［M］. 北京：人民出版社，1993：242.

现代化建设注入强大精神力量的必然前提。

首先，从中国走向现代化道路的征程来看，现代化发展道路是中国近代以来中国人梦寐以求的发展目标，也是中华民族能够重新屹立于世界民族之林的关键。从鸦片战争后的"中学为体，西学为用"，到新中国成立后提出的"四个现代化"目标，再到党的十九届五中全会对实现现代化的总体部署，现代化道路的内涵不断拓展，一个半世纪以来纠缠中国现代化道路的一个带有根本性的问题就是现代化是否等于西化。因为现代化实现的样态首先是在西方国家实现的，这就给其他想要实现现代化的国家一个重要启示和方向，似乎要实现现代化，只有在包括经济在内的全方位的西化下才能实现。如果这样，那就意味着现代化在某种程度上就是要放弃本民族和国家的文化，在精神价值领域也要实现西化。这是我国国家文化安全风险的重要来源，因此必须破除这类错误认识，打破对西方文化殖民主义的迷信，维护文化安全，建立文化自信和文化自觉，这样才能更加深刻地认识中国现代化道路的目标、方向，才能确保中国现代化道路的独特性，才能汇聚起迈向现代化道路的强大精神力量，才能确保包括文化现代化在内的现代化发展目标的实现。

其次，从应对现代化道路上的矛盾角度来看，破解这些矛盾需要以文化安全的保障为基础。我们在社会主义现代化道路的征程上取得了长足的进步，但是也要清醒地看到，由于发展道路的独特性，中国的发展并没有经历西方社会现代化道路渐进式的发展历程。中国所处的时空环境决定了中国的现代化道路是工业化、信息化同步进行的，这导致在走向现代化的社会转型中，本来应该用较长时间呈现的矛盾问题在中国可能会爆发式出现。这些错综复杂的矛盾问题相互叠加，使得面临的风险挑战前所未有，尤其是在思想文化领域，呈现出多样化、去中心的态势。因此，要推动中国特色社会主义现代化事业继续前进，就需要凝聚全社会共识，以文化安全作为凝聚社会目标，化解和消除各种矛盾冲突，展现出最大的精神价值共识。

最后，从现代化道路的精神力量来看，民族精神的弘扬是现代化的题中之义。如前所述，国家安全是民族国家安全和政权国家安全的结合，国家文化是一个国家在思想意识层面的重要表征，而国家文化的精髓在于融合了族群的国别民族精神。在漫长的中华民族历史上，形成和建构了以爱国主义为核心的民族精神和以改革创新为核心的时代精神，这样的民族精神在中华民族的精神谱系中具有沟通不同民族、树立共同价值理念的重要作用。要实现社会主义现代化，就需要重视发挥以民族精神为内核的文化作用。现代化道路崎岖不平，当现代化道路实践遇到困难时，就需要弘扬改革创新的时代精神，在以时代精神为内核的文化指引下，为现代化建设提供丰富的精神滋养。文化安全本质上是为国家倡导的价值体系、行为规范准则提供保障，文化安全要对一个国家和民族的生存方式提供根本遵循，激发社会大众的创造精神，激发人民为实现现代化目标而奋斗的精神力量。

2. 文化安全是社会主义现代化道路上澄清模糊、明辨是非、坚定方向的思想保障

破解现代化发展道路上的意识形态交锋需要保障文化安全。中国现代化道路不是封闭发展的，必然伴随着各种文化的交融。与此同时，随着网络信息技术发展，各种与国家意识形态相异的社会思潮也不断涌入，这就导致了走向现代化的道路不免会受到西方文化、价值观的影响。如何避免中国发展模式和发展道路被妖魔化，如何在经济发展的同时实现国家文化软实力的提升成为必须要解决的问题。从人类历史的发展来看，在社会转型时期，迫切需要从国家文化中获取相应的精神文化支撑。要站在文化安全角度，发挥国家意识形态在价值领域的引领作用，建构与社会主义发展道路相适应的话语体系，维护国家文化安全，确保社会主义现代化建设道路朝着既定方向发展。中国特色现代化道路是一个坚持以马克思主义理论为指导，充分借鉴西方现代化发展道路的合理成果并和中国实际情况相结合的产物，是一条基于中国国情、中国独有的文化历史传统不断探索发展而形成的道路。中国现代化的内涵丰富，包含了经济、政治、文化、社会和生态在内的全方位现代化，由此就决定了中国现代化是一条不同于西方式的发展道路。现阶段中国发展实现了从过去站起来到富起来再到强起来的三个历史性转变，在这样独特的发展历程中形成了独特的文化自信。道路的成功源于中国文化的深厚积淀，中国现代化道路的根在绵延五千年的中华文明，而继续开拓前进的思想源泉也根源于此。理论是文化思想的系统性概况和总结，在中国共产党领导中国人民建设现代化道路的征程中，中国共产党注重将马克思主义与中国实际相结合，形成了一系列的马克思主义中国化理论成果，这样的理论成果和理论自信，本质上也是对实现现代化道路上的文化安全的回应，因为这澄清了模糊、明辨了是非，系统回答了中国走社会主义现代化道路举什么旗帜的问题，是建设具有中国特色的现代化道路的"定心丸"。

3. 文化安全是增强中国文化全球影响力的重要基础

中国文化全球影响力日渐增强，是中国特色社会主义事业进入新时代以来的显著特征之一，党的十九大报告五处提到了中华文化，指出要在党的十八大

以来"国家文化软实力和中华文化影响力大幅提升"的基础上，在向第二个百年奋斗目标进军的第一个阶段战略规划中实现"国家文化软实力显著增强，中华文化影响更加广泛深入"。然而，与世界文化强国相比，与党的十九大报告提出的目标相比，与历史上中华文化对世界的巨大影响相比，当前中华文化还远没有发挥出应有的作用。如何让中华文化走出国门、影响世界，如何提升中华文化的全球影响力，这是重大的理论和实践问题。从根本上讲，提升中华文化的全球影响力，不仅是讲好"中国故事"、传播好"中国声音"的需要，更重要的是展示中华文化精神内涵，传播当代中国价值观念。中华文化可以为人类在新的历史条件下提供不同于西方文化主导的另外一种新的文化选择，增强中华文化全球影响力是完成中国特色社会主义事业的应有之义。

由于近代以来中国的落后挨打，使得中国传统的知识分子开始对中国文化产生了怀疑，认为中国落后的根源是文化的落后，只有全方位引入西方文化才能实现中国的发展和重新崛起。然而，由于没有找到正确的中国革命道路，这样的思考和带来的实践并没有实现中国真正的强大。只有在中国共产党的领导下，以马克思主义的普遍真理和中国实际情况相结合，才真正实现了中国站起来、富起来和强起来。在这样的发展历程中，中国文化展现出了独特的文化影响力，其中蕴含的哲学思想、人文精神等文化内核可以为解决当今全球性问题提供启迪，为人类面临的共同难题提供智慧。比如，"天下兴亡，匹夫有责"的爱国情怀，"上善若水，厚德载物"的道德境界，"天下为公，世界大同"的理想追求，"民惟邦本，仁者爱人"的治国理念，等等，这些思想理念和文化精神历久而弥新，闪耀着恒久的思想光芒。今天，中国传统文化中的这些优质基因并没有失传，而是不断在创造性转化和创新性发展中与社会主义现代化建设目标相适应，展现出强大的文化生命力。中华传统文化中蕴含的这些超越时空的文化基因随着时代发展而呈现出独有的价值作用。中国共产党人在带领中国人民进行革命、建设、改革的长期历史实践中，始终是中国文化的继承者、践行者、弘扬者，其指导思想、执政理念等一系列方针政策都深受中华优秀传统文化的滋养。对中国传统文化中优秀的精神内核进行创新性发展和创造性转化，形成了当代中国人独有的精神特质，成为中国共产党带领中国人民建设社会主义现代化国家道路上的重要思想资源。面对人类百年未有之大变局，中国前所未有地从之前国际舞台的配角走向国际舞台中央，中国需要更加注重文化软实力建设，需要更加积极展现具有主体性的文化形态和价值理念，为世界提供精神文化产品。而中国发展的实践也说明，国家发展模式不仅仅是西方模式和西方道路，中国的发展所展现出的中国文化生命力为其他国家发展也提供了文化智慧。中国文化倡导的"和而不同""天下大同"等理念超越了西方中心主义的文化霸权，让中国文化站在了实现人类社会共同发展、推动人类社会持续进步的道义制高点。在这种具有全球性的文化目标中，我国国家文化安全的含义有了国际性的视角，中华文化的发展空间是否面临障碍，这也是国家文化安全应该思考的问题。

三、国家文化安全在国家安全体系中的地位

国家文化安全是整个国家安全大系统的组成部分，必须坚持从总体国家安全观出发，才能够清楚地认识国家文化安全在国家安全体系中的地位。

（一）总体国家安全观的科学含义

党的十八大以来，以习近平同志为核心的党中央着眼于"百年未有之大变局"国际安全环境变迁和中国特色社会主义事业进入新时代的发展阶段，对国家安全作出了新的系统性思考和布局。2014 年，习近平在中央国家安全委员会的第一次全体会议上，首次提出了"总体国家安全观"，并从包括文化安全在内的十一个方面论述了总体国家安全观。为什么强调是总体国家安全而非单独某个方面安全呢？这是由我国发展到一定程度必然会遇到的情况决定的。随着中国进一步发展，所遇到的国际、国内的阻碍性因素不断增加，国家利益从过去的传统安全利益范畴拓展到了包括文化在内的非传统安全范畴，这就决定了"当前我国国家安全内涵和外延比历史上任何时候都要丰富，时空领域比历史上任何时候都要宽广，内外因素比历史上任何时候都要复杂"①。2015 年 1 月 23日召开的中央政治局会议，审议通过了《国家安全战略纲要》，强调要坚持正确义利观，实现全面、共同、合作、可持续安全，在积极维护我国利益的同时，促进世界各国共同繁荣。在此基础上，《中华人民共和国国家安全法》以法律的形式明确了国家安全的含义。由此，国家安全是由存在状态及其保障安全状态的能力组成，没有危险和不受威胁是国家安全治理所追求的目标效果，要确保这样的目标得以确立，就要具备确保国家安全的能力，即持续保障安全，这样的持续性能力状态表述从动态发展角度展现了如何确保国家安全。如前所述，安全是一个相对状态，也是一个不断变化发展的状态，由过去传统的政权安全、军事安全朝着包括传统安全和非传统安全在内的全方位安全体系演变，国家抵

---

① 习近平关于总体国家安全观论述摘编［M］．北京：中央文献出版社，2018：4.

御潜在威胁和防范化解安全威胁的战略也随着国家整体发展变化而形成新的体系。

党的十九大报告明确指出新时代坚持总体国家安全观，就是"必须坚持国家利益至上，以人民安全为宗旨，以政治安全为根本，统筹外部和内部安全、国土安全和国民安全、传统安全和非传统安全、自身安全和共同安全，完善国家安全制度体系，加强国家安全能力建设，坚决维护国家主权、安全、发展利益"①。由此可见，总体国家安全观的内涵和外延都非常丰富，涵盖了对内对外两大方面，既重视传统安全，又不忽视非传统安全，将以人民为中心的发展理念贯彻到总体国家安全观之中，坚持国家安全一切为了人民、一切依靠人民。总体国家安全观强调以人民安全为中心，但应认识到人民不是抽象的，而是现实的和具体的，人民安全除了生命财产安全，当然也应该包括人的社会性特征的安全，最核心的就是"人心"的安全，也即文化安全。

（二）国家文化安全是国家文化利益的根本保障

国家文化安全的实质是国家文化利益安全，有必要从"外"和"内"两个角度分析其根本保障作用。

1. 抵御防范和化解外来文化扩张，维护国家文化主权

文化主权是国家文化利益的核心问题，从"外"的视角看，国家文化利益面临的是国际文化环境中存在的文化扩张和文化霸权。以美国为例，其文化扩张的主要载体就是文化产品。文化产品承载着美国的文化和价值观，美国出口的第一产业就是文化产业，向全球传播文化产品是美国文化扩张的典型手段。布热津斯基说，一本书的重要性可能不亚于一场战役。英国学者在《文化冷战与中央情报局》中表示，美国有规模地实施文化扩张的报刊、电视台、文学家、艺术家、科学家等专门从事文化与价值观传播的专门队伍就成百上千，出版物也有几千种。美国好莱坞导演达利尔·柴纳尔发表文章说，好莱坞电影是"铁盒里的大使"。如《空军一号》所宣扬的就是美国的"民主和平论"，而由美国改编的动画片《花木兰》看似是中国元素，实际上展现的价值观却是美国的，宣扬的是个人英雄主义的价值观，其文化价值观的传递与中国完全不同。所以推动文化产业大发展大繁荣的时候，不能仅仅从量的增长着眼，还需要重视价值引领。第二种形式是文化交流，最典型的就是1946年美国参议员富布莱特提

---

① 习近平. 决胜全面建成小康社会，夺取新时代中国特色社会主义伟大胜利——在中国共产党第十九次全国代表大会上的报告［R］. 北京：人民出版社，2017：24.

出的"富布莱特计划",它的目标就是培养认同美国价值观的全球性的文化精英和学者,以此作为一个长远的投资。第三种方式是凭借美国强大的新闻媒介能力控制国际舆论。当今世界80%以上的国际新闻,被美国CBS、CNN、ABC等传媒巨头所垄断。第四种方式就是通过互联网。网络游戏"红色警戒"就具有非常极端与浓厚的意识形态性,单从名字就能感知它的意味。红色就是象征"共产主义",对立的双方就是苏联与美国盟军,通过设立游戏故事情节来丑化歪曲红色政权,而美国则被塑造成主持世界正义的一种形象。第五种方式是通过社会科学研究占领文化制高点。美国学者雷迅马的著作《作为意识形态的现代化》,披露了现代化理论与现代化发展模式就是美国政界、军方、情报部门和社会科学界联合推动的二战后与苏联争夺新兴国家的一场战略部署,通过对发展模式的引导来争夺新兴国家,而所谓现代化理论就是在这样一种背景下被有计划地炮制出来的。我们现在学术上的发展,不管是高校还是研究机构,学科的建设在一定程度上受到西方社会科学话语霸权的影响。

在以上几个案例中,通过分析美国的文化扩张,可以看出,国家文化安全事关国家文化主权,事关国家核心利益。

2. 解决重大文化问题,保障国家文化秩序

从"内"的角度看,国家文化利益首先是坚持马克思主义在意识形态领域指导地位的根本制度,维护社会主义文化体系的正常秩序,这需要在国家文化安全领域重视以下三个问题。

第一,如何处理好中西马的关系,这是从根本上维护国家文化安全的最深层问题。近现代以来,中国就面临这样一个命题,中国作为一个东方大国,要实现现代化,是仅仅在生产力层面向西方学习,还是要实现从生产力到文化的全方位西化,这个问题实际上也就是蔓延中国近代以来的所谓"体用之争"。在今天,这个问题又有新的表现,特别是面临着国学、儒学复兴这样的一个背景,我们怎样来看中国传统文化与马克思主义以及西方资本主义文化体系之间的关系,这是一个非常重大的战略问题。第二,在马克思主义中国化过程中,如何使国家意识形态成为人民大众的自觉需求。马克思主义作为一种政党和国家意识形态学说,怎么才能既具有马克思主义的立场、观点和方法,又能改造传统文化思想以实现创造性转化和创新性发展,这里的关键环节就是必须完成马克思主义意识形态与人们精神需求的贯通。如何把宏大叙事的国家意识形态与人民大众的日常生活结合起来,使其真正成为用而不觉的价值导向是马克思主义大众化的关键所在。第三,正确定位并强化中国人的国民文化身份。文化身份

定位清晰与明晰才能根本解决民族文化认同的问题。

（三）国家文化安全是最深厚持久的国家安全

1. 国家文化安全状况是衡量国家安全状况的精神标志

如果没有了国家文化安全这个屏障，国家安全也就失去了判断总体安全状态的风向标。由此，认识总体国家安全状况的重要窗口就是对文化安全的内容、影响力、认同度以及对国家文化安全体系所呈现出来的辐射面、渗透力进行考察。当众多个体的思想状况发生变化带来物质力量聚集的时候，就足以推动或者阻碍国家机器的运转，导致总体国家安全状况发生重大改变。正如马克思所评论的那样："批判的武器当然不能代替武器的批判，物质力量只能用物质力量来摧毁，但是理论一经掌握群众，也会变成物质力量。"① 由此，可以通过分析文化思想状况的变化而了解国家安全状态。在我国，衡量总体国家安全状况的重要方面，就是从对现存国家政治体系的价值认同、对主导国家意识形态的信仰和对国家道路的认可等国家文化安全体系的角度来考察。

2. 维护国家文化安全为维护国家总体安全提供"软支撑"

当今国家之间的竞争主要是综合国力的较量。传统意义上的综合国力主要包括人口、经济总量、国土面积、资源状况、军队实力等这些所谓的硬实力，但在综合国力中不能忽略至关重要的软实力。在这里有一个现象值得我们反思，那就是苏联解体后，全球对苏联解体根源的一些思考。人类历史上没有哪一个世界格局的解体是几乎不发一枪一弹而实现的，但是两极格局、冷战格局的瓦解就恰恰是这样。俄罗斯科学院院士利西奇金在《第三次世界大战——信息心理战》中认为，第三次世界大战早已结束，冷战是军事冷战却是文化热战。他认为苏联就是因为美国有组织的文化战略部署摧毁了其软实力，瓦解了苏联的国家意识形态和民族文化认同，最终导致了苏联的解体。所以，缺少了软实力的作用也就丧失了价值目标，失去了存在的价值和依据，乃至基础。所以在利西奇金看来，苏联的解体根源于这样一种文化战争。

21世纪国家间的竞争同时也是人的竞争。人的竞争我们往往仅将其理解为人才的竞争，人才的争夺战，但人在掌握了科学技术之后，为谁服务，这才是问题的关键所在。科学技术具有共享性，而价值观却具有个性，因此，从这个意义上来讲，如果说二十一世纪的竞争是人才的竞争，那么人才竞争的要害在于价值观的竞争。美国学者约瑟夫·奈在谈到硬实力与软实力的关系时认为，

---

① 马克思恩格斯文集：第1卷［M］.北京：人民出版社，2009：11.

只有价值观才能最终决定或者改变导弹与货轮的归属。由此可以看出，文化的较量和话语权的争夺在国际竞争中居于基础性的地位。

3. 维护和塑造国家文化安全是构建国家总体安全体系的基本要求

国家文化安全作为国家安全的重要思想屏障，体现了一个国家、一种社会制度赖以存在的思想基础、价值共识和精神支柱，文化安全是维护国家总体安全的"精神混凝土"，其中，国家文化安全中的意识形态安全是构筑这道屏障的钢筋骨架，民族文化安全是屏障的水泥，公共文化安全是黏合剂。我们要顺利实现现代化目标，避免在迈向现代化的道路上付出不必要的代价，就必须在实现现代化目标进程中着力维护和塑造国家文化安全。可以认为，国家文化安全在总体国家安全体系中居于内隐式的支配地位，主导和渗透到其他国家安全要素之中，对国家政治安全、经济安全等起到了牵制作用。

文化安全是国家安全的深层次内容，是社会制度、国家政权得以建立和维护的重要基础。政治、经济、军事等传统领域安全，容易引起人们的重视，而文化安全则容易被悬置。由于文化影响着人的精神和灵魂，渗透于社会生活的各个方面，对一个国家、一个社会产生的影响是长远的、深刻的，所以文化安全是深层次的国家安全，是民族得以传承、国家得以维系的精神支柱。

第五章

国家文化安全战略取向选择：
从"分化"向"整合"转变

取向就是确定方向，在军事领域中，战略取向是根据总体战略任务和作战双方态势确定的关键攻防方向，是建构我方战略主动和战略优势、瓦解敌方战略图谋和战略布局的关键方位。延伸到国家文化安全领域，就是根据国家文化安全的总体任务、威胁来源以及文化体系的内在矛盾等因素的演变规律，而制定的国家文化安全战略措施的主攻方向，主导着国家文化安全战略的谋篇布局，决定着战略目标的形态和性质。具体到"PSR"分析框架，国家文化安全状态和压力的变动是响应措施调整的基本依据；文化安全响应是对状态和压力的调适，又是状态和压力变动的重要原因。因此，国家文化安全战略取向是一个综合性选择，是对战略措施所要构建的新状态的总体预判，是纾解安全压力的途径和方法的设定，也是对响应策略的总体规定。在不同的社会历史发展阶段，国家文化安全的"PSR"态势是不同的，特别是状态和压力的变化具有连续性和阶段性，当出现明显阶段性变化的时候，必须对国家文化安全战略取向做出适时调整。

军事安全最为直接的目标就是"消灭敌人"；而文化不一样，文化本身的生存与发展离不开同各种思想文化的交流和交锋，文化本身只有"百花齐放、百家争鸣"才能繁荣进步。因此，国家文化安全战略目标并非一定要"消灭"某种思想文化，而是在同其他文化的"斗争"中建构一种符合国家安全利益需求的文化形态及其发展局势，使文化发展与政治、经济、社会等方面的发展协同一致。同时，文化思想的社会作用也是具体的和历史的。在不同的社会历史条件中，同种文化可以对国家安全构成不同性质的作用，并且具体的文化思想在特定的历史条件下所具有的社会作用也是复杂的，既有有利于国家建构、巩固国家安全的作用，也可能有负面元素危害国家安全。如在全球化发展日益复杂化的 21 世纪，民族主义依然非常活跃，大量带有民族主义倾向的文化思潮和文化产品，对国家安全既有积极意义，也有消极影响。"一方面，民族主义是建构民族国家、推进民族政治发展的重要力量。……另一方面，民族主义也正在威胁着主权国家的统一，制造和扩大民族之间、族群之间的矛盾和冲突，成为阻碍民族国家一体化建构的重要力量，甚至危及民族国家的存续。"① 因此，国家文化安全斗争并非"非胜即败"，而是既要保证文化的丰富性和发展性，又要保证文化的多样和发展不危害国家安全；既要识别和批判多样文化中存在的"不利"因素，又要保持和吸纳各种文化中的有益元素。因为文化具有上述特点，国家文化安全战略取向需要根据国家总体历史任务、国家安全利益、文化发展状态等因素的变化做出适当调整。

一、分化与整合：国家文化安全战略取向的两种选择

国家文化安全战略取向是综合国家文化安全任务、状态等所选择的响应方略，是减缓国家文化安全压力的关键抉择。总体来看，国家文化安全战略的基本取向有两个：分化取向和整合取向。两个方向的基本理念、适用条件和战略结果都不相同，都是在特定历史条件下完成国家文化安全任务的战略选择。

（一）分化取向的基本内涵及特征

就国家文化安全而言，分化取向就是根据每种文化的性质及其对国家安全的作用，将国内外多种多样的文化严格区分为不同的类别，将与国家性质、国家理想、国家战略等核心利益一致的文化视为同质的友好性文化，反之则划归为敌对的异质的文化，进而对同质文化采取友好手段，支持和鼓励其发展壮大，对异质文化采取敌对手段予以批判，抵御和限制其发展。如新中国成立后，长期坚持区分资产阶级文化和无产阶级文化，大力倡导和发展无产阶级性质的文化，严防资产阶级文化、封建主义文化"复辟"；美国在"二战"后，长期将"共产主义"文化视为严重威胁资本主义"自由世界"的文化异端，通过新闻、学术等各种文化渠道甚至动用政治力量打压共产主义文化，发动一波又一波的"反共浪潮"。

分化取向战略的首要特征就是突出矛盾的对立性。矛盾的对立性也叫矛盾的斗争性，就是矛盾双方相互排斥、相互反对和相互否定的属性，突出矛盾一方克服、战胜、消灭另一方的特征。文化作为一种社会意识，是对社会存在的

---

① 于春洋. 现代民族国家建构：理论、历史与现实 [M]. 北京：中国社会科学出版社，2016：16.

反映。经济社会形态是社会存在的核心内容，是由生产力和生产关系、经济基础和上层建筑所构成的一个复杂矛盾集合体，基本矛盾运动决定了不同社会发展阶段中的文化也存在各种不同的矛盾，矛盾的各个方面分属社会基本矛盾中的各个方面。例如，在资本主义社会中，存在代表资产阶级生产方式的文化和代表封建阶级生产方式的文化，两种文化之间的矛盾根源于社会存在中的两种不同的生产方式之间的对立和冲突。国家不仅是特定地域范围社会的统一体，也是阶级矛盾运动变化的产物，是阶级统治的工具。在阶级社会，国家是经济上占统治地位的阶级维护自身阶级利益的工具，如资本主义国家实质上是资产阶级的国家，是总资本家，是维护资本利益的国家。马克思指出：在经济上占统治地位的阶级的思想一般也是社会中占统治地位的思想。在资本主义国家中，虽然存在多元多样的文化，每种文化可以代表不同阶级的利益，是对自己所属的生产方式及其上层建筑的反映，但资本主义国家必然对威胁自身经济基础和上层建筑的思想文化，对冲击维护资本利益的社会秩序的文化进行排挤、打压，以巩固资本主义文化在社会中的统治地位。在社会主义初级阶段，虽然国家主导意识形态或者主导思想文化的是马克思主义指导的社会主义文化，但主导并不一定能自然获得主流地位或者统治地位。中国的社会主义是在经济文化落后的半殖民地半封建社会的废墟上建立和建设的，生产力发展长期落后，新中国成立以来，国家主导文化需要同封建主义文化、资本主义文化、帝国主义文化甚至一些极度落后地区的奴隶制文化进行斗争，以提高马克思主义文化的主导地位和统治地位。因此，在新中国成立初期，国家文化安全最为迫切的任务就是建立马克思主义的无产阶级的社会主义新文化的统治地位。在国际上，新中国面临强敌包围、封锁，甚至直接军事入侵和颠覆的安全压力；国内遭遇伺机反扑的反动势力的各种破坏，煽动和蛊惑人民群众。国家文化安全同政治、军事斗争的联系直接而紧密，维护国家文化安全的直接有效的办法就是要采取分化战略，将各种文化的精神本质、阶级属性等分清摆明，突出马克思主义指导的社会主义新文化同各种异质文化之间的根本对立和差异，严格区分敌、我、友，并采取不同的措施予以对待。

突出矛盾的斗争性是分化战略取向的又一个显著特征。矛盾的斗争性是引起事物运动变化和发展的根本原因。矛盾双方相互斗争，推动双方力量的变化，实现矛盾双方的此消彼长，进而推动事物的运动、变化和发展。文化矛盾的斗争，也是促进文化发展的一个重要方面，真理都是在同各种谬误的斗争中发展起来的。如资本主义在推翻封建主义的过程中，代表资产阶级利益的思想文化运动对封建国家体制、君权神授、封建等级等精神文化中的对社会的禁锢和钳制进行了猛烈批判，创建和扩大了自由、民主、博爱等资本主义精神文化的内涵和社会影响，最终成为资本主义社会中占据主导地位的精神文化。同样，诞生于资本主义社会的马克思主义思想，也是在同各种资产阶级思想文化以及一些形形色色歪曲的和许多自我标榜、声称是"无产阶级思想文化"但实质是在各种反动思想的斗争中发展起来的"科学真理"做斗争。马克思主义诞生的过程，可以说就是一部同各种反动的、错误的理论论战的过程。马克思、恩格斯同"青年黑格尔派"决裂后，站在广大劳动人民的立场，对青年黑格尔派乃至黑格尔哲学进行了全面清算。针对德国无政府主义、历史虚无主义思想家施蒂纳在《唯一者及其所有物》中宣扬的利己主义、无政府主义和唯我论对德国无产阶级运动造成的思想混乱，马克思、恩格斯在其系统阐述唯物史观的著作《德意志意识形态》中，"用全书十分之七左右的篇幅对施蒂纳的利己主义思想、无政府主义及唯心史观进行了深入的批判"①。

中国共产党在领导中国革命和社会主义建设的过程中，创造性地将马克思主义普遍真理运用于指导中国实践，创造了指导中国革命和社会主义建设事业的中国化的马克思主义。在这个过程中，也包括了同各种错误思想、反动思想斗争的过程。如在革命战争年代同各种"左"倾错误思想的斗争，新中国成立后同各种反动思想的斗争，改革开放后同"资产阶级自由化"思想的坚决斗争。如西方一些国家不断用所谓的"人权"问题攻击中国，在国际上污蔑中国共产党和社会主义制度，国内一些人故意附和、闹腾，配合国际反华势力制造反华舆论，破坏中国形象和中国改革开放的良好环境。为了消除这些严重脱离实际的污蔑，中国的马克思主义者开始研究社会主义的人权问题，遵循马克思主义基本原理，剖析资本主义人权的实质和虚伪性，揭示了那种脱离实际生活、脱离具体社会历史条件的空泛讨论，不过是资本主义一贯的把戏；同时阐明了社会主义人权的现实性和优越性，在中国共产党的领导下，短短几十年的时间内，新中国摆脱了贫穷落后的面貌，数亿人摆脱了贫困，人民生活水平和发展能力发生了翻天覆地的变化，社会主义中国才是脚踏实地、稳步改善和发展了人权的国家。通过同西方资本主义文化思潮的较量，不但发展了马克思主义人权理论，而且阐明了中国人权发展成就；不但粉碎了西方国家的无端攻击，而且让全国人民看到了中国的进步，增强了中国人民对中国特色社会主义理论、制度、

---

① 郝立新，臧峰宇. 马克思主义发展史：第1卷［M］. 北京：人民出版社，2018：379.

道路和文化的自信。可以看出，中国的马克思主义发展史，也是一部同各种反动、错误思想的斗争史。斗争的基本要求，就是要分清谁是真正的敌人，谁是真正的朋友。因此，分化是斗争中发展壮大自我、维护国家文化安全的基本策略。

分化取向在国家文化安全战略谋划中，具有不可替代的重要作用。就国家安全而言，最危险的局面莫过于身陷险境而浑然不知，或者对危害因素给国家安全带来的负面作用麻木不仁。如果一个国家对意识形态、民族文化以及丰富多彩的公共文化生活中的危害因素丧失分辨能力，甚至主动放弃对自己的主导文化的维护，必然会遭遇对国家合法性、民族国家认同等不认可的危机，进而危及国家安全。苏联解体，其中一个重要的原因就是 20 世纪 80 年代中期逐渐放弃了对其立党立国的根本指导思想的坚持，放弃了对马克思主义国家主导文化精神的坚持，有意无意地"拥抱"与社会主义异质的资本主义文化精神，在国家内部造成文化、思想领域的混乱，以至于资本主义文化精神、生活方式成为众多苏联国家精英所向往的文化精神和生活方式，对社会主义的嘲笑、讥讽和批判成为一种普遍的文化时髦。当西方资本主义国家对苏联发动系列"攻击"时，上至国家精英下至普通百姓，已经完全失去了社会主义信仰，丧失了区分资本主义和社会主义的能力，已经没有多少人觉得应该拯救苏联社会主义和苏联共产党，甚至"主动配合"西方敌对势力不费一枪一弹瓦解强大的苏联，洗劫苏联社会主义数十年艰苦创业积累的巨大财富。

（二）整合取向的基本内涵及特征

所谓整合，是指运用一定的机制将原本分散的、杂乱的事物构建成为具有整体性和系统性的一个有机体。整合并不是融合或者溶合，溶合是消失个体基础上的融合，如白糖溶于水后，白糖看不见了。整合并不是要让整合对象溶合为新的事物或者一个对象融入另一个对象，而是在承认差异的基础上，运用一定原则将各个分散的零散的事物组合为一个有机整体。在文化领域中，整合意味着尽量发现、吸纳和利用各种文化思想中积极有益的内容，搁置、批判和否定其负面内容，将多样的文化思想统一到国家主导文化精神中，统一到民族和国家理想及其实现的道路上，使国家主导文化精神在与相同、相近甚至相异的多样文化交流中不断增强自身的时代性、先进性、凝聚力、引领力，巩固国家主导文化精神的主导地位。

同分化取向相比较，整合取向的一个重要特征就是突出矛盾的统一性，也叫矛盾的同一性。矛盾双方除了绝对的斗争性，还有相互联系、相互依存、相互贯通的关系，两者之间依然有内在的有机的不可分割的联系。在生产力和生产关系、经济基础和上层建筑所构成的社会基本矛盾体系中，决定一个国家社会发展形态的是占统治地位的生产关系构成的"经济基础"。然而除了占统治地位的生产关系，在一个国家中，通常都还有复杂多样的生产关系存在，决定了形成不同性质的文化生活和多种多样的文化之间既有根本的差别，也有相互的联系，即既有矛盾的差异性，也有矛盾的统一性。如在中国特色社会主义社会，由于社会主义还处于并将长期处于社会主义初级阶段，初级阶段的基本国情决定了我国既以公有制经济形式为主体，也还有非公有制的民营经济，甚至还有小作坊、小手工业的自给自足的自然经济形式，多种生产方式共存的经济基础条件决定了文化生活的多元多样。社会主义初级阶段的基本国情决定了这些相互之间存在矛盾和差异的经济生活、社会文化生活存在的必然性。但是，这些相互矛盾的经济生活和文化生活方式之间并非没有统一性，从社会主义的本质是解放和发展生产力的角度来看，一切有利于提高社会生产力发展水平，一切有利于提高人民群众的物质文化生活水平和发展壮大社会主义国家综合国力的生产方式都是有益的，其方向是社会主义性质的。非公有制经济领域的经济活动，其发展的结果也同公有制经济一道共同促进社会生产力的发展，共同创造人民群众美好生活所需要的物质和精神财富。由此可见，在社会主义初级阶段，在多种多样经济的生活基础之上产生的各种思想文化，同样具有为社会主义服务、为人民服务的社会功能，有可能发展成为社会主义思想文化的一部分。因此，国家文化安全战略不仅要能分清是非、辨别善恶，还应该引导、吸纳、统筹多样文化朝着社会主义方向发展，整合各种文化资源，共同促进社会主义文化发展，巩固国家文化安全的根基。

整合取向的国家文化安全战略的基本原则就是统筹多样文化中的积极因素，尽力避免多样文化之间矛盾的激化和扩大化，共同推进社会主义文化的大繁荣大发展，不断支持、巩固国家主导文化发展。整合并非忽略文化矛盾或者模糊文化差异，而是在对国家主导文化和与之相近、相异的文化有着清醒认识的基础上，充分发掘其他文化中的积极有益因素。如在20世纪70年代末80年代初，随着改革开放，西方文化思潮涌入中国，引发思想交流、交融、冲突、对话。为妥善处理中西方文化矛盾，我们批判地吸收其中的积极因素，这为社会主义市场经济改革目标的形成和改革开放的深入推进提供了思想资源。

(三) 分化取向与整合取向的关系

分化取向和整合取向是国家文化安全战略的两个不同的选择，两者的理论根据和实践意义均有重大差异。但是战略取向仅仅是战略主要方向选择，主要方向统领之下依然存在次要方向，分化与整合两者也并非完全对立、非此即彼的关系，两者具有复杂的联系，仅仅是由于不同社会历史条件下对国家文化安全战略主攻方向的主次选择而有所不同。

首先，分化和整合是两个不同的战略取向。正如前文分析，分化取向正视矛盾的斗争性，突出马克思主义指导下的社会主义文化与各种资本主义、封建主义等非马克思主义、非社会主义文化之间的根本冲突和差异。基本策略或者基本原则是要分清敌我、明辨是非，对各种异质文化或者国家文化安全危害因素保持高度的警惕性和敏锐性，并采取措施消灭和消除异质因素。整合取向依据矛盾的统一性，突出在社会主义初级阶段多样文化存在和共同发展的必然性，强调整个国家文化战略的任务已经转变为为社会主义服务，为人民服务，为人民群众美好生活创造丰富多彩的精神财富服务。由此国家文化安全措施更加倾向于主流文化的引领力和凝聚力，实现多样文化统一于社会主义文化体系中。尽力扩大多样文化的同一性，求同存异或者聚同化异，将各种文化统一到社会主义现代化建设上来，统一到实现民族复兴伟大使命上来，进而化解分歧，化解国家文化安全威胁。

其次，分化和整合是两个相互联系的战略取向，其功能各有长短。国家文化安全的基本目标任务就是要建构和发展国家主导文化精神在文化思想领域的统治地位，使思想上层建筑与国家经济基础和政治制度等协调发展。这必然需要分清"有益"和"有害"文化，对中国特色社会主义来说，就是要分清马克思主义和非马克思主义、真马克思主义和假马克思主义、社会主义文化和非社会主义文化，才能在各种思想文化的交流交锋中判断真假、明辨是非，才能坚持正确的文化导向，发展先进的文化。同时，仅仅有分化还不能更好地解决国家文化安全问题。分化仅仅是国家文化安全战略取向的一个方面或者一个选项，过度分化以至于不能充分吸收利用人类一切物质和精神文明成果为社会主义服务、为人民服务，容易将"洗澡水和婴儿一起倒掉"。应该采取积极扬弃的态度和方法，整合多样文化中的积极因素，克服消极因素，尽可能地将多样文化统筹到社会主义现代化事业中来，共同繁荣发展壮大社会主义性质的文化，提高国家文化安全能力，更好地维护国家文化安全。

最后，分化和整合也是相辅相成的关系。正如前文分析，分化取向和整合取向都是国家文化安全战略的基本取向，两者既相互区别又相互联系。分化取向战略是提高明辨是非能力和判断能力的重要方法。通过分化战略，将马克思主义文化、社会主义文化同各种其他异质文化相区别，识别各种非马克思主义、非社会主义文化中的有害思想内容，识别各种危害因素，是维护国家文化安全的基础前提。整合也不是无条件地调和各种文化，无差别地融合多样文化，而是在分化基础上的整合，是辩证扬弃的整合，是求同存异和聚同化异的整合。两者在实际战略谋划中，并不是截然分开的，而是分化中有整合，整合中有分化，只是在不同的社会历史条件下，侧重各有不同。如在新中国成立到改革开放初期，国家文化安全的重点任务是建立马克思主义文化在思想文化领域的主导地位，重点在于分化，兼顾整合。改革开放后，在社会主义市场经济体制下，发展是时代赋予的中心任务，需要尽可能地吸纳和利用一切积极因素发展社会主义。由此，整合取向成为国家文化安全战略发展的必然，同样，分化依然具有不可替代的作用，只是分化退居于整合之后发挥基础作用。

二、分化转向整合：中国国家文化安全战略取向的必然选择

战略取向是达成战略总体任务的基本路径选择，随着战略环境、战略任务、战略手段的总体变化而变化。所谓战略环境，就是敌我双方的政治、经济、军事、舆论等资源的投入和分布等形成的整体战略态势，也就是总体社会历史条件。当今世界正处于"百年未有之大变局"之中，国际格局发生深刻的变化，中国建设社会主义现代化国家的国际挑战和机遇已经同过去发生了重大变化。同时，国内发展进入新时代，综合国力大幅提高，全面建成小康社会取得决定性胜利，正在开启全面建设社会主义现代化国家的新征程，国家的阶段性战略任务已经发生变化，国内文化发展亦呈现新特征。在新的社会历史条件下，中国国家文化安全战略取向需要根据国家发展所处的具体的国际国内社会历史条件的变化，围绕国家总体发展根本目标和阶段性任务做出调整。

（一）由分化向整合转变的历史基础

战略不仅仅是谋取"胜利"，而且要达成最有利于己方的战略态势或者战略目标。如战略家李德·哈特在《战略论》中所言："假使你把注意力完全集中在胜利之上，而不考虑其他任何后果，则你可能将国力耗尽，而再也不能

获致和平。"① 由此，必须根据国家发展总体任务和实际能够用于支撑战略实施的资源的总量和质量，以及面临的威胁的性质和特征来选择合理的战略取向。

中华人民共和国并不是在旧中国政治经济文化发展基础上自然形成的"内源型国家"，也不是直接由外部发达国家"帮助"积弱积贫的旧中国建构的社会主义新中国，而是在马克思主义的指导下，由中国共产党团结带领广大人民群众推翻封建主义、帝国主义和官僚资本主义"三座大山"在中国的统治，打碎旧社会一切国家机器和不合理的旧制度之后建立的崭新的国家。在旧中国，她并没有孕育出社会主义新中国的国家指导思想和制度准备，中国无产阶级革命和社会主义建设的指导思想，由德国人马克思、恩格斯创立，经俄国人列宁、斯大林等革命家在俄国革命和社会主义建设中加以实践和发展。马克思主义作为"外来文化"传入中国，照亮了"在黑暗中摸索救亡图存道路"的中国革命先驱，从此"中国革命的面貌就焕然一新了"。中国共产党人将马克思主义基本原理和中国实际相结合，创造性地发展出具体指导中国革命和建设的中国化的马克思主义。1949 年 10 月 1 日，中华人民共和国中央人民政府的成立，仅仅标志着新中国的成立，国家体系并未实际完成整体建构。因此，按照指导中国革命并取得成功的马克思列宁主义和毛泽东思想继续完成国家建构成为当时的中心任务。包括政权体系建构、社会管理体系建构和思想文化发展体系建构等各个方面，超越一切旧中国剥削阶级的国家机器、社会制度和思想文化，实现中国有史以来最为彻底的革命和变革。以政权体系为核心内容的国家机器及其运转机制的建构，必须是在马克思主义国家思想的指导下，建构中国共产党领导的全新的人民民主专政国家。国家意识形态需要革除一切旧的剥削阶级的国家观念，在全国广大干部群众特别是领导干部中建构新的反映人民当家作主的国家意识形态。在社会管理和运行体系方面，要废除一切旧阶级社会中存在的等级制度，在马克思主义、新民主主义以及社会主义和共产主义理想的指导下建立人人平等的新社会，必须革除一切旧的反映统治阶级利益的封建等级思想、资本主义剥削思想等，建设和发展新民主主义文化和社会主义新文化。因此，从新中国成立到社会主义制度建立时期的中心任务决定了国家文化安全的基本任务就是为新民主主义和社会主义政治、经济、社会等体系提供思想、理论和观念保障，确保国家建构任务不受"异质"文化和腐朽思想的干扰和破坏。

---

① 钮先钟. 战略研究入门［M］. 上海：文汇出版社，2018：19.

到了20世纪70年代末80年代初，新中国总结几十年来在革命和建设中形成的正反经验，决定将党和国家工作的重心转移到社会主义现代化建设上来。随着中美、中苏、中日、中欧关系的改善以及中国恢复在联合国的合法席位，中国发展经济、建设"四个现代化"国家的国际环境大幅改善，遭遇直接的军事、政治等传统安全威胁的风险逐步减缓，但是，文化安全、经济安全等非传统安全随着改革开放的深入发展和国家经济社会的快速转型而逐渐凸显。随着改革开放和社会主义市场经济的发展，文化领域的中心任务不仅要继续巩固和发展社会主义文化，而且还要为社会主义现代化建设提供精神引领、智力支持、动力激发，团结人民群众建设社会主义国家，不断满足人民群众美好生活的精神文化生活需要。

在改革开放的过程中，国家文化安全形势也发生了重要变化。随着国外资本和技术而来的，还有大量的资本主义生活方式、管理方式等"资本精神"，其中不乏可以借鉴和利用的积极因素，同时也包含了如"金钱崇拜""个人主义""享乐主义"等文化糟粕。国内文化随着经济的发展也开始逐渐活跃，商务印书馆、三联书店等众多出版社组织翻译，出版了大量的西方思想文化作品，涉及哲学、政治学、历史学、文学等几乎所有人文社科类学科。国内公共文学、影视作品开始涌向市场，流行文化快速发展，文化产业和文化市场的形成加快了文化繁荣发展。特别是进入21世纪以后，随着网络、新媒体等现代信息技术进入寻常百姓生活，中国文化更是进入一个开放式、多样化的繁荣发展阶段，各种文化思潮、文化主义、文化流派纷纷登场。在这样一个繁荣同时异常复杂的文化领域，各种各样的文化思想、文化产品在满足人民群众丰富多彩的精神文化生活需要的同时，也难免夹杂一些危害国家安全的因素。如宗教极端思想、历史虚无主义、民族分裂主义、西方资本主义的"自由民主"观念等，潜伏在各式各样的文化思想和文化产品中，文化领域的斗争从改革开放前公开冲突转为暗中较量，从单一的批判转为批判和吸收兼顾，从敌我斗争转为"亦敌亦友"，从服务国家政权建设转为服务国家发展大局，从中华民族独立转为中华民族自立，从文化领域扩大到文化、政治、经济、社会等多个领域。

由此，国家文化安全战略不能仅仅简单区分马克思主义与非马克思主义，区分社会主义性质的文化和非社会主义性质的文化，而是要吸收各种文化中合理的优秀的先进的内容，批判其不合理的不科学的落后的内容，坚持四项基本原则不可动摇，加强以共产主义远大理想、中国特色社会主义共同理想为核心内容的社会主义精神文明建设的同时，真正做到"一切有利于建设四化、振兴中华、统一祖国的积极思想和精神，一切有利于民族团结、社会进步、人民幸福的积极思想和精神，一切用诚实劳动争取美好生活的积极思想和精神，都应当加以尊重、保护和发扬"①。由此，需要将国家文化安全战略取向从分化转为整合，统筹多样文化中的积极因素，为中国特色社会主义建设贡献力量。

（二）由分化向整合转变的实践逻辑

新中国成立后，在中国共产党的领导下，政治方面建立了以中国共产党领导的人民代表大会制度、政治协商制度和民族区域自治制度等为主体的人民民主专政国家政权体系，并且参仿苏联模式构建了计划经济体制。在清剿国民党反动武装残余势力、快速恢复战争创伤、发展社会生产增强国力等方面，这种政治经济体制表现出了巨大的优越性，使中国在短短几十年时间里快速建构了一套比较完整的国民经济体系，特别是重工业等生产资料部门获得快速发展，为社会主义生产力快速发展发挥了重要作用。

随着生产的恢复和国家各项建设的展开，体制上的不足也显露出来，改革已经势在必行。改革最先从农村启动，在全国推广"包产到户"再到实施"家庭联产承包责任制"。"联产承包责任制和各项农村政策的推行，打破了我国农业生产长期停滞不前的局面，促进了农业从自给半自给经济向着较大规模的商品生产转化，从传统农业向着现代农业转化。"② 农业生产快速恢复，全国粮食产量快速增加，在 1984 年产量达到四千亿千克，基本解决全国人民的温饱问题，这证明实施家庭联产承包责任制提高了农业劳动生产率，是符合中国实际的科学的制度。之所以这套制度能快速恢复农业生产，提高农业生产力，主要就在于打破已经"僵化"的不符合中国农业农村生产力发展水平的"大集体"体制，采用适度的个体经营、自主经营、分散经营的方式，其实质是从"统一"和"整体"转向"分化"和"分散"的经营体制，依靠充分尊重个体差异、尊重个体贡献来激发个体积极性和创造性。随着劳动效率大幅提高，农村商品经济活跃，逐渐出现个体户、专业户等多种发展经营，成为后来乡镇企业异军突起的重要基础。农村农业经营体制改革取得成功，为推动城市经济体制改革拉开了序幕。在原有的计划经济体制下，国有企业实行统收统支，生产资料和产

---

① 人民出版社编. 中共中央关于社会主义精神文明建设指导方针的决议 [M]. 北京：人民出版社，1986：8.

② 中共中央文献研究室. 十二大以来重要文献选编（上） [M]. 北京：人民出版社，1986：253.

品均由国家"调拨"，企业盈亏一个样，经营好坏一个样，严重束缚企业生产和管理的积极性。为此，城市经济体制改革从逐渐赋予企业自主经营管理权限开始，逐步取消行政指令计划，国有企业开始进行"利改税""拨改贷"等改革，逐步实现政企分离，将企业改革成为独立核算、自负盈亏的市场经营主体。党的十四大明确提出建立社会主义市场经济，通过鼓励企业进行股份制改革，积极招引外资经济进入中国，引导和支持民营经济等措施快速壮大市场主体，发展社会主义生产力，使中国在短短几十年时间里创造了辉煌的发展成就。

　　回顾改革开放以来的历史过程，一个非常明显的趋势就是打破"大锅饭"，增加"自主性"，"化整为零"以激发社会主体的创造性和积极性，充分发展和利用多种有益形式发展壮大社会主义，这个过程可以概括为"分化过程"。但不能仅仅看到"分化"改革，还应该看到另一个与之紧密结合的整合过程。从农村开始的"包产到户""包干到户"等措施，没有改变农村集体经济的主导地位，土地这个最为重要的生产资料坚持集体所有，只是将附着在土地承包权上的经营方式进行了调整。到了党的十八届三中全会，依然强调"坚持农村土地集体所有权"，稳定农村基本经营制度，同时强调进一步深化改革，重新构建了社会主义农村经济的新型集体所有制和新型生产经营方式。在宏观经济体制方面，从党的十三大做出中国处在社会主义初级阶段的论断和坚持以公有制为主体，发展有计划的商品经济，到1992年邓小平发表"南方谈话"指出：计划和市场都是经济手段，社会主义的本质是解放生产力，发展生产力，消灭剥削，消除两极分化，最终达到共同富裕，判断是非得失的标准是"三个有利于"。再到党的十五大明确提出"以公有制为主体、多种所有制经济共同发展，是我国社会主义初级阶段的一项基本经济制度"，以及公有制经济"不仅包括国有经济和集体经济，还包括混合所有制经济中的国有成分和集体成分"。从国家经济宏观体制改革的过程看，确实是一种分化过程，但这种分化更具有整合的意义。首先，将分散的经营激发出来的创造力、积极性整合到生产力发展中来，快速提高社会主义经济实力。其次，将各种所有制经济的优势和长处吸纳进社会主义经济建设中来，特别是吸收先进的现代企业管理经营理念和方法，提高企业经营管理水平。从市场主体来看，应科学解决计划和市场的关系，正确处理"姓社姓资"的问题，积极整合各种性质的资本、技术和市场，为发展生产力服务。在党的十六大以后，提出系列战略措施坚持和完善社会主义基本经济制度，健全市场体系，完善宏观调控体系和建立城乡一体化发展的体制机制，更是在新的基础上加强社会主义经济政治体制整合，促进中国特色社会主义各项事业在协同发展中不断发力。在党的十八大以后，国家政治经济整合步伐加快，提出中国特色社会主义事业"五位一体"总布局，转变经济发展方式，增强发展平衡性、协调性和可持续性，提出中国特色社会主义新型工业化、信息化、城镇化和农业现代化"四化同步"发展，整合城乡经济发展各方面的资源、要素，统筹效率和公平、发展与安全、政府和市场、国际和国内、经济与社会，促进全面协调发展。

实践证明，从分化措施激发经济、政治活力，是发展社会主义经济政治的有效方式，也是将各种经济、政治力量整合到中国特色社会主义现代化事业中来的重要举措，分化和整合是相辅相成的，整合是更高层次更具体系的政治、经济活力再造的过程。经济、政治的改革必然会推动文化的变革，毛泽东同志指出："一定的文化（当作观念形态的文化）是一定社会的政治和经济的反映，又给予伟大影响和作用于一定社会的政治和经济。"① 文化的发展及其形态最终由其经济基础所决定，一定社会的经济发展变化最终必然反映到文化发展上来；同时，文化对一个社会政治和经济的发展具有巨大的反作用。国家文化安全的一个重要方面，就是文化要同一个国家政治、经济发展相适应，要能够巩固、发展国家所构建的经济、政治体制。

改革开放后，文化发展与中国特色社会主义市场经济和民主政治的发展相一致，文化发展进入繁荣期。文化体制改革首先打破"大包大揽"和"吃大锅饭"的平均主义，在艺术团、院中推行"承包责任制"，演出、经营收入除去部分公积金和上交额后，大部分作为人员薪资"按劳分配"。通过改革冲破了长期困扰文化艺术发展的旧体制，激发了文艺团体和人才的积极性，极大解放了文艺生产力。此后，在1988年提出了艺术表演团体"双轨制"改革方案，除了一些确实需要国家举办的象征性、保护性、教育性艺术团体外，绝大多数艺术团体实行自主经营、独立核算、自负盈亏、自主参与市场经营活动。

中国文化市场也经历了一些曲折后，在20世纪80年代中期逐步兴起。书摊（店）、舞厅、录像厅等逐步从东南沿海大城市兴起并快速扩散到全国各地。此后，为缓解单位经济和事业困境，部分文化事业单位开始主动走进市场，开展一些相关的经营性文化活动。原文化部、国家工商行政管理局等在1987年2月联合发出《关于文化事业单位开展有偿服务和经营活动的暂行办法》，明确和规范了出版社、文化馆、图书馆等文化单位的经营活动，进一步激发了文化事

① 毛泽东选集：第2卷 ［M］. 北京：人民出版社，1991：663-664.

业单位的创新活力。同时，随着市场经济而来的各种国外文化团体逐渐进入中国，国内逐步出现社会和个人举办的文化单位，文化产品逐步增加，文化产业起步并快速发展。总之，随着改革开放的深入和中国文化管理体制改革的推进，各级各类文化单位逐步摆脱集中体制，除了一部分国家保护的公共性、公益性文化单位外，绝大部分文化单位都进入市场成为自主经营、自负盈亏的市场主体，创造了巨量的文化产品，促成了改革开放以来文化大发展、大繁荣的良好局面。

市场化改革促进文化发展的分化，培育和激活了众多文化主体，激发了文化发展的积极性和创造性。在文化多样化和市场化发展过程中，随着国外文化产品而来的西方文化思潮、价值观念、生活方式，不可避免地造成一些人盲目崇拜西方文化，羡慕西方生活，怀疑社会主义，贬低中国文化；在资本逐利的驱动下，市场产生了一些迎合低级趣味、消极腐朽、神秘荒诞的文化产品，如果任其发展，将极不利于国家经济社会健康发展，危及国家文化安全。邓小平在 1979 年召开的重要理论工作务虚会上明确阐述"必须坚持四项基本原则"，同年 9 月在中共十一届四中全会上提出"建设高度的社会主义精神文明"。随着改革开放不断走向深入，中国逐步全面融入全球化发展进程，各种思想交流交锋更加频繁，自由主义、历史虚无主义等思潮在中国泛滥，造成一定程度上的思想混乱。针对这种情况，1991 年江泽民同志在庆祝中国共产党成立七十周年大会讲话中，再次明确提出中国特色社会主义文化建设的指导思想必须是马克思列宁主义、毛泽东思想，决不能搞指导思想的多元化。1994 年 1 月，全国宣传思想工作会议将文化发展方针凝练为"弘扬主旋律，提倡多样化"。这给文化事业发展定下基调，就是文化要在精神上坚持社会主义方向，要服务人民、服务社会主义，不能"拆台"；提倡多样化就是文化形式要丰富多样，满足人民群众不同文化需求，不能"千篇一律"，坚守文化事业发展"多样"与服务人民服务社会主义"整合"的辩证关系，稳步将中国特色社会主义事业推向 21 世纪。

进入新时代，随着中国逐渐走近世界舞台中心，我国文化建设以更加自信自觉的姿态快速发展，国家文化管理和经营体制进入改革开放的快车道。文化产业快速崛起，各类文化创意、网络游戏、影视戏剧、新闻出版等快速发展。但是，由于过去体制的惯性、创新不足以及西方发达资本主义文化的侵蚀，中国文化繁荣中暗藏了众多问题。比如，历史虚无主义、自由主义泛滥，严重侵蚀中华民族文化自信和民族团结；一些资本主义腐朽思想如享乐主义、拜金主义等大行其道，严重侵蚀社会道德和人民进取精神，危害国家文化安全。对此，党中央明确提出培育和践行社会主义核心价值观，用社会主义核心价值观引领多元文化发展，不断增强社会主义意识形态的凝聚力和引领力。习近平指出："核心价值观是文化软实力的灵魂、文化软实力建设的重点。这是决定文化性质和方向的最深层次要素。"① "人类社会发展的历史表明，对一个民族、一个国家来说，最持久、最深层的力量是全社会共同认可的核心价值观。核心价值观，承载着一个民族、一个国家的精神追求，体现着一个社会评判是非曲直的价值标准。"② 习近平还指出，社会主义核心价值观是植根于中华优秀传统文化精神，是对我们建设什么样的国家、什么样的社会和培育什么样的公民的重大问题的回答，是反映全国各族人民共同认同的价值观"最大公约数"，是对中华优秀传统文化精神、以爱国主义为核心的民族精神、以改革创新为核心的时代精神以及世界文明优秀成果的继承和发展，整合了世界各种文化中的积极健康元素，成为社会主义文化生活的基本遵循。

（三）分化向整合转变的理论逻辑

国家文化安全并不能游离于国家发展现代化的总体取向，从一定程度上讲，安全必须立足于国家现代化发展需求，局限于文化本身来谈安全并不能全面反映国家文化安全的全部内涵。从现代化总体取向来看，分化可以看作是现代化的一个重要特征，"现代社会之所以具有'现代性'，一条重要的原因，就在于它是高度分化的社会"③。但分化并非现代化发展的唯一逻辑，也并非分化程度越高，社会就越进步。如果没有整合，分化则可能陷入分裂和无序，社会发展进程则会被扰乱甚至打断。

英国哲学家赫伯特·斯宾塞在19世纪阐述社会进化论思想时就"从冯·贝尔的胚胎学那里获得了分化与整合的法则，'从无限的不一致的同质性到有限的一致的异质性'，并把它确立为一项无限的在成千上万的对象中展现自身而同时又保有模式特性的原则，……除了暂时出现的各种'瓦解'性质的回旋起伏以外，自然乃是从能量到生命、从生命到精神、从精神到社会、从社会到文明并

---

① 习近平谈治国理政 [M]. 北京：外文出版社，2014：163.
② 习近平谈治国理政 [M]. 北京：外文出版社，2014：168.
③ 丰子义. 现代化的理论基础：马克思现代社会发展理论研究 [M]. 北京：北京师范大学出版社，2017：287.

达致各种高度分化与整合的文明而直线发展的"①。此后，分化逐渐成为社会学、政治学中发展学派一个经常被用来描述现代化程度和社会进步的重要术语和标准。

就社会发展进程来看，分化的确是社会进步的重要指标，社会分化为不同的部门和机构，表明社会职能逐步分化和专业化，是丰富社会生活、提高社会部门运行效率的关键。恩格斯在《家庭、私有制和国家的起源》中详细阐述了人类社会"三次大分工"和人类社会发展的紧密联系。在野蛮时代中期，一些部落学会驯养牲畜，游牧部落逐渐从其余的野蛮人群中分离出来专门从事畜牧业，使社会生产能力大幅提升，人类历史发生了第一次大分工。"第一次社会大分工，在使劳动生产率提高，从而使财富增加并且使生产领域扩大的同时，在既定的总的历史条件下，必然地带来了奴隶制。从第一次社会大分工中，也就产生了第一次社会大分裂，分裂为两个阶级：主人和奴隶、剥削者和被剥削者。"② 第二次社会大分工发生在野蛮时代的高级阶段，以手工业和农业的分离为标志，商品生产开始出现，并且贵重金属开始成为货币商品，社会开始分化为穷人和富人。第三次社会大分工发生在人类社会从野蛮时代步入文明时代的最后一个阶段，以商业阶级从工农业中分离出来为标志，专门从事商品交换的商人阶级产生，由此构成城乡分化和对立。恩格斯通过对分工和社会分化的进程考察，阐明了社会分化与进步的逻辑关系，"分工的发展不仅是生产力发展的重要结果，也推动生产力的进一步发展，是推动史前社会发展的重要动力"③。马克思、恩格斯不仅从纵向考察社会分工和分化，认为其是社会进步和发展的动力，还从横向分析了生产、交换、分配和消费所构成的社会总生产过程，认为物质资料的总生产过程的分化，带来了横向社会结构的分化，进而带动社会专业化分工和社会生产效率的提高，促进社会的发展进步。

社会分化成为现代社会进步的一个重要特征，但仅有社会分化却无法实现现代化目标。伴随分化的发展，社会职能和结构不断分化，社会各职能部门之间行为和利益的协调成为保持社会有序发展的必要条件。如马克思在分析资本主义社会固有矛盾时就发现，资本主义私有制和社会化大生产之间的矛盾表现为单个生产单位的高度秩序性和整个社会生产的无序状态，导致社会总供给和

---

① 乔治·萨拜因，索尔森. 政治学说史：民族国家（下）[M]. 邓正来，译. 上海：上海人民出版社，2015：526.

② 马克思恩格斯文集：第4卷 [M]. 北京：人民出版社，2009：180.

③ 郝立新，臧峰宇. 马克思主义发展史：第1卷 [M]. 北京：人民出版社，2018：266.

总需求之间存在严重不对称问题，由此引发周期性的经济危机。通过资本主义经济危机的破坏性机制，实现生产和需求之间新的平衡。因此，在"未来"社会主义阶段，要实行计划生产来保持整个社会生产供给和需求之间的有序平衡，克服资本主义固有矛盾。马克思所指的计划生产实质就是对众多的分化的社会生产部门进行有机整合，实现功能协调、总量平衡。中国在改革开放后，从经济领域开启新的现代化进程。从总体态势来看，既是一种分化过程，也是一个整合或者重组的过程。经济体制改革的总体过程就是从原有统一的计划经济体制转变为分化的市场经济体制，无论是经济运行还是社会生活，都从单一方式分化为竞争性多样化的自主性方式，社会结构从简单的城乡、工农结构分化为多样多层结构。当达到一定程度后，社会分化对社会进步的正向功能便开始衰退。正因如此，在进入21世纪后，诸多学者对中国市场经济改革过程中社会利益分化问题、阶层固化问题等展开深入研究，认为"社会分化的两极化、阶层固化态势凸显，社会的流动性大大降低；社会心态恶化态势明显，社会诚信濒于沦丧的边缘。这种状况不改变，社会就有可能在经济的高速发展中'断裂'。这也就是说，社会分化已难以承担起社会变迁的动力角色了"①。因此，社会整合成为保持国家安定有序发展的必然选择。中国经济社会也进入了新一轮的全面深化改革时期，这个阶段的特征就是突出社会整体性、系统性改革，政治、经济、文化、社会、生态以及党的建设总体协同性被提升到新的高度，实质就是在原有分化格局的基础上进行社会新的整合与重组。

文化作为社会存在的反映，文化发展与社会发展总体趋势基本一致，文化结构形态基本上附着于社会结构和形态。改革开放后的文化发展过程，总体上也是一种分化过程。随着改革开放的发展，不仅流行文化和文化市场为人们提供了丰富多彩的文化选择，更有反映不同世界观、价值观和人生观的各式各样的"文化圈"，还有更为复杂的阶层文化、族群文化、社区文化等的分化和分离。文化的分化同经济领域的分化一样，在一定程度上是推动生产力进步的动力，但是文化过度分化，却会产生社会撕裂甚至产生分裂主义倾向，严重危害社会秩序和稳定。因此，文化整合成为分化基础上必不可少的选择。但是，现代意义上的文化整合已经不是传统社会中的文化专制，也不是用某种单一的思想文化来代替所有的文化思想，"所谓整合决不再是旧时代'一盘散沙'基础上

①　郝宇青. 从分化到整合：改革开放40年社会变迁的动力及其转换［J］. 江西师范大学学报（哲学社会科学版），2018，51（05）：3–13.

的封建专制，而是现代社会所应该具备的各部分分工合作，达到整体最佳功能那样一种状态。因此，整合的实践意义是对分化中偏差的纠正"①。

所以，国家文化安全战略取向从分化向整合转变，不仅是社会发展的一般规律和原则，也是改革开放后，由中国社会与文化发展内在逻辑决定的。文化的分化有益于促进文化发展进步，但是分化作为国家文化安全战略取向，并不能完成现代社会中必然存在的多元多样文化之间的有机统一，并不能实现国家文化内部结构和功能的有序发展。整合正是在分化的基础上进一步调整文化结构和功能，进一步协调不同文化之间的矛盾实现协同共进的战略取向。

三、从分化战略转向整合战略的基本思路

在国家文化安全斗争中，中国长期遭遇国际反华势力的围堵。无论是革命战争年代还是新中国成立之初，中国一直处于严峻的国际环境中，致使中国不得不采取对抗性、分化型国家文化安全战略，严格区分敌我友，严格划分阶级和路线，不得允许多元多样的文化中出现不同于国家主导思想文化和核心价值观念的内容。在改革开放以后，国际环境逐步改善，中国与世界的联系逐渐密切，与世界各国的友好往来不断加深，但国际帝国主义和霸权主义并没有放松对中国进行意识形态渗透、民族文化侵蚀和公共文化污染，只不过采取了更加隐蔽和"柔性"的手段。同时，国内市场经济兴起后，人们的思想文化逐渐多元化，国家主导意识形态、主导文化精神建设也面临着众多危害国家文化安全的新矛盾和新问题。国家文化安全战略不能再单一坚持和沿袭分化取向，而应该采取系列举措实现国家文化安全由战略分化转向战略整合，建构更高层面、更具前瞻性的国家文化安全战略体系。

（一）由对立向统一转变：缓解国家文化安全战略矛盾

源头控制或者源头消解是减少国家文化安全战略矛盾，缓解国家文化安全压力的重要举措。国家文化安全战略整合取向的一个必要措施就是要在源头上消减导致对抗性矛盾的因素。国家文化安全危害因子来源主要有两个方面：一是国际"敌对势力"有意识有计划地实行文化颠覆和破坏，可以统称为"外源性危害"；二是国内文化矛盾，可以称为"内源性危害"。通过对危险源的整合，实现风险源头控制，缓解国家文化安全战略矛盾。

---

① 郑凡. 分化与整合：中国当代文化 [J]. 思想战线，1988（03）：8.

外源性危害，主要来自以美国为代表的发达资本主义国家在"资本主义精神"和"零和博弈思维"下，利用"不合理"的国际文化秩序对社会主义中国进行的文化侵蚀。例如，美国自"二战"后就一直将"共产主义"列在应当严密控制的思想文化清单之中，以极"右"和反共为主要内容的麦卡锡主义不时地在美国掀起阵阵风浪。进入 21 世纪后情况依然如此，美国前总统奥巴马在2015 年发布的《美国国家安全战略报告》中，继续把"共产主义"列为与"恐怖主义"一致的国家安全的最大威胁，并且对中国进行了长期的意识形态和文化渗透。美国特朗普政府挑起中美贸易战之后，美国媒体透露，"美国国务卿迈克·蓬佩奥的团队正基于'与一个完全不同的文明作战'的理念制定对华战略，这在美国历史上尚属首次"①。不仅如此，美国还设计了多个途径暗中对中国进行文化渗透。如在"冷战"时期，艾森豪威尔政府为了对中国及其他社会主义国家进行文化渗透，制订实施了"人民与人民伙伴关系计划"，想方设法利用包括留学、旅游、商务、邮件甚至漂流瓶、风筝等一切可以接触中国人的渠道向中国投送印着鼓吹美国社会制度、生活方式、文化娱乐等内容的书籍、画册、小册子等，企图影响中国人民的价值观和对美国的印象，培植否定社会主义和向往资本主义的大众情绪和社会心理。即使是冷战后，国际意识形态斗争缓和，美国也没有放弃对中国的文化渗透。当前中美关系更是错综复杂，美国试图区分中国共产党和中国人民，以发动意识形态攻势，给中国国家文化安全带来了极大影响。

国家文化体系并非"铁板一块"，即使在普遍反华的美国国家文化中，依然存在许多亚文化或者次文化群体，在一片反华喧嚣中依然存在一些理性、友好和开明的思想文化，依然有众多真正关心人类社会未来发展、反映现实社会生活的优秀文化。有些文化思想和文化团体，由于他们自身生活在资本主义大环境中，社会生活环境、文化习惯、思维方式等诸多方面难免受到资本主义的影响，也会存在一些与马克思主义、中国国家意识形态、中华民族文化精神和大众文化生活健康发展等不一致的思想理论，有些甚至是对中国特色社会主义的误解和严厉的批评，但是对于这些带有批判、批评的文化信息，不能因为他们总体上属于资本主义文化体系或者提出了批评，就采取完全敌视的方法对待，而应该站在"人类文化共同体"的高度，采取君子"和而不同"的办法，予以批判性吸收其正确的思想和理论，明辨落后的、错误的思想观念，消除双方敌

---

① 崇坤. 美国务院研究应对"中美文明冲突"［EB/OL］. 参考消息网，2019-05-03.

意，消解导致文化敌对的行为，减少危害国家文化安全的因素。以冷战的方法去对待冷战同样是冷战思维，整合引导才能超越对抗。

内源性危害，主要是因为社会经济、政治等结构分化后，出现的不同利益主体之间的矛盾在文化中的反映。随着改革开放的深化，原来同一性、整体性的社会结构快速分化，国内产生众多利益关注不同、生活方式不同的阶层和群体。如从经济生活来看，就存在农民工、个体户、企业主、职业经理人等复杂划分；在社会群体方面，由于改革开放后社会流动性和开放性大幅提高，沿海地区和城市发展水平明显优于内陆地区和农村地区，出现东部和西部、南方和北方、城市和乡村、市民和农民等分化。分化导致社会利益诉求复杂化，如农民工和私营企业主的利益诉求差异巨大，大企业主和个体户的诉求也有巨大差异，他们对国家政治制度、民族认同、文化休闲娱乐方式等的认识都有很大不同，形成明显的"文化鸿沟"，正是这些"差异"成为国家文化安全危害因子产生的重要根源。马克思、恩格斯曾经指出人们所奋斗、追求的一切东西，都与他们的利益有关，"'思想'一旦离开'利益'，就一定会使自己出丑"①。因此，在分化社会中，文化要统筹实现绝大多数人的利益，要满足人们普遍的需求，防止社会结构固化和利益集团出现。如果国家意识形态、民族文化精神和大众文化价值追求不能体现绝大多数人的普遍利益，自然难以获得人民大众的认可和追随。所以，应该从国家文化安全系统内在矛盾中的统一性出发，聚同化异，把不同文化倾向整合到社会主义文化体系中，形成越是多样社会主义文化体系越是稳固的局面。

（二）由围堵向疏导转变：释放国家文化安全战略压力

作为一定社会中经济基础和政治上层建筑观念反映的文化，属于社会意识范畴，这决定了文化是一种精神层面的柔性的软力量。对国家安全的建构和危害，文化的力量并不直接显露；但是，文化作为无形的力量，却对国家安全有实质的影响。正如美国前国土安全部长汤姆·里奇曾讲："在文化领域，安全问题十分重要。我们必须从另一个角度思考安全问题。恐怖分子不仅是怀揣炸弹的人。思想与文字同样会对我们的安全造成严重影响。"②

从形态和作用机理来看，无论是流行文化、语言学等这些相对而言政治属性较低的一般社会科学文化形式，还是意识形态、价值观念、政治学、哲学等

---

① 马克思恩格斯文集：第1卷［M］. 北京：人民出版社，2009：286.
② 胡惠林，胡霁荣. 国家文化安全治理［M］. 上海：上海人民出版社，2020：20.

政治属性较强的文化形式，本身并不具备直接颠覆国家政权或者危及国家主权等所需的物质力量。正如马克思在《〈黑格尔法哲学批判〉导言》中所指出的："批判的武器当然不能代替武器的批判，物质力量只能用物质力量来摧毁；但是理论一经掌握群众，也会变成物质力量。"① 马克思这段话科学地指明了无产阶级要推翻资本主义国家的统治，仅仅靠思想的批判是不能达到目的的，资本主义国家是一个物质性的社会存在，是一个庞然大物，必须用物质的力量来摧毁。所谓物质的力量，在马克思看来就是无产阶级在革命理论的引导下凝聚起来的反对资本主义国家统治的革命实践。只有科学的先进的无产阶级革命理论同无产阶级相结合，理论进入广大无产阶级群众中去，充分发挥教育群众、激发群众、引导群众的作用，即马克思所讲的"掌握群众"，群众才能在革命理论的指导下发起革命的行动。马克思和恩格斯在《神圣家族》中指出："思想永远不能超出旧世界秩序的范围，在任何情况下，思想所能超出的只是旧世界秩序的思想范围。思想本身根本不能实现什么东西。思想要得到实现，就要有使用实践力量的人。"② 文化作为一种精神性的存在，是影响和改变人的精神状态、思想观念、价值认同等的重要因素，任何一种文化要形成一种"物质力量"都必须"抓住"人的心灵，形成一种思想文化上的认同，进而影响人们的行为，形成"现实"的实践活动。比如，历史虚无主义作为一种有害的文化思想，它自身并不能改变历史，也不能直接打垮国家机器。但是任由历史虚无主义文化思想传播，对国家历史、民族历史的歪曲、篡改和抹黑，必然会消解政治国家建构的合理性和民族自豪感，严重影响国民对国家、民族的认同，造成人民与国家之间的隔阂，产生民族离心力，消解人们对国家理想、政策、制度的认可度，甚至演变为颠覆政权的政治行动，进而危及国家安全。

由此可见，文化危害国家安全是通过一种"曲折"路径来实现的，靠"掌握群众"实现其政治或者社会目的。对危害国家安全的文化因素不能靠物质强力手段去消灭，正如美国前总统威尔逊曾讲："布尔什维克主要是思想上的侵略，你不能靠军队击败思想。"③ "理论只要说服人，就能掌握群众；而理论只要彻底，就能说服人。所谓彻底，就是抓住事物的根本。"④ 马克思这段话亦对如何"掌握群众"指明了方向。文化斗争不能用"军队去击败思想"，只能用

① 马克思恩格斯文集：第1卷 [M]. 北京：人民出版社，2009：11.
② 马克思恩格斯文集：第1卷 [M]. 北京：人民出版社，2009：320.
③ 王晓德. 美国文化与外交 [M]. 北京：世界知识出版社，2000：218.
④ 马克思恩格斯文集：第1卷 [M]. 北京：人民出版社，2009：11.

彻底的理论来"说服人"。"说服人"即对人们进行文化精神疏导，用"抓住事物的根本"、符合客观实际的真理来对付歪曲事实、否认历史的"歪理邪说"，揭露反动、腐朽和各种错误思想文化的虚假、邪恶本质，让真理播撒于人民群众之中。

为此，国家文化安全的整合取向战略，就是要转变围堵有害有毒文化为疏导人民群众精神和思想，用疏导人民群众思想的办法，斩断文化危害因子发展为文化危害的路径。中国古人早就深谙其中的道理，在《国语·周语上》中就讲："防民之口，甚于防川，川壅而溃，伤人必多，民亦如之。是故为川者，决之使导；为民者，宣之使言。"毛泽东同志也曾指出："在中华人民共和国宪法范围内，各种学术思想，正确的、错误的，让他们去说，不去干涉他们。李森科、非李森科，我们也搞不清楚，有那么多的学说，那么多的自然科学学派。就是社会科学，也有这一派、那一派，让他们去谈。在刊物上、报纸上可以说各种意见。"① 这就说明仅仅靠"围堵"，并不能揭露各种有毒有害文化的本质，并不能驳倒谬论，只有通过疏导的方式，让那些有毒有害文化无处生根，才能最好地释放国家文化安全压力。

（三）由封闭转向开放：提高国家文化安全战略灵活性

习近平多次强调"打铁还需自身硬"，原意是要加强党的建设，但这句话中折射出的道理同样对国家文化安全战略具有极强的指导意义。历史发展已经证明，封闭不会促进文化发展，开放才是对外展示自身文化特征和吸纳古今中外各民族优秀文化成果以壮大自身的必要条件，只有在开放中才能让国家文化增强"抵抗力"，降低国家文化安全脆弱性，提高国家文化安全战略的灵活性。

"理论在一个国家实现的程度，总是取决于理论满足这个国家的需要的程度。"② 马克思主义是中国共产党人理想信念的灵魂，是中国革命、建设和改革的根本指导思想，是中国特色社会主义事业发展的根本遵循。马克思主义之所以能成为世界无产阶级革命和社会主义运动的指导思想，就在于其探明了人类社会发展的一般规律和世界无产阶级实现自身解放，进而实现全人类解放的科学道路，始终站在人民的立场，维护最广大人民群众的根本利益。之所以马克思主义能历经岁月而不衰，也在于它是一个不断发展的开放的理论。恩格斯深

---

① 中国中央文献研究室. 毛泽东年谱（1949—1976）：第 2 卷［M］. 北京：中央文献出版社，2013：575.

② 马克思恩格斯文集：第 1 卷［M］. 北京：人民出版社，2009：12.

刻指出："马克思的整个世界观不是教义，而是方法。它提供的不是现成的教条，而是进一步研究的出发点和供这种研究使用的方法。"① 并且指出："我们的理论是发展着的理论，而不是必须背得烂熟并机械地加以重复的教条。"②"十月革命一声炮响，为中国送来了马克思列宁主义，给苦苦探寻救亡图存出路的中国人民指明了前进方向，提供了全新选择。"③ 在马克思主义的指导下，中国共产党在革命、建设和改革的各个时期都一如既往地坚持把马克思主义基本原理同中国具体实际相结合，不断研究中国实际问题，发展中国的马克思主义，团结带领全国人民不断取得革命、建设和改革新胜利。实践证明，马克思主义是中国革命、建设和改革的科学指导思想。

多样性是世界文化发展的基本样态，在人类历史长河中，世界各个国家、各个民族都创造了各自的优秀文化，"多样性的文化是人类共同的财产，也是人类能够应付各种复杂情况，迎接各种挑战的力量和智慧的源泉"④。文化发展需要同世界各个国家、民族的文化之间交流互鉴，不断吸收古今中外一切优秀文明成果，不断发展自身文化的解释力和包容性。创新意识形态建设思维，不仅要将马克思主义基本原理同中国实践相结合，而且要以更加开放的姿态，运用马克思主义基本原理研究当代资本主义发展，正视资本主义发达国家意识形态建设的经验，吸收世界文明发展成果，增强马克思主义对当今世界发展格局的解释力。弘扬民族精神，充分吸收世界上其他国家和民族文化建设的有益经验，在开放的条件下增强中华民族认同的文化基础。学习国外先进的大众文化管理和发展经验，借鉴他们统筹文化发展与文化安全的先进做法，优化我国文化市场，促进文化繁荣。研究发达国家维护国家文化安全的体制机制，借鉴发达国家文化战略思想和策略措施，进一步优化国家文化安全战略体系。通过文化开放和学习交流，不断增强自身文化发展活力，提高自身文化实力，提高抵御风险能力，降低文化脆弱性，为国家文化安全提供实力保障。

---

① 马克思恩格斯文集：第 10 卷［M］. 北京：人民出版社，2009：691.
② 马克思恩格斯文集：第 10 卷［M］. 北京：人民出版社，2009：562.
③ 习近平. 在纪念马克思诞辰 200 周年大会上的讲话［M］. 北京：人民出版社，2018：12.
④ 李其庆. "人类社会如按照目前的方式发展下去，就将自我毁灭"——人类进步基金会研究报告［J］. 国外理论动态，1994（19）：145-151.

第六章

国家文化安全战略重心确立：
从"维护"向"塑造"转变

战略研究学者钮先钟认为"战略是一种思想、一种计划、一种行动。我们可以合称为'战略三部曲'或者'战略三重奏'"①。战略的中心任务就是综合研判战略环境、资源、任务等要素后，根据特定战略思想制订战略计划指导行动以达成目标。战略环境会随着国际关系、国际力量、本国发展态势的变化而变化，国家能够调集、运用的战略资源在不同的时空中也不相同。随着发展阶段、国际环境、国家实力等因素的变化，国家安全目标在不同时期也存在差异。因此，安全战略亦要根据社会历史条件和国家自身发展的特定阶段的内外矛盾变化，对战略目标、战略措施、战略重心等进行调整，以求安全战略本身的科学性与合理性。作为实现国家文化安全总体目标的行动纲领，国家文化安全战略自然是特定社会历史条件下综合各种因素后制定的国家战略，应该随着条件的变化而调整。

所谓战略重心，就是战略所关注的重点或者中心，是对关键环节、主要矛盾和矛盾的主要方面的设定和研判，是明确内外矛盾主次、战略资源配置、行动先后顺序的基本依据。战略重心同样具有稳定性和动态性的特征。所谓战略重心的稳定性，是指战略重心在特定战略体系中甚至特定战略阶段中占据各战略要素的中心，是特定时期统筹战略体系有序运行的核心；而战略重心的动态性是指重心总是围绕阶段性战略目标而确立，阶段性战略目标达成、战略矛盾基本解决或者其他安全战略因素发生根本性变化，战略重心也应随之而变。

国家文化安全战略重心，是决定优化文化战略资源配置、实施文化安全行动、解决主要文化安全矛盾、实现文化核心利益的关键。新中国成立之初，国

---

① 钮先钟. 战略研究入门 [M]. 上海：文汇出版社，2018：217.

家安全面临严峻的形势。在国内，国民党反动派遗留的众多反动军队、特务和土匪，在军事上威胁人民政权；大量从旧社会而来的人士对共产党、新政权认识不足，在思想和行动上暗中抵制甚至破坏新中国的各项建设。在国际上，遭遇西方发达资本主义国家中的反共集团的封锁、威胁。同时，新生人民政权刚刚建立，在"一穷二白"的基础上，国家建设事业百废待兴，国家综合国力弱小。由此，在新中国建立之后及较长一段时期内，国家安全的基本任务是保卫新生人民政权、国家领土完整和人民生命财产不受敌对势力的破坏。国家文化的核心利益就是"维护"国家文化主权，需要解决的主要矛盾就是新民主主义、社会主义的新文化、先进文化和资本主义、封建主义的旧文化、反动文化之间的矛盾。由于新民主主义文化、社会主义文化刚刚在中国萌生，实力弱小，还无法与延续几千年的封建旧文化和已经过几百年发展的资本主义文化直接对抗，维护国家文化安全行动中能够使用的战略资源更多是政治力量、国家政权力量。因此，面对各种反动文化对中国共产党、对新中国的各种歪曲、污蔑和攻击，新中国只能采取积极防御方针，分清敌友、区别路线、划分阶级，对待朋友如春天般温暖，对待敌人像秋风扫落叶，突出矛盾的斗争性，追求在战术上战胜敌人，在战斗中消灭敌人。对待物质形态的敌对势力如此，对待精神和文化形态的敌对势力也是如此。通过几十年的长期努力，在极端艰难和复杂的国际国内环境中，新中国肃清了敌对势力的破坏，实现了新生人民政权的巩固、国家的安定，同时也奠定了新民主主义文化和社会主义文化的主流地位。

改革开放后，随着中国经济社会快速发展，国家综合实力不断增强，中国逐渐走近国际舞台中央并对国际秩序建设发挥越来越大的作用。随着与世界的联系不断加深，中国国家安全利益不仅局限于国土空间范围之内，而且开始向国际延伸并不断扩展，中国的国家利益也具有了国际性。国内非传统的经济安全、社会安全、文化安全等矛盾问题日益复杂化，国家文化安全危害源呈现内外交织的复杂局面。我国国家安全的局面并没有因为经济社会快速发展而自动化解，反而遭遇"压缩时空"① 中的各种风险和挑战。中国国家安全战略已经不能仅靠"防御"和"维护"，而应该利用综合实力，通过积极建构新的国际关系秩序，主动改造、塑造国内文化发展新格局，消除文化矛盾或者文化危机

---

① 主要指中国改革开放后，用几十年的时间完成现代化过程，使中国呈现为一个包含着本来应该以此出现的前现代的、现代的甚至后现代的各种思想、现象、问题或者矛盾。

的深层原因。因此，习近平在十九届中央国家安全委员会第一次会议上的讲话中指出："坚持维护和塑造国家安全，塑造是更高层次更具前瞻性的维护。"①科学地将"维护国家安全"与"塑造国家安全"统一起来，成为新时代全面贯彻落实总体国家安全观、提高国家安全能力的重要方针，推动了国家安全战略的新发展。国家文化安全是国家安全在文化领域的表现，国家安全的战略重心在新的历史条件下应维护和塑造并举，以塑造实现更高层次更具前瞻性的维护；国家文化安全战略重心自然应该相应调整，从过去以"维护"为重心向以"塑造"为重心转变。

一、"维护"国家文化安全与"塑造"国家文化安全的战略差异

"维护国家文化安全"与"塑造国家文化安全"是在特定历史条件下国家文化安全总体战略重心的不同选择。"维护"与"塑造"之间不仅是表述的变化，更有国家文化安全战略思想和战略体系的变化，是国家对不同国际环境、安全需求、战略资源以及综合国力等因素综合考量后，对战略体系的不同设计，表现为基本策略、主要措施和结果预期的相应调整。

（一）"维护国家文化安全"的实质：被动抵御风险

"维护"一词的基本含义是使对象免遭破坏或者维持、保护对象现有状态，从中可以看出"维护"具有目的和方式两重意思。由此，"维护国家文化安全"有双重语义：一是从战略目的来说，所有战略举措都是为了维持、保护国家文化有序发展，免遭各种危害，即"维护"的目的语义；二是从方式来讲，采取措施守护国家文化，不让危害因子对国家文化的发展造成破坏性影响，这是方式意义上的"维护"，等同于"抵御风险"或者"抵挡危害"。本章中的"维护"主要是指战略方式意义上的"维护"。由此，以"维护国家文化安全"为重心就决定了战略攻防态势上选择"守势"。

1. 基本策略：集中统一，限制多样

策略是指实现战略意图的方式方法。新中国成立后，根据我国社会主义制度性质、面临的国家安全威胁以及统筹国家安全与发展的需要等基本状况，在国家安全领域执行"积极防御"的总方针，维护国家文化安全的基本策略表现为尽力维护国家主导文化的单一性和"纯洁性"，拒绝多样文化的交流和挑战，

---

① 习近平谈治国理政：第 3 卷 ［M］. 北京：外文出版社，2020：218.

以消除多样可能带来的安全风险。

在维护语境中，战略谋划总体带上了非常明显的保护、守护和呵护现存事物的倾向，国家文化安全战略的重心甚至目标任务就是保护、守护、呵护国家主导文化，警惕地对待与不同文化的交流，追求全部文化思想及其产品都同主导文化精神单方面的一致。在具体操作过程中，这容易导致将国家意识形态绝对化，甚至形成在思想文化领域推行"意识形态挂帅"，各种文化形式和内容都必须宣传、赞扬和支持国家主导意识形态，并且对其他一切与之不符的文化思想进行批判，追求文化上的纯之又纯。

为了巩固新生的人民政权和实现新民主主义向社会主义过渡，彻底改造旧文化，建立与社会主义发展相适应的社会主义新文化，维护国家主权和文化安全，大力推动用马克思列宁主义、毛泽东思想改造旧思想旧文化，确立社会主义文化的领导地位。根据《共同纲领》首先开展了对旧教育制度和旧知识分子的改造。自 1950 年年底开始，国家陆续接收和接管了由外国教会、基金等举办的辅仁大学、金陵大学、东吴大学等 20 余所大学、500 余所中学和 1100 余所小学，全部收回教育主权，确保了各级各类学校贯彻执行新中国"民族的、科学的和大众的文化教育"方针政策，培育和发展新民主主义文化。同时，积极开展对旧知识分子的思想改造运动，广泛组织知识分子学习马克思列宁主义、毛泽东思想，学习中国共产党的方针政策，让其从思想上认清旧社会的腐朽，认同社会主义革命的崇高理想。通过一段时间的努力，众多从旧社会而来的知识分子完成了思想转变，从一个封建主义者、资产阶级民主主义者转变为马克思主义者，成为社会主义的知识分子并积极投入新中国的各项建设事业。与知识分子改造同时进行的是对旧戏剧的改革，严格审查旧剧目，严格区分"有利、有害、无害"等不同类别的剧目，鼓励和推广宣扬反侵略、反压迫、反剥削、爱祖国、爱人民等弘扬人民正义的剧目。重新建设新中国的新闻出版广播事业，严格管理图书出版和新闻采编与传播，宣传社会主义新文化。

对思想文化领域中出现的与马克思主义不相符合的文化现象进行坚决的批判，是维护国家文化安全的重要方法和手段。社会主义制度建立后，针对文艺界的问题，毛泽东强调正确的方式是推陈出新，"我们现在搞农村'四清'，城市'五反'，实际上是为在国内反对修正主义打下基础。这中间，要包括意识形态方面，除了文学之外，还有艺术，比如，歌舞、戏剧、电影等，都应该抓一下。他强调，推陈出新，是要把封建主义、资本主义的东西推出去，出社会主义的东西，就是要提倡新的形式。旧的形式要搞新内容，形式也得有些改变"①。通过长期严格区分先进与落后、有益与有害，全国人民掌握了马克思主义的基本精神和主要方法，提高了人们的思想认识，社会主义新文化得到快速发展，以至于毛泽东感慨万千地说："总算有了自己的东西。"②

2. 主要措施：抵御威胁，消除异己

"维护国家文化安全"战略重心本身规制了在应对国家文化安全问题时的"迎战"特点，对于国家文化安全危害因素通常采取抵御、对抗的措施，或者直接采取"完全禁止"的手段，以求消除危险或者危害。

在新中国成立和社会主义制度建立的初期，快速在思想文化领域中树立马克思主义的指导地位，建构同国家政治体制相一致的主导文化是事关国家政权稳定的重大任务。树立马克思主义、社会主义的旗帜，对其他思想、观点进行批判式消灭，以达到思想文化领域的"革新"，这成为"维护国家文化安全"的重要措施。抵御威胁、消除异己，在特定情况下可以起到立竿见影的效果，但是长期对文化问题、文化安全保持高度"警惕"状态，就会导致对"异质文化"的批判和打击逐渐超越文化思想艺术范畴，上升到政治态度、阶级属性等范畴。

改革开放后，随着经济社会领域的开放，文化领域各种思想、观念更加复杂，一些文化领域的沉渣重新泛起，国内外一些社会主义的敌对势力故意输入、炮制各种危害中国特色社会主义事业的"思想""理论"，企图扰乱中国人的思想，破坏国家稳定团结的大局。如20世纪80年代初出现的各种空泛抽象的"人性论"，20世纪90年代的"历史终结论"，进入21世纪一度泛滥的新自由主义、历史虚无主义、"普世价值"等。面对这些危害国家文化安全的思想倾向，国家采取了揭露、批判和抵御的手段，通过批判指出其谬误、揭露其险恶以达到分清敌我、认清是非对错的目的，进而用科学的、正确的、健康的思想引领社会思想文化发展，促进社会主义精神文明建设。"说理"辩论的同时，对于一些无端指责、恶意抹黑、臆断猜测和虚构妄言的"文化产品"，依法予以取缔、禁止和销毁，策略方式也从改革开放前"运动式"转为依法处置，"就事论事"。

---

① 欧阳雪梅. 中华人民共和国文化史（1949—2019）［M］. 2版. 北京：当代中国出版社，2019：115.

② 欧阳雪梅. 中华人民共和国文化史（1949—2019）［M］. 2版. 北京：当代中国出版社，2019：100.

3. 结果态势：被动迎战，防范受限

新中国成立后，采取维护国家文化安全的方式，通过分清敌我友，划清马克思主义与非马克思主义、社会主义文化与非社会主义文化等界限，坚决批判、抵御各种消极、有害思想文化，彻底禁止歪曲历史、杜撰抹黑社会主义的有害文化思想及文化产品，快速实现了对旧文化的改造和对社会主义新文化的建立，在建立和巩固与新中国国家体制机制相一致的国家意识形态，弘扬民族文化精神和促进统一的多民族国家安定团结，以及革新公共文化保障广大人民群众身心健康等方面都发挥了重要作用，对维护国家文化的社会主义性质、保证文化发展的社会主义方向起到了立竿见影的效果。

同时，这种战略重心的设置也有"安全化"启动和响应滞后的特点。所谓"安全化"，简而言之就是指安全承受主体对内外威胁因素的感知和确认，将其提升为"安全问题"，并且开始调集资源和力量予以应对，即做出响应。国内有学者将其作为一个完整过程来研究，将其分为"（1）安全化启动：拥有相应的话语权或社会资源的安全化施动者，通过言语—行为指涉某物为威胁，以特定言语宣称'存在性威胁'，制造安全化目标，从而提出安全化动议；（2）安全化传播：媒体通过议程设置和框架效应两大功能说服受众共享安全认知；（3）塑造安全受众：受众接受安全化动议并使其合法化"①。以"维护国家文化安全"为战略重心，总体上是被动防御、被动迎战，往往是"危害因子"产生负面影响后或者正在产生负面影响的时候才能激活、触发文化安全维护机制，将其"安全化"并采取应对措施。如20世纪80年代"资产阶级自由化"思潮一度扰乱了人们的思想，甚至在对社会主义、集体主义造成极大冲击后，才触发了"安全化"机制，激活"反击"力量，安全响应机制启动缓慢。虽然经过大量、彻底的批判，最终基本实现了用正确思想来驳倒错误思想的目的，但是对思想文化领域造成的负面影响和冲击却持续了较长时间。

被动防御的特点往往是"事件应对"，即针对单独的事件采取独立的行动，常常带有"就事论事"的特征，在危险"平息"后，应对措施即结束。这种点对点的防御，常常缺乏系统性风险化解机制。如2001年开始在大陆"流行"的台湾地区青春偶像剧《流星花园》，由于充斥着拜金主义、"黑霸小团体"、校园暴力、未婚同居、痞子文化等元素，给主要观众群体青少年带来巨大的负面影响，于是国家广电总局在第二年对该剧下发了"禁播令"。由于广电总局对网

---

① 王凌. 美国对他者的安全化：路径与动因研究［D］. 上海：复旦大学，2012.

络、音像店管理权限有限，无法达到横向全覆盖的程度，以至于"禁播"仅限于电视节目。虽然在电视上禁播了该剧，但是在一些音像店、网络上依然"火爆"。此种现象暴露了被动防御、"就事论事"式的国家文化安全管理缺乏部门配合，难以形成系统治理机制，导致"防御型措施"的效力并不理想。再如2004年国家广电总局明文规定全国所有电视台"黄金时段禁播凶杀暴力剧"，虽然电视屏幕上暴力电视剧踩住了"急刹车"，但全国电影院中的暴力电影却是"稳中有升"。有学者统计，从2004年到2010年，票房进入前十的国产电影中，2004年暴力镜头达到17310秒，2010年达到20000秒；该项调查在总共统计的94部电影中，主要人物形象共有598人，与暴力相关的共有427人，其中实施暴力的有355人，有严重暴力倾向的有247人。① 因此，这种方式在应对具体孤立性事件方面有一定优势，但是在复杂的文化危害因子治理方面，往往是"一波刚平，一波又起"，不能达到全覆盖、系统性、根源性治理的效果。

（二）"塑造国家文化安全"的实质：提升安全能力

"塑造"一词的基本含义就是运用一定资源和方式来呈现、构造某种事物，最突出的特点就是通过人的思考、设计和行动，主动建构新事物及其发展状态。与维护不同，塑造是对"客观状态"的主动再建构，让对象形成更优的状态，所以，塑造是更好更高的维护。"塑造国家文化安全"也就不再以被动地维护国家文化不受侵害为目标，而是要主动建构文化发展体制机制，让国家文化运行在有利于国家安全的状态，清除产生国家文化安全危害因子的土壤和条件。

1. 基本策略：主动建构，引领多元

主动建构国家文化安全是一种更好地把握文化多元化繁荣发展规律的安全策略，是将文化繁荣而非文化斗争、文化交流而非文化扩张、文化和谐而非文化冲突的思想理念运用到研判、分析和建构国际、国内多元文化发展格局而形成的主动安全策略。

习近平关于总体国家安全观主动建构国家安全的论述，是国家安全理念的一次重要发展。从危害或者风险出现并造成一定影响后才触发防御机制转变为主动建构文化安全机制，防范和化解风险。简而言之，就是提前介入，让风险不出现或者从根源上消除诱发风险的因素，实现从维护国家文化安全向塑造国家文化安全的转变。

新中国成立之初，国家安全主要体现为政治安全、领土安全，在文化领域

---

① 陶东风. 当代中国大众文化价值观研究［M］. 北京：中国社会科学出版社，2020：299.

的表现就是要改造旧文化，建立社会主义新文化，让文化适应、反映社会主义新社会的政治、经济基础。为此，在《共同纲领》中就规定要"肃清封建的、买办的、法西斯主义的思想，发展为人民服务的思想"①。随后开始有步骤地构建新文化建设的领导体制机制。中央政府建立新的文化部、教育部、新闻总署和出版总署等文化领导机构，地方比照中央政府建立相应机构，加强对全国文化建设的领导；有序开展戏曲改革、马克思主义知识普及、知识分子思想改造等行动，肃清反动荒诞、封建迷信、淫荡粗俗的思想文化内容，鼓励和推广反侵略反压迫、爱祖国爱人民的积极健康的社会主义思想文化，扩大马克思主义在思想文化中的影响力。这些建构"新文化"的政策和措施，虽然主要是"建立"社会主义新文化，但从维护国家安全来看，确立马克思主义在文化领域的指导地位，确立文化"为人民服务，为社会主义服务"的目标和方向等，也是主动建构与社会主义政治经济相适应的文化。主动化解经济基础和上层建筑、社会存在和社会意识之间的矛盾，推动国家经济、政治、文化协调发展，实现国家和谐稳定，自然也属于主动塑造国家文化安全的范畴，但这仅仅是比较初级的"塑造"。

"塑造国家文化安全"不仅表现在建立符合国家理想和目标的新文化，更表现为主动建构符合本国利益的国际国内文化安全格局。西方发达国家为维护自身文化霸权，维护国家文化利益，多采取主动建构有利于他们的国际文化规则和文化秩序，以实现其文化战略目标，这是主动塑造国家文化安全的典型。例如，美国通过长期"美国特殊论"的宣传，使其国内弥漫着美国是世界上最伟大的国家，代表着最先进的文化，是世界自由和秩序的示范者和维护者等观念。通过这种"文化自信"甚至是"自负"的建构，在美国国内造就了自我设定的高度的文化优越感，以至于即使美国军事入侵其他国家，在美国国内也变成了"美国是无辜的，在做好事，在为自由而战"②。在国际上更是大肆鼓吹美国文化，利用经济、科技、军事、外交强势对其他国家进行文化和意识形态的渗透，"俘获"目标国家人民的思想，俘获目标国家的"精英"，使其心向美国。当然，中国国家文化安全的性质和塑造国家文化安全的战略目标、措施等与美国等西方发达资本主义国家完全不同。中国并不追求国际霸权，但是

---

① 中共中央文献研究室. 建国以来重要文献选编：第1册 [M]. 北京：中央文献出版社，2011：10.

② 爱德华·W. 萨义德. 文化与帝国主义 [M]. 李琨，译. 北京：生活·读书·新知三联书店，2016：9.

中国塑造国家文化安全的基本策略依然可以分为国际和国内两个方面：在国际上，积极推动国际文化规则的改革，改变不合理的国际文化交流秩序和规则，瓦解资本主义发达国家推行国际文化霸权和对他国进行文化渗透的"国际惯例"；在国内，主动改革文化管理体制，加强对文化新潮流新趋势的引领和指导，着眼于用社会主义核心价值观引领多元文化发展，推动多样文化统筹协调、共同进步。

2. 主要措施：预防为主，化解消融

塑造国家文化安全的关键是主动建构符合国家安全利益需要的文化发展体系，让文化繁荣发展的同时，支持和巩固国家意识形态，进而维持国家政权的合法性；弘扬民族文化精神传承进而不断巩固民族认同，促进多民族国家团结进步；创造和生产积极健康的大众文化精神食粮引领公共文化生活形成良好的社会风尚。由此，其战略重心从"应对"向"预防"转向，从"抵御"向"化解"转变。预防国家文化出现安全问题，是指在国家文化战略中提前研判未来风险，制定相应措施有效避免和消解矛盾，并制定相应准备措施以备不时之需。预防国家文化安全问题和消解文化矛盾是一体两面的关系，预防就是销蚀化解矛盾，尽力避免不可调和的对抗性矛盾出现，尽力让产生"危害"的因素不产生；同时，也有"底线思维"的特征，做好"最坏情况"的准备，如果"危害"不可避免，将有周全的准备做到系统性应对。

就国内来看，主要包括树立国家（民族）核心价值观和共同的理想信念，为文化建设提供价值指引；健全和完善有利于文化健康发展的法律法规和国家文化运行体制机制，全面规范文化繁荣发展；围绕社会文化生活开展富有成效的健康的精神文化活动，树立良好的社会风尚和文化导向。如中国改革开放后，伴随西方资金和技术而来的各种西方文化思想涌入中国，"便捷"了西方敌对势力对中国进行文化渗透的图谋，加之市场经济引发的拜金主义、享乐主义和极端个人主义等消极思想成为国家文化安全的重要威胁来源。为此，党中央及时提出建设社会主义精神文明的重要任务，弘扬马克思主义和共产主义价值理想，积极开展"四有新人"教育和"五讲四美"等活动，弘扬中华民族文化精神，倡导积极健康的大众文化生活。进入21世纪，中共十六届六中全会通过的《中共中央关于建设社会主义和谐社会若干重大问题的决定》明确指出："马克思主义指导思想，中国特色社会主义共同理想，以爱国主义为核心的民族精神和以改革创新为核心的时代精神，社会主义荣辱观，构成社会主义核心价值体系的基本内容。"① 通过积极建构符合国家利益的价值理想、规章制度和社会风尚，壮大自身文化实力，提高文化自身"免疫力"，防止多元多样文化生活中消极、腐朽文化因素的侵蚀，吸收多元多样文化的积极因素，促进文化和而不同、多样共存、和谐发展。

党的十八大以后，以习近平同志为核心的党中央科学准确地把握中华民族伟大复兴的战略全局，统筹提振国内文化自信和建构国际文化新秩序两个"战场"，提出以总体国家安全观为指导，全方位塑造国家文化安全新格局。在国内，明确提出提高国家文化软实力的任务，要求不断夯实国家文化软实力的根基。为此，要坚持社会主义文化的人民性的本质特征，强调"社会主义文艺，从本质上讲，就是人民的文艺"②，再次明确提出"为什么人的问题，是一个根本的问题，原则的问题"。强调中华传统文化是中华民族最深层的精神追求，是中华民族生生不息的文化资源，强调不忘本来才能开辟未来。要坚定中国特色社会主义文化自信，"我们不断推进改革，是为了推动党和人民事业更好发展，而不是为了迎合某些人的'掌声'，不能把西方的理论、观点生搬硬套在自己身上"③。提出加快构建中国特色哲学社会科学，明确要求哲学社会科学要有中国特色、风格和气派。通过系列新思想、新举措，提振了中国社会和人民对中国特色社会主义文化、中华民族文化的认同度，增强了全民族的文化自信，指明了国家文化发展的正确方向，夯实了国家文化安全的基础。在国际上，提出携手构建人类命运共同体，提出"坚持共同、综合、合作、可持续的新安全观，营造公平、正义、共建共享的安全格局"④，提出国家间交往要"树立平等、互鉴、对话、包容的文明观，以文明交流超越文明隔阂，以文明互鉴超越文明冲突，以文明共存超越文明优越"⑤。通过在多个国际场合倡导文明交流互鉴、共同发展的理念，驳斥西方发达国家中流行的"文明冲突论""中国威胁论"和破除西方世界"零和博弈思维"，推动国际文化多元多样、包容和谐发展新秩序，以建构中国文化发展的良好国际环境。

---

① 中共中央文献研究室. 十六大以来重要文献选编（下）［M］. 北京：中央文献出版社，2011：661.
② 习近平谈治国理政：第2卷［M］. 北京：外文出版社，2017：314.
③ 习近平全面深化改革论述摘编［M］. 北京：中央文献出版社，2014：207.
④ 习近平谈治国理政：第3卷［M］. 北京：外文出版社，2020：433.
⑤ 习近平谈治国理政：第3卷［M］. 北京：外文出版社，2020：441.

3. 结果态势：平战结合，系统治理

塑造国家文化安全是更好、更高、更具前瞻性地维护国家文化安全，将塑造作为战略重心，就是要形成平战结合、系统治理的国家文化安全良好态势。

从时效维度来看，塑造是更具前瞻性地维护国家文化安全的战略，是实现"平时"和"战时"有机统一的战略。塑造国家文化安全最大的特征就是突出预防文化危害的产生，同时对可能遭遇的不可避免的"危害"做好应对准备，将"应对"重心从问题产生、危害发生之后调整到矛盾萌芽之前、危害形成之初，让"问题"和"危害"化解于萌芽阶段，将防范和化解重大风险的重心从临时"应急"调整为日常"预防"。增强忧患意识、风险意识，在日常工作中提高工作的科学性，增强文化系统运行的合理性，防止出现国家文化安全风险隐患。

从系统维度来看，塑造是更系统更全面地维护国家文化安全，是实现"系统防范"和"重点治理"有机统一的战略。塑造国家文化安全的一个重要特点就是提高国家文化安全治理的系统性，将解决个别领域中存在的突出问题、重大问题与系统性风险防范和化解机制有机结合。习近平在党的十八大以后提出的总体国家安全观和系列国家安全政策措施，提高了系统防范和重点治理的统一程度。按照总体国家安全观的要求，坚持发展和安全并重，实现高质量发展与高水平安全的良性互动，既通过发展来促进安全，又通过安全来保障高质量发展，文化领域要既重视发展问题，又重视安全问题，发展是安全的基础，安全是发展的条件，应着眼于统筹文化发展和文化安全。

从措施维度来看，塑造国家文化安全更加突出国家文化安全的法治手段。党的十八大后，在以习近平同志为核心的党中央的领导下，根据新的国际国内安全形势，国家出台系列国家安全法律法规。在2015年年初出台《国家安全战略纲要》，随后修订颁布全面体现总体国家安全观和新的国家安全治理理念的《国家安全法》，将国家安全事务由传统安全扩展到包括文化安全、信息安全、生态安全、核安全、外层空间安全等19种安全事务。文化安全相关领域随后陆续出台《国家网络安全法》《娱乐场所管理办法》《营业性演出管理条例实施细则》《互联网文化管理暂行规定》《国家级文化生态保护区管理办法》等法律法规，突出综合性、系统性危害治理的法治手段。

（三）"维护国家文化安全"与"塑造国家文化安全"的差异

1. "被动防御威胁"与"主动消融威胁"的差异

维护国家文化安全，战略行动重心呈现比较强烈的被动防御态势，也就是需要在"威胁"明显来临或者"危害"已经造成一定的负面影响的时候，才能激活、启动相应的"安全化"机制，将"威胁""危害"作为一个"来犯之敌"纳入安全问题，做出相关应对措施。塑造国家文化安全，战略行动重心带有比较强烈的前瞻性和预防性质，也就是在国家文化建设的全过程，统筹发展与安全，在发展战略中增强安全考量，在安全战略中提高发展分量，采取措施防范危害国家文化安全的因素产生，化解文化发展中出现的可能危及国家安全的文化矛盾，让威胁和危害难以形成。钮先钟先生在评论战略家博弗尔的重要著作《行动战略》（*Strategy of Action*）时提道："他指出战略家的最终目的是要改变历史潮流的趋势。所以，既不可坐以待变，也不可以应变为满足，而必须采取主动积极的行动，以求控制局势的演变，诱导历史的走向。"① 从具体战略战术上看，主动消除威胁不仅追求让危险不至于发生，而且还能主动调动、调整和转化威胁朝最有利于己方的方向发展，其综合战略效益明显高于被动防御威胁，这也是历代高明的战略家都强调抢占战略主动权的重要原因。

2. "危害事件处置"与"风险系统建构"的差异

危害和风险是具有明显区别的两个概念，危害突出对事物造成实质性损害，而风险突出潜在的危害；危害突出的是已经发生或者濒临发生，风险强调的是发生的可能性；危害所造成的损失具有相对的确定性，而风险可能最终造成损失，损失的大小、性质都不确定。因此，国家安全战略的重心从危害事件处置转向风险系统建构，通过干预、消解风险进而最大限度地防止出现危害事件是大趋势。维护国家文化安全的被动防御型战略带有明显的"事件应对""事件处置"特征，即带有危机、危害来临后的应急性特质。塑造国家文化安全就是要突出风险防范和化解，建立风险防控系统，对国家文化运行进行适度干预、调整，尽量防止出现危害国家文化安全的风险因素。

3. "消灭文化矛盾"与"统一文化矛盾"的差异

从矛盾的解决方式来看，矛盾的解决既可以一方克服、消灭一方，也可以实现矛盾双方和而不同，进而相互利用、长期共存。如社会主义（共产主义）和资本主义之间的矛盾既有一方消灭一方、一方代替一方的不可调和的斗争性，也有社会主义必须继承和吸收资本主义创造的积极文明成果的同一性。这种斗争性突出表现在 20 世纪中期世界分裂为两大阵营——以美国为首的西方资本主义阵营和以苏联为首的社会主义阵营，两大阵营展开了激烈斗争。随着苏联解

---

① 钮先钟. 战略研究入门［M］. 上海：文汇出版社，2018：105.

体和社会主义阵营分崩离析，两大阵营的斗争以苏联的失败而结束。但中国的社会主义却在国际共产主义运动陷入低潮时，依然焕发出强大的生命力。中国共产党人以巨大的勇气和智慧进行社会主义理论和实践的创新，创造性地提出社会主义的本质在于解放生产力、发展生产力。"脱胎"于半殖民地半封建社会、建立在贫穷和落后条件上的社会主义国家，应该积极吸收利用包括发达资本主义国家在内的人类一切的先进文明成果。塑造文化安全就是突出驾驭矛盾的同一性，明显具有充分发挥各种文化的积极因素"为我所用"的含义，同时控制多元文化中消极的、反动的、腐朽的因素影响，支持、鼓励和引导多元文化发展符合建设社会主义现代化国家的总体方向，从而塑造社会主义文化体系的安全。

二、国家文化安全战略重心从"维护"转向"塑造"的必要性

维护国家文化安全和塑造国家文化安全，都是在特定的社会历史条件下所做的战略重心选择。社会历史中各种要素及其相互之间的联系是不断发展变化的，这是社会历史运动变化的总特征；同时也在整体上具有阶段性特点，这是量变质变原理所揭示的社会历史运动的基本规律。国家作为一定地域内和特定族群的共同体，内、外各种因素相互交织，决定了在特定历史阶段具有各不相同的特殊历史任务。任务不同、危害因素不同、目标不同，决定了国家文化安全的战略重心在不同的时代也要有所调整。本部分将从国家文化安全任务、要素和特征的变化三个方面分析国家文化安全战略重心从"维护"向"塑造"转变的必要性。

（一）国家文化安全任务的变化

新中国的成立，是中国共产党领导的新民主主义革命的胜利，承担临时宪法作用的《共同纲领》，在总纲第一条就明确规定："中华人民共和国为新民主主义即人民民主主义的国家，实行工人阶级领导的，以工农联盟为基础的，团结各民主阶级和国内各民族的人民民主专政，反对帝国主义、封建主义和官僚资本主义，为中国的独立、民主、和平、统一和富强而奋斗。"① 规定了"国家政权属于人民"。众所周知，中国是在没有经历资本主义的高度发展，在生产力极端落后的半殖民地半封建社会的基础上建立和发展社会主义的，是通过军事、政治革命首先建立先进的国家政权，然后依托国家政权的力量来全面建立和发

---

① 中共中央文献研究室. 建党以来重要文献选编（1921—1949）：第 26 册 [M]. 北京：中央文献出版社，2011：758.

展社会主义的政治、经济和文化，并且通过社会主义性质的政治、经济和文化等建设，巩固和发展社会主义国家的经济基础和上层建筑。文化，特别是带有上层建筑属性的"高政治"的文化形式，是对经济基础的反映，同时也对经济基础有重要的反作用。由于中国的社会主义并不是直接"脱胎"于生产力高度发达的资本主义社会，中国并没有经历完整的资本主义社会便孕育出社会主义性质的生产方式和文化，中国的社会主义文化同社会主义国家政权之间的关系并非如资本主义国家政权与资本主义文化之间的反映和被反映的关系。因为资本主义是先有在封建社会中孕育而成的资本主义生产方式，再有反对封建等级制度的资本主义文化，最后有资产阶级革命和资产阶级国家政权。在新中国成立初期，国家政权与文化之间的关系更多的是相互建构的关系。由此，国家文化建设的核心任务是建立与国家政权性质相一致的新文化，即改造旧文化，发展以马克思主义为指导的社会主义性质的新文化，为全面建立和巩固社会主义制度服务。

正是如此，新中国成立之初的文化与政权实质上形成了相互建构的关系。政权利用政治和行政的权力，组织、领导和支持新文化发展，确定文化发展的指导思想和"文艺为人民服务"的新方向，用国家政权的力量发展科教文艺事业。同样，文化也需要自觉传播国家意识形态，树立马克思主义及其在中国的发展成果在思想文化领域的主导地位，维护国家政权的合法性；弘扬民族文化精神，不断增强全国各族人民团结奋斗的思想基础；为广大人民群众提供积极健康的文化产品，满足广大人民的精神文化生活需要，激发人民群众的阶级情感、革命情感，扩大对社会主义国家正义性、合法性的认同。因此，国家文化安全的任务主要表现为维护国家政治稳定、民族团结和人民对国家的拥护，表现为区分马克思主义与非马克思主义、社会主义与非社会主义的思想文化，自觉维护马克思主义的社会主义文化，排斥、清除一切与此相异的文化。

改革开放后，随着国际形势的变化，党和国家对时代主题的研判从"战争与革命"调整为"和平与发展"，国家一切工作从"以阶级斗争为纲"调整为"以经济建设为中心"，从关起门来搞建设和"宁要社会主义的草也不要资本主义的苗"到打开国门拥抱世界和"吸收一切人类优秀文明成果"建设，发展社会主义。与此相随，20世纪70年代末开展的"真理标准大讨论"，重新确立检验真理的标准只能是社会实践，理论联系实际是马克思主义的根本原则。中共十一届三中全会重新确立马克思主义的思想路线、政治路线和组织路线，解放思想、实事求是成为指导一切工作的重要原则和方法，改革开放正式拉开序幕。

随着社会主义商品经济、市场经济的发展和对外开放，思想文化领域冲破"左"的束缚后，以资产阶级自由化为代表的各种消极腐朽思想在多个领域开始浮出水面。为此，邓小平在1979年"理论务虚会"上郑重发表《坚持四项基本原则》的讲话，随后在中共十二大的讲话中进一步指出："我们坚定不移地实行对外开放政策，在平等互利的基础上积极扩大对外交流。同时，我们保持清醒的头脑，坚决抵制外来腐朽思想的侵蚀，决不允许资产阶级生活方式在我国泛滥。中国人民有自己的民族自尊心和自豪感，以热爱祖国、贡献全部力量建设社会主义祖国为最大光荣，以损害社会主义祖国利益、尊严和荣誉为最大耻辱。"①由于全党工作的重心是社会主义现代化建设，对于思想文化领域的一些混乱现象，是以发展的眼光和建设的姿态用积极正确的思想占领文化阵地。

由此，国家文化安全的任务随着国家总体战略调整而变化，从建立和维护以马克思主义为指导的社会主义新文化，转向充分调动和利用各方面的积极因素发展社会主义；从区分什么是马克思主义和非马克思主义、社会主义文化和非社会主义文化，向充分吸收利用一切文明、文化优秀成果来建设社会主义并防止消极腐朽思想文化的侵蚀转变。国家文化安全的重心不再是排斥、清除一切与马克思主义、社会主义相矛盾的异质文化，而是在旗帜鲜明地批判错误思想的同时主动吸收多元文化中合理的科学的成分。

（二）国家文化安全要素的变化

国家文化危害因子和文化安全能力两个方面共同决定是否构成国家文化安全问题。所谓危害因子，就是可能造成国家文化安全问题、危害国家文化安全的元素，如资产阶级自由化思想、历史虚无主义思想、极端个人主义和享乐主义思想等。这些文化思想如果没有受到严肃批判，没有充分揭露本质和对国家、社会、个人的危害，没有正确的引导和疏导，就会在意识形态、民族文化和公共文化领域造成消极的影响，成为国家文化安全的危害因子。但并不是出现这些"危害因子"就一定会给国家文化安全造成不利影响。就像暴雨是引发洪灾的危害因子，但是如果暴雨发生在无人区或者发生在水利基础设施非常发达、排涝防洪能力很强的城市，也不一定就能造成洪水灾害；再如，大规模停电是引发公共危机的重要因素，但是如果发生在城市和偏远地区，两者的危害将完全不一样。因此，有些危害因子并不一定能对国家文化安全带来太大的负面影响，这和国家文化安全的能力有密切的关系。所谓国家文化安全能力，就是一

---

① 邓小平文选：第3卷［M］. 北京：人民出版社，1993：3.

个国家的文化发展的各个方面抵御、批驳、纠正危害因子的能力。国家文化安全能力在意识形态、民族文化和公共文化等方面具有非均衡性的特点，并且每个子项内的诸多元素的抗风险能力和水平也并不一致。特别是在现代民族国家中，每个民族国家的建制、历史、族群等因素不同，其文化安全能力也不一样。因此，当特定危害因子冲击到国家文化安全能力弱的领域就会引发危害国家文化安全的问题。

由此看来，一个国家的文化安全危害要素是不断变化的。就中国来看，新中国诞生之初，国内总体上消灭了"成建制"的敌对势力，但是其残余力量特别是思想文化残余依然存在，如各种封建主义、资本主义以及帝国主义思想虽然在总体上已经处于衰亡之中，但这些旧思想旧文化在特定条件下依然会"寻找"新中国文化安全的脆弱点进行攻击，有时甚至以激烈的形式表现出来。从国外来看，虽然一些敌对势力特别是发达资本主义国家对新生的社会主义中国进行各种"封锁"和军事威胁，但在思想文化领域，由于我国与外国沟通较少，国外思想文化进攻并不容易突破国门的"物理防线"，国外"文化产品"难以涌入中国，在全民建设社会主义情绪高涨的大环境内，夹杂着国外文化侵蚀内容的文化产品更难以进入一般民众的生活。因此，从总体上来看，在改革开放前，国家文化安全的危害因子主要来自国内的各种反动、腐朽、没落的思想文化，国外的"诱惑"相对次要。在国家文化安全能力方面，意识形态安全能力相对薄弱，因为新生的人民共和国的建国、立国思想是外来的马克思主义，虽然经过大力宣传和教育，但是对马克思主义、社会主义的认识能力和水平在不同的人群中还不一致。即使在中国共产党内，由于长期处于战争环境中，一些党员、干部难得有机会和精力学习提高，对什么是社会主义、怎样建设社会主义的认识并没有达到应有的水平，在国家意识形态安全能力方面相对薄弱。公共文化生活中，由于群众文化水平相对偏低以及旧文化的深远影响，封建文化、资本主义文化糟粕、恶习在群众文化生活中还大量存在，严重危害人民群众文化生活健康。从总体上看，这个时期尚未形成足以防范化解国家文化安全危害因子的能力，这决定了国家文化安全需要调动国家政治力量以"维护"社会主义文化体系的健康发展。

改革开放后，"和平与发展"成为时代主题，国家一切工作都围绕建设社会主义现代化国家这个根本目的展开，打开国门、积极吸收和利用一切有利因素促进发展，允许各种形式的生产经营方式存在和各种思想文化的交流交锋，造成国家文化安全问题的"危害因子"和"能力"都发生了巨大变化。伴随国外资本和技术而来的也有资本主义文化，国内市场经济中"伴生"的各种消极文化思想泛起。相较于改革开放前，国家文化安全目标也从过去简单抵御和消灭异质文化转变为既要消除各种文化中的危害，又要吸收其中有益的元素。比如，资本主义自由思想，既要反对自由化的危害，揭示其虚伪性，又要保留其尊重个性、尊重创造、自由平等的历史阶段性进步因素来发展社会主义事业。由此，国家文化安全战略重心不得不从改革开放前"维护国家文化安全"转向"塑造国家文化安全"，从过去简单抵御和消灭转向积极建构国家文化安全体系，系统性防范和系统性化解风险。

（三）国家文化安全特征的变化

国家文化安全总体上是由安全目标、危害因素、风险特征和应对措施等要素构成的系统，这些要素相互影响和相互作用，构成国家文化安全的总体特征。

国际关系格局和秩序不断调整和变化，民族国家内部政治、经济等要素的发展变化，共同决定了国家文化安全在不同时代有不同的目标。新中国成立到改革开放这段时间，"战争与革命"是时代主题。国家安全的首要问题和总体目标是军事安全，维护国家主权和领土完整。与高度紧张的军事安全一致，国家文化安全的首要目标就是配合军事安全，维护国家政治安全，表现形式就是维护高度集中、统一的社会主义国家意识形态的安全。

随着国际关系格局的变化，中美建交以及中日、中苏之间交往逐步"正常化"，中共十一届三中全会的召开正式开启改革开放的大门，中国开始集中力量搞建设、求发展，与世界各国发展友好合作平等互利的关系。随着改革开放的推进，国家综合实力不断增强，国家军事能力大幅提升，外部军事威胁不再像改革开放前几十年那样紧迫。但打开国门搞建设，也就意味着中国国家安全的核心利益不断扩展，从原来的军事安全为主要表现形式的政治安全、领土安全、主权安全等扩展到经济安全、文化安全、科技安全等十余个方面，国家文化安全在总体国家安全战略体系中，成为重要的保障支撑。因此，国家文化安全的目标不仅仅是在文化领域，如在经济领域，国家文化安全需要保障经济健康发展所需的国家经济主权理论、经济制度伦理、经济生活秩序等符合社会主义国家性质，符合以人民为中心的发展理念等，防止在市场经济下出现消费主义、金钱崇拜、极端个人主义的泛滥。

从危害要素来看，国家文化安全在不同的时代也有不同的特征。在改革开放前，国家文化安全危害因子相对比较单一，危害性也比较容易识别。如各种封建阶级、资产阶级的思想文化，比较容易识别、判断其在赞扬什么，批评什么，分析目的动机相对容易。随着改革开放的深化，旧的国家文化安全危害因子不仅依然存在，而且还新增了许多隐蔽性更高、识别难度更大、危害更深的因素。如大量国外电影"包裹"着价值观元素在国内各大院线上映，对观众的价值观、人生观产生的影响不容忽视。正因为如此，美国导演达利尔·柴纳尔称"好莱坞影片是'铁盒里的大使'"①。在经济对外开放的过程中，伴随国外资本和技术而来的还有大量文化产品的输入，西方发达国家凭借自身相对强大的文化产业，向中国大量输入文化产品，"借助于在文化产业方面的领先优势霸占中国文化市场，进而通过影响消费者的文化消费行为形成消费者对西方文化产品的消费依赖，从而实现传播西方文化价值观并最终实现以西方的民主价值系统来改变中国的社会制度和国家体制"②。在国内文化产品中，一些看似没什么问题的产品，依然存在安全风险，比如，一些电影过度表现个人主义，广告作品过度渲染物欲主义等，影响公众良好价值观的形成。

就国家文化安全应对资源来看，不同时代、不同发展阶段具有不同的特点。在改革开放前，应对国家文化安全的资源相对有限，就连相对比较容易掌控和使用的报纸、广播，也因为在当时条件下，能够阅读报纸、听广播的人群数量有限，国家文化安全应对措施并不一定能快速、准确地传达给目标人群。在改革开放后，特别是进入 21 世纪以来，随着中国经济社会的快速发展，电视、网络、移动智能终端设备等几乎遍布全国每一个角落，除一部分老年人外，智能手机等设备几乎人人具备。进入新时代，随着中国逐渐走近世界舞台中央，中国在不断地"引进来"的同时，也积极地"走出去"，"全球化为中国文化建设更好地利用国际国内两种资源、两个市场，推动中国文化的发展，壮大文化软实力、提高文化竞争力提供了可能"③。在全球化过程中，随着中国国家综合实力的不断发展壮大，国家自信不断增强，以"塑造"文化安全为重心，在国际文化交流中更加自信地介绍、传播中国文化。让国外了解中国文化，对于增进文化互信，消除文化矛盾进而化解文化敌意，主动消除产生文化安全危害因子，保障国家文化安全具有更加深远的意义。

---

① 韩源. 中国文化安全评论 [M]. 北京：金城出版社，社会科学文献出版社，2015：44.
② 胡惠林. 国家文化安全学 [M]. 北京：清华大学出版社，2016：35.
③ 孙宁. 中国共产党国家文化安全战略 [M]. 北京：中国社会科学出版社，2016：117.

三、以"塑造"国家文化安全为重心的战略思路

在不同的历史时期,由于国家文化安全所处的国际环境和国内总体发展状态的差异,需要根据实际情况对国家文化安全战略重心做出适时调整。随着改革开放进程不断加快,特别是进入新时代后,中国和世界格局都发生了巨大变化,新的社会历史环境催生国家文化安全新任务、产生新要素和形成新特征,原有的"维护国家文化安全"战略重心已经不能适应新的复杂社会历史条件下处理国家文化安全的新需要。应该以总体国家安全观的理念为指导,将"塑造国家文化安全"作为新的国家文化安全战略体系重心,以塑造来实现更高更好更具前瞻性地维护国家文化安全的目标。

（一）从"事件处置"向提升国家文化安全能力转变

在以"维护国家文化安全"为重心的战略体系中,国家文化安全将注意力集中在具体的文化事件处置上,主要针对危害国家文化安全的具体因素予以批判和清除,工作的重心在"响应层",一般的演变流程:危害浮现—危害识别认定—批判处置行动—危害消除。全过程展现出非常明显的"事件处置"特征,也是针对具体的危害事件进行"一事一议"式的处理。这是最为基础的文化安全处置方式,具有针对性强、快速有效的特点。但是,也有相当大的局限性,要求危害因子的暴露性非常明显,对于许多"柔性的""潜在的"危害几乎无能为力。比如,在大众文化生活中,一些影视作品为了追求市场经济效益,有意"挖掘"甚至放大人性恶的一面,虽说有一定的批判和揭露功能,但在此过程中也包含价值观污染,诱导观众的价值观偏离正确方向,甚至对自己民族、国家的文化精神产生怀疑,危害社会和谐。对这类分散、普遍、模糊的文化危害,"事件处置"的方式难以一一精准启动响应措施,对其往往难以顾及,有时只能用毫无力度的"文化自律"来发出空泛的警告。

再者,在事件处置方式中,很难防止系统性文化风险的出现。所谓系统性风险,在文化安全领域中就是由国内外政治、经济、社会活动秩序以及文化自身运行制度所导致的整体性、全局性风险。文化从根本上说就是社会经济政治生活的反映。在市场经济条件下,不可避免地会出现诸如物欲主义、金钱崇拜等不良的精神文化现象,会出现淡化国家、民族观念的问题。如一些跨国公司员工,长期处于"世界公民"的生活方式中,对民族的情感、国家的认同逐渐淡化,一些高级管理人员甚至公开否认自己企业的国籍、自己的民族属性。这

类国家、民族情感淡化问题对国家文化的危害虽然不那么直接，但是由于这类人员的公共影响力巨大，其价值观、生活方式等对民族国家建构共同理想、凝聚精神力量具有极大的消解、破坏作用。对这类"冰山之下"的文化暗礁，这类系统性风险或者由政治经济社会生活系统本身所造成的文化风险，"事件处置"也难以有所作为。

以塑造国家文化安全为重心的战略，是将"事件处置"升级为提升国家文化安全能力，提高国家系统自身的自洽性与和谐性，提高文化运行和发展能力，主动消解文化发展中的矛盾和危害因素，提高文化危害免疫力，降低文化脆弱性。首先，是要提高国家系统自身运行的自洽性，要提高经济、政治、文化、社会以及生态制度之间的统一性和协调性，要统筹发展与安全，将各领域中的制度与国家意识、民族理想和公共精神相统筹，在社会各方面生活中建立、巩固和弘扬中国特色社会主义意识形态、中华民族文化精神和公共文化道德精神。其次，是要提高系统性风险化解能力，要将中国特色社会主义的基本精神、基本原则和基本理论作为推动各项改革创新的基本遵循，加强创新发展的方向引领和路径规范，系统性地化解风险。最后，是要有旗帜鲜明的文化导向，对于那些只顾追逐经济利益而无视社会公德、无视民族理想、无视国家理想的行为予以坚决反对，引导全民精神文化生活向着健康的方向发展。

（二）从"抵御风险"向提高系统性风险化解能力转变

要更好和更具前瞻性地维护国家文化安全，仅靠"维护"性的事件处置、抵御风险，仅仅在"响应层"做出行动还无法实现，还需要对国家文化安全的"状态—压力—响应"统筹考虑，系统设计，将"抵御风险"模式升级为国家文化安全能力建设模式，全面提升"状态塑造""压力管控"和"响应出击"的整体性、协同性，其中状态塑造是基础，压力管控是预警，响应出击是兜底。所谓状态塑造，就是在国家文化安全战略中，从"坐等"危害出现后才展开响应行动的方式转变为主动介入文化发展，构建一个符合国家需要和民族利益的"健康"的文化运行状态。在意识形态领域不断提高主导意识形态的自洽性、灵活性和兼容性，推动价值理想、理论学说和政策主张之间的科学分化与统一，实现政党意识形态、国家意识形态、社会意识形态的一体化发展，在观念、制度和社会心理上实现贯通发展。① 提高意识形态重大政治原则、全民族共同理

---

① 韩源. 中国文化安全评论［M］. 北京：金城出版社，社会科学文献出版社，2015：83.

想、社会主义核心价值观以及国家大政方针的认可度。在民族文化方面，强化国家民族的身份自豪感和共有的民族文化精神。在公共文化生活中，主动引导社会精神文化生活，建构积极健康的精神风貌。

压力管控是与安全预警体系和预警能力建设密切相关的，从一定程度上说，预警机制就是对国家文化安全压力的识别和研判。但这种压力管控已经与"抵御风险"中的预警机制有巨大的不同，在"抵御风险"模式中，国家文化安全预警系统和预警能力一般只是针对具体文化危害因子的危害性质、发生概率、危害能级、影响范围等做出评估和监测，为"响应"提供依据和建议。压力管控不仅对危害因子进行监测和评估，而且对文化脆弱性进行分析，两个因素之间的连接、耦合共同决定危害的能级。响应出击是对压力管控所得出的危害能级的主动调试，是对"压力"的控制和对舒缓而非单一的具体事件的处置。从状态塑造到压力管控再到响应出击，看似三个连续的阶段或者步骤，其实质却是三个相互关联、互为支撑的整体，状态塑造过程其实也就是压力管控和响应出击的过程，同时压力调适和响应出击也具有状态塑造的功能和作用，三者共同构成国家文化安全能力体系。

（三）从"突发应急"向风险防范系统常态运行转变

在传统的"事件处置"方式下，抵御风险具有明显的"应急处置"特征。所谓应急处置，就是"突发"国家文化安全危害事件后，国家文化安全响应主体被紧急激活，针对危害制订处置方案，采取相应行动，快速扑灭、消除国家文化安全危害。在应急处置思维和行动模式下，对事件的预防、事后的调试以及处置措施的外部协同等方面的关注并不够深入和全面，关注点集中在孤立的、单独的事件的处置。如20世纪80年代中开展的反对资产阶级自由化"运动"，各大媒体、大报小报等各种渠道积极响应，对"资产阶级自由化"思想展开围堵和批判，并取得了较好成效。之所以能快速调集各方面的力量，展开对这股错误思潮的反击，是因为这股"歪风"具有"集中爆发""显性传播"的特点。对于这种"集中爆发""显性传播"的危害，采用应急处置的方式是有效的，能够快速扑灭和消除危害，基本达到维护国家文化安全的需要。但是在复杂的现代社会中，国家文化安全关涉社会生活的众多方面，有些问题看似是文化问题，但其背后却是由经济问题所引发；有些问题看似是生态问题，其背后却是文化观念使然。可见，许多国家文化安全危害因子具有极强的隐蔽性，是长期累加的结果，难以找到"爆发临界点"，应急处置的方式也就常常会有捉襟见肘或者无从下手之感。

现代国家文化安全危害因子的危害机理呈现出高度的系统性、隐蔽性和累加性特征，再用"应急处置"模式下的"突发应急"方式明显已经难以有效、精准、及时化解威胁，需要转向风险防范化解系统常态运行的方式。所谓风险防范化解系统常态运行，就是转变传统的"突发应急"行为方式，将工作重心调整为事前预防、事中处置和事后调适等全周期危机防范化解系统协同运行。首先，是强化预防，凡事预则立不预则废，加强文化风险预防，主要包括前文已有提及的协同推进发展与安全，统筹考虑经济、政治、文化、社会和生态等领域的体制机制，增强各领域中的指导思想、基本精神和价值追求之间的协同性，防止结构性、系统性的文化矛盾出现。同时，强化对文化风险的预警，强化文化"安全化"系统建设，及时发现、辨别文化危害因素并予以警示和批判。其次，是强化处置工作的常态化。文化安全事件与其他的社会安全事件有非常大的差异，如文化产品的价值观问题与突发性群体事件、突发性公共卫生事件等有根本的不同，其处置方式也不能沿袭突发公共卫生事件或者群体性事件的方法。需要研究文化危机的演化机制和危害作用机理，及时阻断危害扩散路径，干扰危害发生作用的内在机理，达到文化危害因子虽然显露但无法扩散、无法产生实质性危害的目的。最后，要强化事后调适和学习，要将文化安全危害响应处置作为推动文化状态调整和压力纾解的过程，将优化状态、释放压力与响应措施相结合，推动文化运行体制机制改革，建构更加完善的国家文化安全治理体系。

下篇　国家文化安全策略核心问题

第七章

意识形态安全核心问题：
国家意识形态与人民大众精神文化需求相贯通

　　在国家意识形态安全系统中，蕴含着驱动系统运行的众多矛盾，为了抓住战略性的关键问题，应该以意识形态出场的历史及本质为出发点，分析意识形态内在矛盾规律，解决什么是意识形态安全的核心问题，并在此基础上探寻导致产生该问题的主要原因，进而提出具有针对性的意识形态安全对策。"社会发展以人的发展为归宿，人的发展以精神文化为内核。"[①] 这就决定了意识形态安全要和人民大众精神文化需求结合起来，只有在解决人民大众的精神文化需求之中才能让国家意识形态获得深厚的人民群众基础，进而转化为人民用而不觉的价值引领。党的十九大报告强调："人民美好生活需要日益广泛，不仅对物质文化生活提出了更高要求，而且在民主、法治、公平、正义、安全、环境等方面的要求日益增长。"[②] 这表明，进入新时代，在解决了人民群众基本物质生活需求后，人民群众的精神文化需求被提到了一个新的高度，主要表现为人民群众对丰富、多彩、多元的精神文化需求更加强烈。为了更好地满足人民群众对精神文化需求的期待，增强人民群众精神文化生活的获得感和满足感，国家意识形态在发挥指导全面建设社会主义现代化国家功能的同时，也应注重转化为丰富人民大众精神生活的文化资源，这样才能够使国家意识形态在社会心理层次上扎根。由此可以认为，国家意识形态与人民大众精神文化需求相贯通是国家意识形态安全的核心问题。

---

　　① 习近平. 之江新语 [M]. 杭州：浙江人民出版社，2007：150.

　　② 习近平. 决胜全面建成小康社会，夺取新时代中国特色社会主义伟大胜利——在中国共产党第十九次全国代表大会上的报告 [R]. 北京：人民出版社，2017：11.

一、国家意识形态与人民大众精神需求相贯通是意识形态安全的核心问题

（一）国家意识形态安全内涵：基于状态、矛盾和响应三方面综合考察

"意识形态"概念由法国哲学家特拉西创建以来，就一直成为包括马克思主义在内的众多学术流派争论不休的重大理论和实践问题。而在意识形态的诸多问题中，意识形态安全的研究日益成为学术界重点关注的问题，如何正确认识意识形态安全，从根本上讲需要回到马克思主义理论视域和当下中国总体国家安全观的视野下考察。马克思恩格斯虽然没有专门对意识形态进行系统分析，但"意识形态"概念也多散见于马恩多篇著作之中，在马克思看来，意识形态属于社会意识范畴，是对一定社会存在的反映。"意识在任何时候都只能是被意识到了的存在，而人们的存在就是他们的现实生活过程。"① 那么，意识形态反映的是社会生活中哪些方面呢？马克思指出："这些生产关系的总和构成社会的经济结构，即有法律的和政治的上层建筑竖立其上并有一定的社会意识形式与之相适应的现实基础。"② 由此，准确表述了意识形态是对一定社会经济基础及上层建筑的反映。一个社会中往往具有多种多样的生产关系形态，"由于所联系的生产方式、经济基础不同，具体的社会关系、社会地位和社会利益不同，不同的阶级有不同的社会意识形态"③。因此，没有抽象、超历史、超阶级的社会意识，也没有符合一个社会中所有生产关系，适合一切社会形态"普世"的意识形态。所有的意识形态，都是源于特定经济关系基础之上的特定阶级基于本阶级（集团）的利益和地位对社会经济和政治等社会生活的系统反映。体现经济利益、政治利益的社会生活理想、理论和主张等社会意识，是特定阶级（社会集团）整体利益的观念表征。

在当下中国，除了主导意识形态外，还存在着"民主社会主义""新自由主义""历史虚无主义"等形形色色的意识形态，有的还相当尖锐，由此引发了国家意识形态安全问题。有学者认为"意识形态安全是指一个国家主导意识形态

---

① 马克思恩格斯文集：第 1 卷 [M]. 北京：人民出版社，2009：550-551.
② 马克思恩格斯文集：第 2 卷 [M]. 北京：人民出版社，2009：591.
③ 萧前，李秀林，汪永祥. 历史唯物主义原理 [M]. 3 版. 北京：北京师范大学出版社，2012：194.

地位不受任何威胁的相对稳定的状态"①，这种对国家意识形态安全内涵的界定是从纯粹理想状态出发来看待意识形态安全问题，而在社会生活中，国家意识形态往往是与其他异质意识形态同生同存，相互竞争交锋。因此要厘清意识形态安全问题，一方面，从理论视角看，根据历史唯物主义原理，每个社会形态中都有多种生产关系、多个代表不同阶级利益的意识形态。在众多的意识形态中，经济上占统治地位的阶级的意识形态，一般也是政治上占统治地位的意识形态，因为"统治阶级的思想在每一时代都是占统治地位的思想。这就是说，一个阶级是社会上占统治地位的物质力量，同时也是社会上占统治地位的精神力量。支配着物质生产资料的阶级，同时也支配着精神生产资料，因此，那些没有精神生产资料的人的思想，一般地是隶属于这个阶级的。占统治地位的思想不过是占统治地位的物质关系在观念上的表现，因而这也就是这个阶级的统治的思想"②。经济上的统治阶级的意识形态构成国家意识形态的主体或者核心，而意识形态是一个包括理想、理论和政策制度主张在内的一系列子系统构成的体系。一旦某种意识形态获得了这样的地位，就需要解决一个最为重要的问题，即意识形态安全问题，那就需要不断建构完善意识形态体系，因此，意识形态安全问题就包含了理想信仰安全、思想理论安全、核心价值安全和重大政策安全在内的一整套安全体系。另一方面，从总体国家安全观视角看，意识形态安全是国家安全体系中文化安全以及政治安全的核心组成部分，关系着国家核心利益的实现程度。由此，应从意识形态系统论和总体国家安全观来审视国家意识形态安全问题。意识形态安全体系是一个包括理想信念、思想理论、核心价值和大政方针安全在内的开放和综合的动态系统，其状况直接关系和决定国家文化安全状况。因此，对国家意识形态安全应从开放、综合、动态三个角度来考察。国家意识形态安全问题源于开放性的国家意识形态系统内在矛盾运动，解决国家意识形态安全问题要从破解矛盾和改善状态两方面着手。由此，国家意识形态安全将由现有状态、内在矛盾构成的压力以及正在采取的响应情况三方面共同决定。

以上界定，一方面，从总体国家安全观与意识形态系统角度出发，强调国家意识形态凭借上层建筑中的强制性力量对存在于意识形态领域中的其他非主

---

① 莫岳云. 抵御境外宗教渗透与构建我国意识形态安全战略 [J]. 湖湘论坛，2010，23（04）：11-14.

② 马克思恩格斯文集：第 1 卷 [M]. 北京：人民出版社，2009：550-551.

流意识形态的引领和规范；另一方面，从意识形态系统构成的诸要素出发，强调意识形态要通过自身系统建设，解决意识形态系统发展中存在的一系列矛盾，不断实现从实然状态向应然状态的转变，以强大的说服力与先进性获得人民大众的广泛性认可。

换言之，这一界定是立足于总体国家安全观的高度，基于意识形态发展的内在矛盾运动过程去准确分析把握意识形态安全的内涵，其关注的重心在于意识形态领域占据主导地位的国家意识形态内部存在着的由应然与实然状态之间的张力所形成的内部矛盾运动。

（二）意识形态安全系统的内在矛盾运行

意识形态安全系统由理想信念、理论学说、核心价值和大政方针安全等子系统安全构成。第一，理想信念在意识形态系统中居于最高地位，它是一个复合概念，理想是指对可能实现的美好事物的期待和对现实世界之外的彼岸世界的向往；信念侧重于为了追求目标理想而表现出的一种积极有为的精神状态。理想信念能作为人的一种精神寄托而对个体产生价值规范引领作用。正如习近平总书记所说："理想信念是共产党人精神上的'钙'，没有理想信念，理想信念不坚定，精神上就会'缺钙'，就会得'软骨病'。"① 第二，思想理论在意识形态体系中居于核心位置，马克思在《黑格尔法哲学批判》中指出"批判的武器不能代替武器的批判"，在这里马克思就是强调理论的力量，因为"理论只要彻底，就能说服人"。意识形态要在社会精神生活中居于领导地位，除了由占统治地位的阶级所确定外，还根源于这样一种意识形态在理论上相较于其他意识形态的科学性和先进性。第三，核心价值观是意识形态的价值浓缩。核心价值观是一种占统治地位的阶级所倡导的"观念"，具有普遍性、抽象性和概括性的特征，通过一系列"观念范畴"被确定下来。意识形态领域中的指导思想理论，必然呈现着某种价值指向和价值目标。因此，主导意识形态系统中的理论学说是体系化和理论化的统治阶级思想，而核心价值观则是科学理论的价值指引。核心价值观与思想理论体系一脉相承。第四，大政方针在意识形态系统中处于政策体系层面，是前述思想、观念、理论"落地"的表现形式。这样的政策主张必然要反映居于统治地位的阶级利益，只有将所倡导的理想、价值、理论等从思想意识的形式转化为能落地执行的政策措施，才能实现国家意识形态的价值目标。

---

① 中共中央文献研究室. 十八大以来重要文献选编（上）［M］. 北京：中央文献出版社，2014：339.

　　通过对意识形态安全系统以上几个方面的考察，可以发现存在着几个对立统一的矛盾，由此动态地决定着意识形态安全的状况。

　　一是理想与现实的矛盾。中国特色社会主义制度是由马克思主义所孕育的中国共产党团结带领全国各族人民共同奋斗的成果，党的十九届四中全会将马克思主义在意识形态领域指导地位提升到根本制度的高度，"这是我们党第一次把马克思主义在意识形态领域的指导地位作为一项根本制度明确提出来，是关系党和国家事业长远发展、关系我国文化前进方向和发展道路的重大制度创新"①。马克思主义在意识形态领域的指导地位，是马克思主义本身的科学性和中国特色社会主义制度发展在意识形态领域中的必然结果，是建构当代中国意识形态体系的根本指针，是确保国家意识形态安全的定海神针。然而，就如习近平总书记所指出的一样："社会上也存在一些模糊甚至错误的认识，有的认为马克思主义已经过时，中国现在搞的不是马克思主义，有的说马克思主义只是一种意识形态说教，没有学术上的学理性和系统性，在实际工作中，在有的领域中马克思主义被边缘化、空泛化、标签化，在一些学科中'失语'、教材中'失踪'、论坛上'失声'。"②

　　二是继承与发展的矛盾。推进当代中国国家意识形态发展，就涉及国家意识形态建构理论——马克思主义的继承和发展的问题。在如何对待马克思主义理论方面，存在着马克思主义过时论、马克思主义无用论等观点，究其本质来看，就是如何对马克思主义理论做到既忠实继承又与时俱进创新的问题。因为，"如果不顾历史条件和现实情况变化，拘泥于马克思主义经典作家在特定历史条件下，针对具体情况做出的某些个别论断和具体行动纲领，我们就会因为思想脱离实际而不能顺利前进，甚至发生失误"③。在如何坚持马克思主义、坚持什么样的马克思主义和坚持哪些马克思主义方面存在着思想误区，不解决这个问题，就无法推进马克思主义理论创新，就无法实现马克思主义中国化、大众化。而坚持马克思主义，最重要的是应该坚持马克思主义的立场、观点和方法，这是发展马克思主义的根本点。就如邓小平强调对待马克思主义要坚持其"立场观点方法"，这不仅是反对当时否定四项基本原则的错误思潮的需要，也是破除

---

① 黄坤明. 坚持马克思主义在意识形态领域指导地位的根本制度［N］. 人民日报，2019-11-20（06）.

② 习近平关于总体国家安全观论述摘编［M］. 北京：中央文献出版社，2018：125.

③ 习近平. 在哲学社会科学工作座谈会上的讲话［M］. 北京：中央文献出版社，2018：13.

对僵化的苏联模式思想迷信的需要。站在百年未有之大变局的历史高度来看，今天的中国仍处于马克思所指向的时代，但是具体的时代条件产生了很大变化，我们应该坚持马克思主义的立场、观点和方法，从推动中国特色社会主义事业出发，做到理论与实践相统一，在推进中国特色社会主义事业中不断发展马克思主义。

三是主导与多元的矛盾。国家意识形态需要为社会提供一套主导性理论系统，来论证自身存在和国家行为的合法性，也就是要构建并为社会大众提供主导性公共价值标准，以此来引导社会大众认可和拥护国家政治系统的有序运转，促进社会向着国家意识形态所构建的理想方向发展。随着社会发展，社会阶层和利益呈现出多样化、分散性特点，不同阶层、不同群体集团在文化生活中的理论价值选择表现出多样性，国家理论价值导向和不同群体选择多样性之间的矛盾呈现出来。尤其是随着互联网的发展，传统的理论话语发声方式被人人都是话筒的新媒介代替，其庞大的受众群体、快速的信息传播、无处不在的舆情影响着国家意识形态的传播内容和传播方式，各种诸如价值中立、淡化意识形态等极具迷惑性的错误思潮此起彼伏，在思潮多样化的今天，马克思主义用一种什么样的方法和机制统摄其他思潮，如何做到主导与多元的结合成为国家意识形态发展迫切需要解决的矛盾。

四是国际与国内的矛盾。在党的十九届五中全会提出的高水平对外开放的背景下，中国国家意识形态面临着大国崛起过程中激烈国际斗争的考验，西方国家加强了与中国的"模式竞争"。"普世价值"、自由主义等思潮以新的形式传播，消费主义、拜金主义等生活态度也大行其道，侵蚀主流思想、社会道德和人民进取精神，危害国家意识形态安全。国际敌视社会主义中国的势力有意识的攻击，成为引发中国意识形态安全问题的重要因素。当前中国与西方意识形态之间的较量，可以追溯到冷战时期东西方两大阵营之间的斗争，以美国为代表的资本主义阵营发起了系列反共产主义的意识形态进攻。冷战后，国际资本主义反共阵营并未因苏联解体而解散，反而将矛头对准了"红色中国"，一直致力于在中国发动"颜色革命"，企图将中国变成符合西方发达资本主义国家全球获利的所谓"民主国家"，不断攻击中国的国家意识形态，贩卖美式"民主、自由和人权"。早在20世纪50年代，美国就将反对共产主义写进《国内治安法》，奥巴马在2015年发布的《美国国家安全战略报告》中，将共产主义与恐怖主义一并列为美国国家安全的最大威胁，2018年特朗普在《国家安全战略报告》中把中国和俄罗斯称为"修正主义势力"，污蔑"中国和俄罗斯意图塑造一个与美国价值观和利益背道而驰的世界"，然后加强了对中国的意识形态渗透，意图瓦解中国国家意识形态的合法性，攻击中国制度和中国道路，诋毁中国共产党的形象，试图动摇中国共产党的执政合法性基础，期待中国变成由美国统治下的"民主国家"。

五是原则与灵活的矛盾。国家意识形态的创设是为了维护统治阶级的利益，是关于维护特定阶级利益的理论学说体系。不同的意识形态学说之间在理论上存在着差异，本质上更有根本区别，为了争夺社会大众的认同必然会在思想领域产生激烈的交锋。国家意识形态要获得社会大众认同，那就需要一方面从理论上对其他意识形态学说给予理论上的驳斥，另一方面以代表全社会普遍性利益的方式建构自身与其他意识形态的原则性区分。对于当代中国来说，国家意识形态学说的原则性表现为坚持中国特色社会主义理论体系，其内在涵盖了坚持这一道路与制度的指导思想、政治原则和方针政策，这是中国国家意识形态的原则性要求。然而在意识形态实践工作中，却存在着灰色、红色和黑色三种颜色地带，三个地带互相交织，互相影响。对于意识形态工作来说，就是要不断扩大红色地带范围，不断转化灰色地带为红色地带，防止灰色地带转为黑色地带，防止黑色地带的扩大。这就要求在实际工作中，要敢于进行具有新时代特点的意识形态领域的伟大斗争，对于错误思潮要敢于亮剑，运用马克思主义理论进行坚决批判，而对于不具有原则性问题的多元社会思潮，还应该坚持团结说服教育的原则。尤其是在高校，要处理好不同学术观点争鸣与意识形态原则性的矛盾，善于将原则性和灵活性结合起来，不断扩大国家意识形态的影响领域，增强意识形态话语权。

（三）人民大众精神文化需求的含义及特点

马克思指出："理论在一个国家实现的程度，总是决定于理论满足这个国家的需要的程度。"① 也就是说，国家意识形态能否发挥其应有作用，不只是意识形态本身的问题，更重要的是在于国家意识形态的所有"响应"都必须落脚在解决人民群众个体的思想状况。

人有包括理想信念在内的精神文化需求，人民大众精神文化需求源于生活，而生活本身是由日常生活和非日常生活组成的。起源于日常生活的自在的精神文化需求和非日常生活的自为的精神文化需求存在着关系。

一种是由于二者之间的动态平衡稳定的关系被打破，呈现出失衡的状态，

---

① 马克思恩格斯全集：第3卷［M］.北京：人民出版社，2002：209.

这表现在两个方面。一是过分强大的日常生活和相对不发达的非日常生活，这时候的日常生活往往会吞噬非日常生活。这样的社会形态主要体现在前资本主义时代。在这样的社会生活中，大多数的个体沉溺于日常生活，只有极个别人能进入非日常生活领域。不仅如此，强大的日常生活所带来的价值取向还常常侵蚀着非日常生活的精神生产和精神文化需求，在精神文化需求领域中表现出整个社会的精神文化需求是由自在的文化需求取向所主宰。这样的精神文化需求主要是在价值取向上通过基础性领域的日常生活融合形成整个人民大众的精神文化生活的全部，这是一种自下而上的形成方式。比如，中国传统社会，由于处于农耕文明，强大的日常生活吞噬了非日常生活领域，本来应该表现为"自为的价值取向"也由于非日常生活的不发达，被"自在的价值取向"取代，通过政治思想的上层建筑和儒家学者的系统化进一步完善，反映日常生活的"自在的价值取向"成为社会生活的精神文化生活，因而整个社会生活的精神文化生活就体现了强大的日常生活价值取向。在"宗法一体"的社会生活中，以"三纲五常"为代表的精神文化需求延伸成为国家意识形态，导致大众精神文化生活完全成为国家政治生活秩序的一种延续和附庸。二是非日常生活凌驾于日常生活之上，过分发达的非日常生活领域将日常生活切割得支离破碎。经济、科技的发达带来了社会全方位的高速发展，由于日常精神文化需求的缺失，人往往沦为非日常生活领域的自为的价值观的工具。强调竞争、理性支配一切，导致了人的异化，整个社会大众精神文化需求完全由非日常生活所决定。这样一种价值观全面侵蚀日常生活，日常生活的精神文化世界随之陨落，这样的自为的价值观主要是以强行进入的方式侵吞日常生活，这是一种典型的自上而下的形成方式。比如，西方资本主义社会高度发达的工业文明导致了人的全面异化，人本来应该是理性的主体，结果却成了理性的工具，被技术理性和工具理性全面主宰，"自为的价值"全面取代了"自在的价值"，而统治了包括日常生活在内的整个人类社会生活。

另外一种是两者相互交融，协调推进，展现出二者动态平衡稳定的关系。这要求正确处理好日常生活和非日常生活的关系，使日常生活真正成为非日常生活的基础性条件。社会分工带来的分离已久的非日常生活领域的精神生产和社会交往重归故里，人成为日常生活和非日常生活的主体性存在，能够建立起"自在的价值观"与"自为的价值观"的自觉联系。在日常生活中，既能恰当运用日常生活价值取向，又能自觉寻求非日常生活价值取向来处理日常生活所面临的新问题，实现精神文化需求由"自在价值"向"自在自为价值"融合的境界升华。

（四）国家意识形态与人民大众精神文化需求相贯通的重要意义

意识形态安全的决定性环节在于国家意识形态本身能否解决人民大众的精神文化需求，二者的贯通性由意识形态现有状态、内在矛盾构成的压力以及正在采取的响应情况三方面共同决定，只有把国家意识形态贯穿到人民大众精神文化需求之中，解决人民大众思想状况，才能作用于国家意识形态的内在压力，进而改善国家意识形态的现有状况。

在一定社会众多的意识形态中，经济上占统治地位的阶级的意识形态，一般也是政治上占统治地位的意识形态。但是这样一种统治地位的获得存在着一个类似"群众路线"的思想加工过程。意识形态首先萌芽于社会大众，经由特定职业和背景的人群如政治领袖、思想家、知识分子等进行系统化建构，但是这样的意识形态还没有取得合法化的统治思想地位，必须与占据统治地位的上层建筑结合起来，才能真正完成从思想体系向国家意识形态体系的飞跃。在封建社会时期的中国，飞跃就体现在儒家学说体系向儒家学说意识形态化的转变。在现代政党出现后，飞跃就表现为思想体系向政党学说体系的转变，一旦政党获得了执政地位，掌握了政治上层建筑，就会将这一政党的学说上升到思想上层建筑的高度。但这只是意识形态思想体系的第一次飞跃，只是解决了指导思想地位的问题，而并没有解决意识形态存在的目的和意义的问题，即如何使自己获得普遍意义上的人民大众认可的问题，如何将意识形态体系所展现的理想价值、思想理论和政策学说落地的问题。因此，需要实现意识形态的第二次飞跃，也就是自上而下，落脚到解决人民大众的思想困惑和精神需求，成为社会大众社会行为的规范性价值引领。这要求一是要不断建构自己的意识形态体系，包括价值理想、理论学说和政策主张等，并且力图获得一种人民大众的"普遍性"，即充分体现全体社会成员的共同利益；二是要不断批判、瓦解、解构与自己异质的意识形态，削弱异质意识形态的影响力，进而达到巩固自己的目的。如果某种取得了"普遍性"的意识形态不能落脚到解决人民大众的思想困惑和精神需求，那么其获得的主导地位也会因缺乏坚实的社会大众基础而成为"空中楼阁"，进而面临合法性危机。因此，在众多的关涉意识形态安全的问题中，国家意识形态与人民大众精神文化需求之间能否贯通成为国家意识形态安全的核心问题。

二、国家意识形态与人民大众精神文化需求相贯通的内在逻辑

国家意识形态一元化的指导地位面临着多样化精神文化供给与需求的挑战，因此，需要在一个精神文化需求多样化的时代建构起具有统摄引领功能的国家意识形态运行机制。国家意识形态从不同侧面反映了一个国家政权的思想基础，蕴含着一个社会所倡导的理想、理论、信念和价值观等精神文化形式。因此，国家意识形态安全与人民大众精神文化需求有着内在逻辑的一致性。

（一）国家意识形态与人民大众精神文化需求理论逻辑契合

国家意识形态体系包含三个关键构建要素：一是国家意识形态所指涉的价值体系，二是居于基础地位的理论体系，三是居于外围的政策体系。从根本上讲，价值和政策体系都是国家意识形态在一定理论主导下架构起来的，因此具有鲜明的政治和阶级立场，其价值体系所体现的价值取向也是以统治阶级的价值观为核心。而这样的价值取向也反映在理论和政策体系之中，赋予理论和政策以特定的价值意义。因此，一个国家的核心价值观决定了政策体系和理论体系所指向的运行方式、运行目标。如习近平在中国共产党第十届中央政治局第十三次集体学习强调的一样："开展社会主义核心价值观宣传教育，积极引导人们讲道德、尊道德、守道德，追求高尚的道德理想，不断夯实中国特色社会主义的思想道德基础。"① 现代国家意识形态安全绝不是完全由一个国家物质层面的发展决定，更需要将国家意识形态与人民大众精神文化需求结合起来，将这样一种国家主导的意识形态要求转化为精神价值，体现在社会发展的各方面，潜移默化地成为人民大众共同自觉遵守的价值准则。中国的国家意识形态包含了以人为本、以人民为中心的价值要求，而在资本主义社会，国家意识形态所坚称的普遍的意识形态是一种"虚假"的普遍，将资产阶级自身的利益和思想说成是全社会的共同利益和共同思想。自中国共产党成立以来，作为一个工人阶级的政党，始终把人民大众的利益放在首位，由此建构起来的国家意识形态必然要坚持以人民为中心的理念，满足人民大众对精神文化的需求也应是构建国家意识形态的基本要求，这从精神文化生活角度体现了意识形态建构为了人民，意识形态发展依靠人民和意识形态从人民大众中来，最终回到人民大众精神文化中去的意识形态"群众路线"。

---

① 习近平关于社会主义文化建设论述摘编［M］. 北京：中央文献出版社，2017：142.

（二）国家意识形态与人民大众精神文化需求历史逻辑契合

国家意识形态发展过程就是不断满足人民大众精神文化需求的过程，也是立足人民大众精神文化需求的基本现实，通过国家意识形态发展塑造人民大众精神面貌、引领大众价值取向的历史过程。

在建立新中国后，如何把在精神文化领域一盘散沙的中国重新凝聚起来，成为以毛泽东同志为主要代表的中国共产党人探索的目标。中国共产党人在革命文化的基础上，通过提出以马克思主义为指导，以"百花齐放、百家争鸣"为目标的文艺工作方针，实现了国家意识形态有效渗透人民大众的目标，有效整合了人民大众的思想，使得建设一个全新中国成为人民大众的共同理想，也使得中国社会由过去的差序格局传统社会转变为具有一致理想信念的集体社会。到改革开放时期，如何适应国家意识形态从传统的以革命为内核，转变为回应人民大众在精神文化需求上的满足成为迫切需要解决的问题。国家意识形态安全以发展生产力为基石，通过提高生产力使得国家意识形态安全有了坚实的物质基础。在此基础上，邓小平同志提出"两手抓，两手都要硬"的方针，也就是在发展社会生产力的基础上，不能偏废精神文明建设。改革开放以来的精神文明建设一方面要满足人民日益增长的文化需求，另一方面，还要在改革开放的时空背景下，防范"资产阶级自由化"等西方错误思潮的渗透。进入新时代以来，以习近平同志为核心的党中央审时度势，着眼于在国家意识形态层面建构以中国梦为共同理想的价值追求，将以人民为中心的发展理念贯穿到国家意识形态构建中，加强对社会思潮和重大思想理论问题的阐述引导，及时回应人民大众在思想认识上的误区，批驳错误观点，澄清错误认识，通过"举旗帜、聚民心、育新人、兴文化、展形象"将国家意识形态与人民大众在新时代的精神文化需求有机结合起来，凝聚人民大众对中国特色社会主义伟大事业的政治认同、思想认同、价值认同和情感认同。

（三）国家意识形态与人民大众精神文化需求实践逻辑契合

国家意识形态发展从社会意识自身运行层面来看，是由文化基因、组织结构等多因素综合决定的。但是从根本上讲，是由人民大众精神文化需求决定的。因此，推进国家意识形态发展，实现国家意识形态安全要与人民大众精神文化发展的实践相一致。

国家意识形态与人民大众精神文化需求在价值追求、国家目标和个人目标上都是一致的，都希望通过二者的融通实现国家富强、民族振兴、人民幸福。

因此，坚持国家意识形态在人民大众精神文化中的主导地位，并不意味着要否定消融个人的精神文化需求，相反，个体意识还可以为国家意识形态的构建提供丰富的思想源泉，二者的互动在社会生活中展现出较强的交互性。首先，国家意识形态根据人民大众的不同层次，选择不同的教育方法、载体。这样一种带有针对性的国家意识形态灌输方式是非常有必要的。比如，面对广大农村居民，通过选择通俗易懂的口号标语宣传，采取大学生三下乡等喜闻乐见的形式，将国家意识形态中的理论难点、社会热点和大众所关注的焦点以通俗的语言进行阐述，消除人民大众的疑虑和负面情绪，为国家意识形态走进人民大众精神世界打下基础。其次，根据社会环境变迁建立了较为快速的反应和整合机制，以确保国家意识形态与发生变化的人民大众的精神文化需求相一致，实现国家意识形态对精神文化需求的引领。在互联网日益成为意识形态交锋重要场域的今天，政府有关部门成立了专门的网络舆情机构，密切关注和了解社会网络舆情及其背后的意识形态动向，通过网络及时把握社会各阶层思想状况及其发生发展变化，以强大的国家意识形态正确引导，形成了对重大突发性网络舆情的主导，增强了人民大众对扑面而来的各种错误意识形态的免疫力，提高了分辨是非、主动抗拒错误思潮的思想辨别力。最后，加强和改进国家意识形态的工作方针，主动走国家意识形态安全的群众路线。提高了宣传、组织、教育、引导人民大众的工作能力，使得国家意识形态在满足人民大众精神文化需求的同时更具针对性和精细化，改进了国家意识形态沟通、组织载体，搭建了党群、干群、社群平台，通过建立一系列激励、保障和反馈机制，使得国家意识形态与人民大众精神文化需求之间的贯通随时在线、实时互动，使得培养人、造就人和激发人的目标和人民大众精神文化需求之间取得一致，实现了国家意识形态与人民大众精神文化需求的贯通。

三、当前国家意识形态与人民大众精神文化需求相贯通存在的问题

如前所述，要实现国家意识形态安全，关键在于国家意识形态与人民大众精神文化需求相贯通，也就是说确保占统治地位的意识形态体系能关注和回应人民大众精神文化需求，要从非日常生活领域深入日常生活领域，解决思想困惑、价值迷失等一系列关乎人民大众日常生活的精神文化需求。以此思路梳理，当前我国国家意识形态与人民大众精神文化需求之间存在着三个亟待解决的问题。

（一）国家意识形态话语在人民大众日常生活话语体系中有边缘化风险

每个时代都有属于这个时代独特的主导话语体系。主导话语体系一方面反映了所在时代的政治文化生活和社会生活，另一方面，国家主导话语体系在社会处于重要调整时期能够呈现社会未来发展态势，起着先导性作用，具有通过调整意识形态话语体系来实现政治和社会调整的目的。在社会生活中，意识形态话语体系要在与人民大众话语互动中才能获得合法性认同，这就意味着具有权力象征的国家意识形态话语体系与人民大众精神文化相呼应的过程不是一个自然而然实现的过程，而必须以满足精神文化需求为前提才能实现。

在当代中国，社会处于经济利益等多种利益的调整期和转型期，社会存在的变迁与国家意识形态话语体系的重构形成了一种互动关系。从国家意识形态建构来看，意识形态话语主要由执政党及其领导人创立，由专门意识形态机构负责管理和传播，由人民大众"选择性"接受。人民大众的选择性体现在对国家意识形态所建构的话语体系的自我诠释和选择性判断上。因此，国家虽然拥有对所倡导的意识形态的解释权和创作权，但并不能确保自己的下层政治机构能按照要求诠释和阐发，更不可能实现对普通大众使用意识形态话语的垄断。由此就决定了这样一种天然的裂痕只能通过国家意识形态与人民大众精神文化需求贯通才能得以解决。

从我国国家意识形态话语体系建构历程来看，在改革开放前的相当一段时间内，我国的国家意识形态话语体系受到特殊历史条件和苏联模式的影响，主要是以革命话语体系为主，意识形态的泛政治化倾向导致在政治生活、学术生活与宣传等几乎所有的社会生活都打上了"意识形态"的烙印。国家依然从总体上延续了革命时期的意识形态话语，使人民大众精神文化需求蛰伏在阶级斗争话语之下，保持了高度一致的意识形态话语体系上的国家政权合法性认同。随着改革开放的推进，国家经济政策的调整，国民经济社会生活从阶级斗争场域转化为经济发展场域，此时如果继续沿用革命时期的阶级话语将不再有利于凝聚民族国家的发展力量。由于新中国的国家性质，以马克思主义为指导的意识形态话语在国家经济社会建设时期依然在场，但是人民大众话语体系随着社会经济转型发展朝着多样性话语体系扩展，问题就出现在扩展的方向和对象往往呈现出与主导意识形态话语不同的声调。一方面，由于市场经济的发展，使得社会大众更趋向于用市场逻辑衡量评判一切社会生活问题，更多关注自身的切身经济利益，而对主导意识形态话语所倡导的"理想信念"加以排斥。这样一种日常生活话语逻辑的变迁，使得原本贯通日常生活和非日常生活的国家意识形态话语体系在日常生活中不断弱化并逐渐远离日常生活领域。另一方面，以经济建设为中心建构的主导意识形态话语在日常生活中一定程度上出现了"一切向钱看"的极端思想，国家主导的话语在整个话语体系中呈现出弱化趋势，这样就导致了各种形形色色意识形态话语的滋长。思想文化领域的各种声音呈现出"你方唱罢我登场"的杂乱局面，各种思想、思潮的交互竞争反映了国家意识形态话语在多元化的日常生活话语中存在边缘化风险。

（二）马克思主义理论观照人民大众精神文化生活还存在盲点

我国的国家意识形态是以马克思主义理论为指导建构起来的。马克思主义理论从其发生发展的历程来看，是一种关于批判资本主义生产方式，实现人的自由而全面发展的理论学说，这就决定了马克思主义理论在当下中国构建的双重任务。既要体现理论学说的价值理想性，引领人民大众追求共产主义理想的最高目标；又要在中国国情下不断实现对马克思主义理论的创造性发展，反映和关注当下中国的实际情况。正如列宁所强调的一样："我们决不把马克思的理论看做某种一成不变的和神圣不可侵犯的东西；恰恰相反，我们深信：社会党人如果不愿落后于实际生活，就应当在各方面把这门科学推向前进。"① 正是基于这样一种对待马克思主义的态度，我们在国家意识形态的建构过程中，都需要努力实现理想性和现实性的统一。

作为国家意识形态核心内容的马克思主义，要想获得人们的普遍认同，成为精神文化需求的来源，就要让社会大众相信其宣扬的理想社会形态和价值观念能够在促进社会进步的同时，满足人民大众对美好精神生活的追求需要，能够在现实的社会发展过程中看到其所倡导的价值理论落地生根。但传统的意识形态教育方法僵化，理论的建构和社会实践之间也出现了盲区。这主要是两个原因导致了上述情况的出现：一是改革开放后，我国社会发展的时空背景由原来的封闭环境转变为经济全球化的开放环境，人民大众在这样一种全新的时空背景下看到了社会主义与资本主义存在着发展势差，进而引发了部分民众对马克思主义理论的质疑；二是当前我国社会发展中还存在着一系列和社会主义特征相违背的社会问题，如贫富差距问题、腐败问题等。所以从当前中国处于转型发展时期的时空环境来看，国家意识形态在一定程度上处于"悬浮"的位置。如何在利益阶层不断分化、新的社会思潮不断涌现的今天处理好主导与引领、

① 列宁选集：第 1 卷 ［M］. 北京：人民出版社，2012：274.

一元与多元，真正让国家意识形态这个思想供给能满足人民大众的精神文化需求，这成为国家意识形态安全亟待解决的重要问题。

（三）国家意识形态的理想信念与人民大众人生信仰尚未完全呼应

国家在维护主导意识形态地位的过程中，通过学校教育、理论宣传等形式力图将国家意识形态信仰转化为社会大众的信仰。我国以马克思主义为指导的国家意识形态体系揭示了人类社会发展规律，反映了我国在社会生活各个方面所呈现的价值取向、价值规范，体现了区别于资本主义虚假意识形态的普遍性和人民性，因而是一个科学的理论学说体系。

理想信念是共产党人的精神动力来源，正如邓小平指出："过去我们党无论怎样弱小，无论遇到什么困难，一直有强大的战斗力，因为我们有马克思主义和共产主义的信念。"[1] 要实现国家意识形态安全，共产党人的理想信念必须深入人民大众精神文化生活之中，与人民大众的人生信仰相呼应。中国现代化转型应在国家意识形态动态稳定的条件下进行。但由于国外文化意识形态处心积虑地渗透，导致部分人民信仰缺失、信念缺位，这将会对国家意识形态安全带来严重隐患。

四、国家意识形态与人民大众精神文化需求贯通的基本思路

思想是行动的先导，维护国家意识形态安全，由国家意识形态应然、实然以及与之相伴的响应行动三者共同决定。上述分析表明，国家意识形态安全的核心在于能否与人民大众精神文化需求相贯通，这样的贯通需要以人民大众对国家意识形态的信任为纽带来构建，正确处理好一元与多元的关系，在驱使国家意识形态实现理性认知的同时，更重要的是形成国家意识形态与人民大众精神文化生活互动呼应的机制，以塑造国家意识形态安全。

（一）建构国家意识形态与人民大众精神文化需求相贯通的社会心理机制

第一，以现实的具体的人为出发点实现价值认同，夯实人民大众对国家意识形态认同的基础。马克思主义与其他学说最大的不同就是马克思主义分析社会问题是从"现实的、具体的人"出发。因此，国家意识形态的价值认同就是要分析和把握"具体的人"。

---

① 邓小平文选：第3卷［M］．北京：人民出版社，1993：144．

从现实的具体的人出发，关键就是要重视把抽象的人民群众利益落实成为每一个个体的合理需求。个体的需求不是抽象的，而是具体的，要通过收入分配体制改革、社会再分配等手段调节不同利益主体的关系，通过对个体合理需求的满足，实现社会大众的利益认同。利益认同是价值认同的现实基础，价值认同是利益认同的目标导向。在利益认同的基础上，引导社会大众将利益认同转化为对国家意识形态的价值认同。在不断满足人民群众的现实需求中唱响国家意识形态价值认同的主旋律。此外，还要以实践为导向，实现价值认同。价值认同只有在实践中才能得以实现，生活生产实践是国家意识形态认同的基石和源泉。当代中国，最大的实践就是全面建设社会主义现代化国家，我国国家意识形态价值认同必须以这个伟大的实践为基础，把个体实践与中国特色社会主义事业实践结合起来。最后，要以社会主义核心价值观为引领，实现价值认同。社会主义核心价值观作为国家意识形态的重要内容，是国家、社会及个人三个层面的价值导向，也是各种社会价值最大公约数的体现。

第二，社会心理建构。在国家意识形态信任中要实现价值观社会心理化和社会心理观念化的互动建构。一是要积极吸纳社会心理要求，将其反映到国家意识形态中去。在社会意识形态中，社会心理直接与经济基础和政治上层建筑相联系，更能反映社会现实的发展变化，因而是影响国家意识形态的重要因素。要用社会心理化的国家意识形态引领社会心理往理性化的道路上发展。从站在切实维护广大群众利益的立场出发，把人民群众是否信任、认可作为衡量工作的重要标准，增强人民群众对执政党及国家意识形态的信任。二是净化网络舆论环境，营造良好社会心理的社会舆论环境。在自媒体时代，传统的主流媒体话语权日渐受到新兴媒体的冲击，一些自媒体为了增强影响力，不惜炮制不实言论吸引社会大众的注意力，这些不良的社会舆论传播极大地污染了网络空间，造成了社会心理的扭曲。因此，一方面应加强网络舆论监管，"组织力量对错误思想观点进行批驳，尽快掌握这个舆论战场上的主动权"①，纠正错误思想和错误思潮对广大网民的影响。另一方面应加快推进传统媒体和新兴媒体融合的步伐，壮大主流思想舆论，以国家意识形态内容的优势创造良好社会心理的舆论环境，及时回应社会重大关切的理论和现实问题，切实将社会心理引导到对国家意识形态信任的轨道上。比如，在网民中流行的知乎问答平台上，对于"社会主义和资本主义的根本冲突是什么"的问题，许多普通网友从自身的工作生

---

① 习近平全面深化改革论述摘编 [M]. 北京：中央文献出版社，2014：83-84.

活实际出发给予了这个问题积极正面的回答，其他网友通过点赞的方式对回答者给予认同和信任。这样通过在网络中理性、平和的讨论就能构建起良好的社会心理氛围。

第三，强化国家意识形态感性认识和理性认识的互动机制建设。当前的国家意识形态建设过程，更多从社会本位出发强调意识形态理性认识对意识形态感性认识的指导和塑造作用，而忽视了感性认识更为基础的社会心理功能。这需要转变意识形态建设思维，做到理性和感性双向互动。改变过去那种国家意识形态建设中只注重意识形态理性认识的做法，将理性化的意识形态转变为人民群众可接受认可的指导实践的价值观，在实践中形成新的感性认识，这为国家意识形态的创新奠定了社会心理基础。在意识形态向上传导和向下传导中注重理性的指向性，同时注重及时提炼感性认识材料，通过双向互动，凸显国家意识形态社会大众和国家共建、共享，打通国家意识形态信任通道。互动机制建设也需要注重发挥专家信任系统和非专家信任系统的作用。在国家意识形态信任中，注重制度建设，明确专家学者的职责，确保专家学者采用正确的方式解释和阐述国家意识形态，防范专家系统信任危机。比如，中国历史上儒家意识形态之所以能得到社会大众信任，很重要的一点就是儒家意识形态传播和解释更多的是靠传统儒家学者，而非官方。同时，也要注重非专家信任系统建构，比如，专业从业人员、家庭等。家庭及专业从业人员具有与党和政府不同的信任建构机制，通过加强专业人员职业道德素养和家风建设，使其成为国家意识形态信任系统的新的生长点。这样一种不同于专家信任系统的更为广泛的信任体系在日常生活中起着越来越重要的作用，成为国家意识形态信任机制的重要组成部分。互动机制建设还需要注重国家意识形态中内容、传播和行动三位一体的一致性建构，要选择符合社会大众需要的传播形式和工具，通过漫画、微视频、微解读等方式实现国家意识形态的传播。在信息迅速传播的时代，政府要树立信息权威，避免发布虚假信息，及时回应社会热点，避免谣言四起；同时，加强官员的理想信念教育，使其真正成为国家意识形态的践行者、传播者。

（二）建构国家意识形态与人民大众精神文化需求相贯通的文化生态体系

要站在国家意识形态安全的高度审视我国意识形态安全的危机管理、应急管理等协同机制，调整国家意识形态安全管理体系，建立起国家意识形态安全与人民大众精神文化需求贯通的文化生态体系。

第一，以人民大众精神文化需求为着眼点，构建国家意识形态创新体系。

任何一个国家的主导意识形态权威都源自政治上层建筑以及理论的自洽性和科学性。"理论只要彻底，就能说服人。所谓彻底，就是抓住事物的根本。"① 国家意识形态的建构要及时反映人民大众物质和精神文化需求的变化，保持国家意识形态的相对灵活性，针对遇到的新情况、新问题能及时回应，在人民大众中产生持久的信念和理性认同。这首先要坚定马克思主义在意识形态领域的指导地位不动摇，完善国家意识形态内容体系建设，否则就会失去国家意识形态领导权。实践无止境，理论创新也无止境。我们党和国家之所以能经受住各种各样意识形态的风险和挑战，关键在于我们以不断的国家意识形态理论创新来回应实践。马克思主义与时俱进的理论品质就决定了其能够不断回答好时代课题，实现理论的创新发展。因此，我国国家意识形态安全塑造，一方面要立足人民大众的精神文化需求，通过整合一切具有借鉴意义的精神文化成果，进而优化国家意识形态理论体系；另一方面，在社会生活实践中运用国家意识形态指导人民大众精神文化生活，使其成为人民大众在日常生活中看得见、用得上的精神文化资源。

第二，推动构建马克思主义一元指导与人民大众精神文化需求多样性相统一的文化生态系统。在经济全球化和人类社会生活信息化时代，异质的精神文化在中国大范围传播，对待这样一种主导意识形态与异质意识形态并存的局面，采用回避、否认的方式无助于解决国家意识形态安全的问题。首先，要以理性平和的心态对待其他理论。在社会格局日益复杂的今天，中国出现各种各样的思想，这些思潮代表了某些特定阶层的利益和要求，构建国家意识形态就要求提高其普遍性、包容性和灵活性，寻求各种思想价值的最大公约数。一方面，对待反马克思主义的思潮要坚决抵制，旗帜鲜明，亮明国家意识形态底线，确保国家意识形态安全；另一方面，针对在意识形态中非主导的、可供参考的思想资源可以加以批判吸收，为国家意识形态建构提供思想资源，扩大国家意识形态的覆盖面，拓宽国家意识形态社会共识面。比如，对于人类面临的生态危机等共同性问题，西方学者提供了理论资源和建设性观点，我国可以根据国家意识形态建构需求将其吸收利用，取长补短，使得我国国家意识形态在国与国之间的意识形态竞争中牢牢占据思想制高点。其次，要充分吸收中华优秀传统文化的养分。传统文化是连接过去与未来的纽带，也是人民大众精神文化生活的重要资源，我们应该以建构性思维来对待传统文化。一方面，传统文化是中

---

① 马克思恩格斯文集：第1卷［M］.北京：人民出版社，2009：11.

国人自己的精神家园，是抵御国外所谓"自由民主"思潮的本土文化依据。传统文化是中国人特有的精神文化栖息地，要推动马克思主义中国化，必然离不开与传统文化思想的结合，这样的结合回应了人民大众精神文化需求，更能为社会大众所接受。如中国传统文化中所论述的民为贵的思想，通过马克思主义的改造就能够与人民立场贯通，这既具有马克思主义理论品质，同时也深刻体现了传统文化中的"民为邦本，本固邦宁"民本思想，这样的结合与改造也就能顺理成章地被人民大众精神文化生活接纳。

（三）构建国家意识形态与人民大众精神文化需求贯通的预警研判机制

"凡事预则立，不预则废。"国家意识形态需要预见和把握人民大众精神文化需求的变化，因为在这二者之间，国家意识形态处于相对稳定的引导地位，而人民大众精神文化需求则具有多样多变的特征。这就需要建构国家意识形态与人民大众精神文化需求贯通情况的研判机制，为保持两者动态一致提供依据。

首先，是构建国家意识形态安全的思想动向分析机制。国家意识形态安全核心是人的思想，是人心。因此，国家意识形态安全建设的重点是在人民大众的思想认识上，把握人民大众思想活动的规律和趋势走向，这样才能在遇到问题时第一时间进行科学研判分析。在意识形态安全形势研判机制中，政府相关部门要定期分析、及时预判人民大众普遍关注的问题，对于部分特定群体要提前预判思想动态，建立起分级、分层的思想动向预报网络。在此基础上，建立起思想变化的大数据管理库，及时掌握社会大众的思想及其相应的行为特点。从人民大众关注关心的日常生活入手，了解精神文化需求，分析社会心理变化，尤其是注重对网络舆情的研判分析，积极发挥网络舆情员等专业人士在网络舆情中的引导作用，引导社会大众按照国家意识形态所期望的方向去理解、分析问题，及时化解各类思想舆论矛盾论争。

其次，是构建国家意识形态安全风险预警机制。就国家意识形态安全而言，核心要义是能否与人民大众精神文化需求相一致，因此，要充分发挥"意见领袖"、专业人士在精神文化上的预警作用。一是做到完善预警信息收集整理机制。在人民群众中选择部分有代表性的信息员，与网络信息员一道建立起分布于各行各业的信息收集渠道，及时掌握人民群众在思想上的困惑等相关信息，将思想动态跟踪机制和收集研判分析纳入工作考核，打造齐抓共管的工作格局，促进各级政府部门加强对信息重视，将不良思想倾向化解于萌芽阶段。二是建立预警问题解决机制。国家意识形态安全问题有其形成的发生发展阶段，在当代中国意识形态领域如果出现严重的安全问题将会引发政治、经济等安全领域的联动，因此，要对社会大众精神文化生活可能偏离的方向进行预警，根据危机管理预案，针对可能发生的问题和已经出现的问题，加强部门协调，做好信息收集、上报和处置，化解其带来的负面效应。三是构建多主体协同的联动机制。当人民大众精神文化需求出现与国家意识形态要求错位的情况时，应该从人民大众所处的经济、政治和社会环境等多方面找原因，这就要求构建跨部门的联动机制来保障预警的作用，建立相关数据库来研判大众精神文化需求的演变机制和规律，对可能出现的思想领域风险要未雨绸缪，做到早期防范，减轻对国家意识形态安全的压力。同时，专业机构和人员要利用现代技术手段，及时回应社会大众精神文化的呼声，以正确的舆论引导人民大众。

第八章

民族文化安全核心问题：
强化"中国人"文化身份

国家文化安全体系是一个开放、综合的动态系统。其中，关于民族文化安全问题，先要在对现有状态进行科学考量的基础上，分析民族文化安全内在矛盾运动中构成的压力与挑战，从而采取正确的响应策略。民族文化安全问题涉及对民族自豪感、民族精神标志、文化符号、历史共同性的认同等多个方面，归根结底就是要强化"中国人"的文化身份。

"身份"涉及自身所代表的社会关系、所属的文化领域、生存繁衍的族群等重要内容。一个人身份的明确意味着对其社会地位和所属关系的明确，也是对所属群体的认同和区分不同群体的重要标志。"人类本身就是一种文化的存在，人在文化世界中不断地寻找着、实现着自己的生存意义，在文化中认识自身，在文化中寻求认同。"① 因而这里提到的强化"文化身份"强调的是对自己身份的确认和接受。文化身份的确认回答了"我是谁"这一人类生存的最基本问题，"知道我是谁，就是知道我站在何处"②，这有利于实现对自我的接纳与认同，找到未来发展的目标和定位。此外，明确文化身份有助于在巩固本国文化势能的基础上，科学地看待和了解他国的文化，使个人能够在文化自信的基础上实现多元化的交流学习。各国公民文化身份的确认和强化，有助于实现该国的政治认同，这关系到国家政权的稳定与巩固，也有助于坚定本民族的文化立场，增强人民主动继承弘扬并不断创新发展本民族文化的动力，激发人们凝聚共同的价值观。

人类生存在多元的文化背景之中，同一个国家生活的人往往具有共同的文

---

① 余晓慧. 文化认同与构建和谐社会的关系研究 [M]. 北京：中国社会科学出版社，2019：5.

② 任裕海. 全球化、身份认同与超文化能力 [M]. 南京：南京大学出版社，2015：1.

化身份。因而，"中国人"的文化身份体现的是对自然、社会以及自身等相关文化问题的理解与思考。强化"中国人"文化身份是指要强化"中国人"这一特定的文化主体所表现出的情感归属和价值理念，增强对中华文化的认同。这意味着首先要正确认识中华文化的丰富内涵，并在这一基础上充分理解中华民族精神所蕴含的深刻价值理念，其中要特别重视"中国人"共有的反抗外国侵略、共同努力实现中华民族伟大复兴的爱国主义精神，这是"中国人"文化身份的特有彰显。此外，还要认清中华文化对人类文明的独到贡献，从而正确全面地了解什么是"中华文化"，什么是"中国人"，认清强化"中国人"的文化身份的意义，进而从中华文化的内部构建和外部传播，促进"中国人"文化身份的确立与认同。要在总体上做到对"中国人"文化身份的开放性、综合性、动态性的把握，从而科学分析"中国人"现有的文化身份状态，预判未来民族文化安全的发展走向，提出有效的强化文化身份的策略。

一、强化"中国人"文化身份的基本含义

对"中国人"的文化身份的理解应该从中华文化精神、近现代反帝反封建的爱国主义传统、中华文化对人类文明的贡献三个基本方面展开讨论。

（一）明晰"中华文化"的内涵

中华文化是"中国人"精神力量的不竭来源，体现着"中国人"数千年来倡导的文化价值观念。中华文化源远流长的密钥就在于世世代代的"中国人"对文化身份的传承。因此，强化"中国人"的文化身份，首先要明晰"中华文化"的丰富内涵，要从"中华文化"的词源考证、内涵正解及对人类文明的贡献等方面，全方位地理解"中华文化"的含义。

首先，要明晰"中华文化"的内涵。关于"中华"一词，起初是由"华夏"之意延伸而来。在《左传》等书上，就把西周诸侯称为"诸夏""华夏"，意指文明较为发达、美丽、伟大的民族。关于"文化"一词的定义，钱穆认为"文化就是人群整个全体的生活"①。现在所指的"中华文化"是中国各个民族、地区长期相互影响融合形成的多元文化综合体。正确认识中华文化应澄清一些误区。目前还有许多外国人对中华文化的认知受到狭隘观点的误导，往往还局限于对"传统中国"认识的历史眼光之中。一些外国人认为中华文化不过是风

---

① 钱穆. 民族与文化［M］. 贵阳：贵州人民出版社，2019：94.

水、气功等神秘文化，或局限地认为汉服、旗袍、饺子、剪纸等构成的符号系统上的表层文化以及裹小脚、长辫子等极个别的文化现象就是所谓的中华文化。除此以外，不论是倡导新儒家等传统文化全面代替马克思主义指导的复古倾向，还是认为历史的、民族的精神文化遗产在现代社会已经毫无价值的观点都是对中华文化错误的理解。中华文化的内容是丰富多元的，是一个庞大的、全面的、深刻的、具有无穷张力的系统，是兼具古今优秀文化的丰厚整体，它是动态、开放、包容的。当代中华文化的主要内容包含中华优秀传统文化、革命文化和社会主义先进文化，它的内容是在不断释放和汲取的过程中丰富和发展的，需要持续对其进行激活、实现创造性转化以形成灵活多样的新形态，具有源源不断的生命力。此外，要从"中国人"相似的生活方式、思维方式等方面来正确、全面地认识"中华文化"，强化"中国人"的文化身份，有助于增强作为"中国人"的身份感。

其次，应该认识到中华文化的内涵不是固定和静止的，而是在不断丰富和发展中仍比较稳定的存在，那就是中华民族精神。因此，强化"中国人"文化身份的核心就是要充分理解作为中华文化重要组成部分的中华民族精神。一个民族只有在内心深处切实地感受到自己的文化身份归属，这个民族才能有稳定的根基和光明的发展前途，因此作为一名"中国人"，必定要理解中华民族精神的内涵并将之发扬光大。中华民族精神是维持整个中华民族不断发展壮大的关键支撑，是中国人的文化血脉得以延续的关键基因。中华民族精神孕育于不断丰富发展的中华文化之中，是"中国人"生存方式、生活理念的价值观念的集中体现。作为"中国人"要深刻理解中华民族精神产生于中华文明发展史中，蕴含着多元一体的"中国人"共同的价值理念和精神诉求。此外，作为"中国人"要深刻认识到中华民族的基本精神凝练在中华文化之中，其思想内涵体现了以儒家文化为代表的仁义礼智信的传统主流价值观，体现了"中国人"几千年不变的家国情怀，体现了中国五千年来的精神传统和当代中国的智慧。

（二）明晰"中国人"反帝反封建的爱国主义文化特质

现代中国人以及中华民族概念的形成和自觉认识，由近现代以来 56 个民族共同反帝反封建和反抗外来侵略，实现民族独立和人民解放的历史进程所熔铸，因此拥有共同的历史记忆，经历过共同的磨难，获得过共同的荣誉与尊严。"中国人"在这样的历史背景下形成了独有的爱国主义文化特质，这样的爱国主义文化特质有助于形成全民族的向心力、凝聚力，有助于维护祖国的和平统一。

近代中国由于受到封建统治和外国侵略的双重压迫，中国人的国家意识开始逐步觉醒，中华民族团结一致维护民族利益共同体的愿望空前高涨。在这种爱国主义思想的牵引和推动下，"中国人"产生了一种强大的国家归属感和民族凝聚力。面对反帝反封建的伟大斗争，民族存亡的危机激发着中国人寻找救亡图存的道路，国共两党撇开政治分歧，共同对付外敌，建立统一战线，各民族、各地区同胞同仇敌忾、并肩作战，最后以强大的信念和空前的团结战胜了侵略者。在反帝反封建斗争和长达 14 年的抗日战争中，56 个民族共同的理想信念和优良传统起到了不可替代的作用，这种全民共有的"中国人"身份也在各民族思想和实践中逐步确立，中华民族意识也随之升华，在实现中国的独立自主中建立了共同的文化身份。这一"中国人"独有的经历和文化身份特质推动了中国人民共渡难关，重获新生，这也在客观上促进了中国各民族的全方位交融。

这些属于"中国人"共同的历史记忆和共同的历史情感性认识进一步强化了共同的文化身份。虽然当今世界的中国已经不再是过去"落后"的中国，但是无论是过去还是现在，一旦国家遭遇危难，"中国人"这种爱国主义文化特质和文化身份就会使全体人民产生巨大的精神力量而奋勇抗争，这也是造就中华文明成为至今唯一一个从未间断文明的关键性因素。不仅如此，这种由于共同历史轨迹形成的历史记忆阐发的爱国主义精神不断地引领着我国进行社会主义建设和改革开放，在此过程中凝结了新的时代精神，建构了共同的社会理想，"中国梦"成为现阶段推动我国不断进步发展的重要精神力量。在向中国梦不断努力奋进的过程中，全国人民向着一致的目标方向前进，始终坚持发扬"中国人"的爱国主义文化特质，铭记历史，共克难关，奋勇拼搏，从而实现中华民族伟大复兴。

（三）明晰中华文化对人类文明的贡献

强化"中国人"的文化身份必须认清中华文化五千年流变及其对人类文明的贡献。理解中华文化对人类文明的贡献实质上是进一步实现人们对"中国人"这一身份的认可和肯定。正确认识中华文明对人类文明的巨大贡献，有助于提升"中国人"对自我文化身份的荣誉感和自豪感。从旧石器时代的元谋人到新石器时代的大汶口文化、河姆渡文化等，都说明中国是人类文明发源地之一。商代出现了成熟的文字——甲骨文，与青铜器等大批文物展现了三千多年前中华文明所达到的高度。在秦代以前，中华先民在近乎隔绝的环境下自力更生，开创了独一无二的辉煌文明。汉代张骞出使西域，输送了大量丝绸、铁器等货物，这些货物又被西域商人传到西亚、欧洲地区，从而进一步加强了文化的交流。隋唐时期，日本多次派遣使者，学习中国的政治法律制度、文学艺术、天文历法等，间接地吸收了儒家、法家、道家、佛教文化。鉴真大师把佛法、药品等传播到日本，迅速提高了日本的发展水平。明朝初年，郑和下西洋，通过海上丝绸之路把法律法典、礼仪立法、瓷器丝绸等传播至东南亚国家，提升了东南亚诸国的文明程度。明清时期，中医、针灸对天花的防治技术传入日本、欧美等地。伴随着中国与周边的韩国、朝鲜、越南、日本等国家长期的文化交流，逐步形成了"东亚文化圈"。"四大发明"传入欧洲对社会进步所产生的推动力更是被马克思认为这预示着"资产阶级的社会到来"①。当代西方汉学的发展及全世界范围内汉字的使用越来越广泛，中国与世界各国的文化联系也日益密切，中华文化对世界产生着越来越广泛的影响。进入新时代，"人类命运共同体"等理念对解决当今世界全球性问题具有重要意义。

二、强化"中国人"文化身份的意义

（一）强化"中国人"文化身份，有助于实现文化强国

一个国家文化的竞争力与其综合国力和国际地位往往是相匹配的。现阶段，中华文化的国际影响力目标与现实文化能力间还有较大的差距。树立"中国人"的文化自信，建设文化强国，首先要做到对"中国人"文化身份的强化。对"中国人"文化身份的强化是实现"中国人"文化自信的心理基石，有利于提高中华民族的向心力，增强中国文化的影响力。当今世界，国家间的竞争不仅在经济方面，还体现在国家发展的各个层面，而文化竞争就是其中一个重要的方面。国家间的文化竞争集中表现在各个国家对文化价值观念的传播上。当前中国在发展经济的同时，还要大力发展文化软实力，这样才能在现代化道路上走得更加平稳。虽然将经济上的实力化为文化上的优势还需经历一个艰难漫长的过程，但是这也不会改变中华文化复兴的趋势。所以，强化"中国人"文化身份，提升文化软实力，是现阶段中国建设文化强国并在国际竞争中获得话语权的重要举措和题中之意。

文化强国一个重要的衡量标准就是一个国家的文化对世界文明能够做出重大贡献，"中国人"的文化身份中蕴含着这种"强者"姿态。中国价值观具有

---

① 马克思恩格斯文集：第 7 卷［M］．北京：人民出版社，2009：887．

很大程度的世界共享性，中国模式的核心逻辑既包含世界现代化进程和世界社会主义运动的历史规律，也贯穿三千年中华文明的发展脉络，"中国人"的文化身份既应包含民族意识又应包含世界意识。孕育"中国人"成长的中华文化具有丰富的内涵，凝练了"中国人"思考和处理人与自然关系、社会关系等方面的知识及智慧，这些内容来源于优秀的传统文化、五四以来的价值观改造以及外来文化的融会，有着永不褪色的世界意义。我们要在全球治理中充分发挥中国文化中所蕴含的"中国人"的智慧，实现"中国人"的世界文化价值。

（二）强化"中国人"文化身份，有助于维护全球化时代的民族文化安全

全球化时代，西方的文化输出和跨国贸易影响着民众的价值观念、思维方式和行为模式。在此背景下，强化"中国人"的文化身份，从而维护自身民族的文化安全显得尤为重要。

在百年未有之大变局背景下，全球文化格局有东升西降的迹象，但是现阶段发达国家依靠强大的经济实力和政治地位，在国际文化影响力上仍然占据优势，继续维持着西方文化霸权的格局。随着全球化的不断发展，国家竞争逐步转移到文化领域，国际文化秩序的重要作用在整个国际秩序中逐步凸显，成为当今国际竞争的前沿领域，文化的发展成为各国人民普遍关注的问题。尤其是网络新媒体在很大程度上影响了人类社会各方面的发展，以美国为首的西方国家在电子信息科技上独占鳌头，在文化的数字传播方面占有很大的优势。在跨国文化传播的过程中，西方国家文化产品所蕴含的价值观和所体现的生活方式对发展中国家产生了深远的影响，加之全球对英语学习重视程度的不断提高，不可避免地将英语国家的思维、意识形态甚至政治制度、经济制度、价值观等传输到非英语国家，形成发达国家的文化传播遥遥领先于发展中国家的不对称的局面，实际上构成了以西方文化霸权为主导的文化秩序。外国的进口产品、国外文学、学术思想、西方节日、外国人口移民、跨国公司、出国浪潮等都在影响着中国人本土的生活习惯和思维方式。以美国为代表的资本主义国家在推进经济、政治霸权的同时，也加快推进文化霸权的步伐，企图通过价值渗透和意识形态输出，刻意扭曲、丑化中华文化，企图消解中国人对中国的政治观念、历史文化内核的认同感，摧毁"中国人"的文化身份认同。

另外，中国文化的国际影响力与经济发展水平相比，还有不小的差距，没有建立起网络文化的独立话语体系，对外文化交流和文化国际传播的声音依然较小，而掌握传播"话语权"的西方主流媒体很多仍然存在对中华文化的误读

和偏见，导致中国在全球文化传播过程中不占优势。同时，"中国人"的价值追求、生活习惯、语言文艺、历史轨迹也随着多元文化的影响而不断产生一些变化，若不注重文化的认同与传播，"中国人"的文化身份将被逐步瓦解，民族文化安全也将会面临威胁。

此外，在全球化背景下，如果一个国家不能调和不同民族、不同文化背景人群的文化差异，就难以形成共同的价值观念，就会影响国家的团结统一、和谐共生，最终必然给国家的发展带来深刻的民族危机和文化危机。一个人如果对自己的国家和文化不认同，没有明确的文化身份，那么就极易受到极端分裂势力的蓄意挑拨，容易做出伤害民族感情的暴力恐怖事件。因此，明确"中国人"的文化身份是建立文化自信和维护本国文化安全的基本前提，有利于国家的和谐稳定，有助于实现中国各民族团结，有助于推动全球文化由冲突走向文明对话。文化身份的强化、实现文化的认同，还有助于有效化解异质文化的威胁，有助于正确理解和吸收他国的优质文化，抵抗别有用心的文化殖民。在全球化背景下，"中国人"更应该正确认识爱国主义、民族精神和人类观念的关系，推动中华文化的优秀成果在全球传播，进一步发挥世界价值。

（三）强化"中国人"文化身份，有助于应对网络时代文化竞争的严峻挑战

网络时代对"中国人"实现文化身份的认同提出了挑战。美国等发达国家始终图谋西化、分化中国，想要遏制、扼杀中国的发展，网络时代更是注重利用信息技术加大对中国文化的渗透和文化侵略力度。网络时代，西方国家凭借经济、科技上的优势，利用市场化、信息化、全球化的主导权和国际舆论话语权，大力通过现代网络信息技术和文化娱乐产品对我国实施文化渗透和文化入侵，推行文化殖民和文化霸权主义。西方国家生产的文化娱乐产品全球倾销，从饮食文化、通信文化、视觉文化各方面向我国输入价值观念，中华民族文化中传统的文艺表现方式以及传统的价值观都与这些文化产品的现代表现形式、呈现方式和理念有了较大的区别，因而我国民族文化的传承也面临新的问题。

当然，网络时代也为我国的文化竞争提供了机遇。互联网技术融合了传统和新兴媒体的特点，降低了意识形态壁垒，推进发展中国家的文化产品在全世界范围内的传播，有效逆转了全球文化的定势传播。因此，面对互联网时代中的风险与挑战，我们要充分利用文化内容和文化产品在全球文化竞争中的独特优势，把握好全球化浪潮中的机遇，增强中国的文化软实力。

（四）强化"中国人"的文化身份，有助于发挥中华文化的精神价值

"中国人"文化身份的确立是"中国人"获得文化安全感和自豪感的基础，是实现中华民族伟大复兴的坚实精神动力，强化"中国人"的文化身份，是实现现代中国发展的紧迫任务。首先，中华文化是维系中华民族的精神桥梁和道德支撑，强化"中国人"的文化身份有利于提高"中国人"的道德水平和综合素质。"中国人"一旦脱离中华文化滋养的文化身份，就会在灵魂深处丧失依托和归属，也将会产生信仰缺失和精神匮乏的问题，影响整体国民素质的提高。其次，强化"中国人"的文化身份，有助于弘扬"中国人"的人文素养，展示人本精神。中华文化作为"中国人"文化内涵的重要成分，对于引导中国人追求人生的美好境界十分关键。"中国人"的爱国主义、仁者爱人、自强不息的精神就是巨大的精神财富，有助于实现与他人、自然、社会的和谐相处。我们应该通过强化文化身份，树立文化自信。

三、强化"中国人"文化身份的途径

当今世界正处于百年未有之大变局，面对世界多元文化和价值观的激烈碰撞，面对网络信息时代各种思潮的相互交锋，实现文化身份的认同具有重要的意义。然而，社会经济地位的不同，人们对地理环境形成的独特文化依赖度的降低，大众媒介对人们的生活习惯和社会心理的重塑等因素都与文化身份的认同密切相关。因此，强化"中国人"的文化身份认同需要上升到文化安全战略的高度加以主动塑造，要注重从正确处理民族文化安全的内在矛盾、弘扬民族精神、主体自觉的教育强化和社会生活实践结合、文化自觉和自信的培育等途径强化"中国人"的文化身份。

（一）在正确处理民族文化安全的内在矛盾中强化"中国人"文化身份

中华文化的内涵与外延不是一成不变的，而是一个不断变化发展的系统。因此，现阶段"中国人"的文化身份应该从中华文化要应对的内部矛盾和外部挑战中进行分析。坚持开放性、综合性、动态性地去把握"中国人"的文化身份，科学分析"中国人"现有文化身份存在的挑战，从而科学预判民族文化安全的未来态势。"中国人"文化身份的构建面对的矛盾主要为多元与一体的矛盾、外来与本土的矛盾、传统与现代的矛盾、民族与世界的矛盾、目标与实力的矛盾。从这五个方面思考文化身份构建的相关问题，有助于维护民族文化的

安全。

首先，正确处理多元文化与一体文化的矛盾，这是维护民族文化安全的出发点。中华文化包含丰富多元的和各具特色的民族文化，而其中各民族在价值观、文化习俗等方面又各有不同。因此，协调好中华文化和各民族文化间存在的关系，是强化文化身份得以实现的前提条件。第一，各民族持有的价值观念通常不一致。应积极发扬各民族的优良道德风气、家风等，去除对国家发展与民族团结不利的因素，尤其是那些较为落后封建的思想观念，要在社会主义核心价值观的基础上，对本民族积极的价值观念、民族精神进行传承。第二，各民族的生活习惯通常各有所异。伴随着经济、互联网的不断发展，各民族对彼此间存在的文化差异也逐步了解，并在不断交流中实现现代化发展，差异也在慢慢减小。中华文化的内容也伴随着各民族文化的交融会通，进一步实现丰富与发展。第三，各民族通常具有包含地方特色的文学艺术和语言，而这些有所差异的民族文学艺术的交融，正是中华民族文化所具备的优势与魅力所在。

其次，正确处理外来文化与本土文化的矛盾，这是维护民族文化安全的基本点。由于生长的历史背景和价值观念的不同，美国等国家仍然不认同中国的发展模式和政治制度，在各方面频频限制中国的发展。因而，在中国不断发展壮大的过程中，中国的价值观和民族意识就难免与其他国家的价值观发生碰撞。面对这样的挑战，当代的"中国人"必须具有民族意识和世界意识，在实现自身发展的同时也要顾虑到世界的发展，面对世界性问题时，要提供中国方案，阐明立场。因此，现阶段的"中国人"文化身份包含一些全球性的文化因素，在实现本民族文化安全的过程中，一定要顺应时代发展的潮流，正确应对外来文化和本土文化之间的矛盾，有效化解消极因素，从而确立"中国人"的文化身份。

再次，正确处理传统文化与现代文化的矛盾，这是维护民族文化安全的关键点。经济基础决定上层建筑，不同时期的政治体制和文化制度受到不同时期生产力发展水平的限制，因而中国在不同历史阶段所呈现的文化有着不同的表达形式。现阶段，中国特色社会主义进入新时代，在全球化的浪潮之中，要注重文化的现代化转换。传统文化的表达方式相对应的是过去"中国人"的特点和表达需求，其与现代文化还是有较多区别之处。相比较而言，现代文化的内容更加丰富，外延更加宽广，表达的方式更加丰富多样，展现的方式也更加生动具体。中华传统文化可借助先进的数字技术等，拓宽其传承和展示的渠道，提高文化的吸引力和感染力，通过与时代结合、与世界接轨的方式传递中国的文化、中国的价值观，在不断的发展创新中，实现传统文化的发展以及与现代文化的融合。

从次，正确处理民族与世界的矛盾，这是维护民族文化安全的着力点。全球化时代，中华文化的发展必须紧扣世界文化发展的主题。在中华文化发展的过程中，"中国人"的价值观、中国模式的历史逻辑、"中国人"的民族意识在体现本民族价值追寻的基础上是否兼具世界性，这在很大程度上影响着中华文化的发展前景与安全。目前，正确处理中华文化中民族与世界的矛盾，集中表现在以下几个方面。一是，推动"中国人"的价值观兼具民族性与世界性。"中国人"的价值观主要体现在对内的社会主义核心价值观以及对外的全球价值观两个方面。社会主义核心价值观不仅有利于中国和"中国人"的发展，也为世界各国的发展和各国人民的价值遵循提供了有益的借鉴。"中国人"的全球价值观可概括为"在国际关系中弘扬平等互信、包容互鉴、合作共赢的精神，共同维护国际公平正义"① 以及构建人类命运共同体。这一对外价值观是在结合世界发展的现实情况和时代发展的趋势上提出的，体现了中国在对待国家事务和处理国际事务的不同价值遵循，具有科学性和世界共享性。二是，中国模式的历史逻辑兼具民族性与世界性。中国模式的核心逻辑包含了世界现代化进程的历史规律、世界社会主义运动的历史规律，以及三千年中华文明的基本特质，中国各方面制度的制定充分吸取了世界现代化历程中的有益经验。三是，"中国人"应兼具民族意识与世界意识。任何一个人都不可能独立于其他人而存在，同样"中国人"也不可能独立于世界其他国家的人民而存在。"中国人"要实现自己的长远的发展，必须培育世界意识，积极贡献中国智慧，从而遏制和化解世界各国间的文化冲突，实现世界文化的共融。"中国人"要在发展自身文化的同时，注重吸纳世界各国的优秀文化，杜绝民粹主义、极端民族主义的滋生，在吸纳世界各国优秀文化成果的基础上，促进本国文化的发展。

最后，正确处理文化目标与文化实力的矛盾，这是维护民族文化安全的落脚点。中国作为世界上最大的发展中国家，在经济方面对世界的影响和贡献在不断提升，然而在文化方面，中华文化的世界影响力与之相比还有较大的差距。中国的文化软实力、综合国力、文化国际地位以及对世界文化的贡献还有待进一步提升，而这密切关系到"中国人"文化自信的建立以及"中国人"文化身

---

① 胡锦涛. 坚定不移沿着中国特色社会主义道路前进，为全面建成小康社会而奋斗——在中国共产党第十八次全国代表大会上的报告［R］. 北京：人民出版社，2012：51.

份在全球化发展中的确立。因此，实现中华文化的伟大复兴这一目标与文化软实力间的差距将直接关系到"中国人"文化身份的认同程度以及民族文化安全的基本状况。缩短中国国际地位和中华文化对世界的贡献这两者的差距，除了自身文化的繁荣发展外，也要注意克服西方文化霸权、国际文化传播秩序不合理、部分西方国家的误读和偏见等因素的影响。中国作为文化大国，应该充分利用国内外文化传播的渠道，让世界各国人民了解中国人在思考和处理人与自然关系、社会关系等方面的中国智慧，传递优秀的中国价值观，让中国精神在世界范围内得以发扬，贡献出中国文化力量。

（二）在中华民族精神的传承中强化"中国人"文化身份

中华文化的内涵是在不断丰富中的，其内在也保持着一定的连续性，其中有一些比较稳定的存在，那就是中华民族精神。一个民族只有在内心深处切实地感受到自己的文化身份归属，这个民族才能有稳定的根基和光明的发展前途，因此作为一名"中国人"，必定要理解中华民族精神的内涵并将之发扬光大。实现中华民族精神的传承要注重下面几点。首先，作为"中国人"，要深刻理解中华民族精神中蕴含着多元一体的"中国人"共同的价值理念和精神诉求，体现了中国五千年来的精神传统和当代中国的智慧。作为文化身份认同的文化精神，关键是提炼具有个性化的区别于其他民族的文化特质，主要有中华民族精神文化系统中的集体本位、家国情怀和忠义精神。中华文化价值体现在中华民族精神之中，挖掘中华文化的价值内涵有助于培养中华民族的宝贵精神品质。集体主义、家国情怀、忠义精神等集中体现了"中国人"的个性化特征，这些精神的传承弘扬有助于对"中国人"的行为方式给予正确的指引，有助于培养现代"中国人"正确的价值观和健全的人格。其次，传承中华文化精神还要传承弘扬革命文化和社会主义先进文化中蕴含的现代民族精神。革命文化中的红船精神、井冈山精神、延安精神、西柏坡精神，社会主义建设时期形成的"两弹一星"精神，改革开放以来形成的深圳精神、浦东精神，以及在与汶川地震、新冠肺炎疫情的斗争中形成的新的民族精神等，都对强化"中国人"身份认同有着至关重要的作用。这样的中华民族精神标志是"中国人"文化身份的集中体现，是维护中华民族文化安全的重要力量。

（三）在文化主体教育和社会生活实践的结合中强化"中国人"文化身份

强化文化身份是个体反映群体认同的过程，是主观体认与客观利益共同体互动的建构活动，需要积极发挥人的主观能动性。文化身份的强化是在对文化充分了解的基础上，建立自我的文化身份认知，而这个过程离不开对文化主体的教育强化以及在社会生活实践中的进一步深化和塑造。

　　作为中华文化主体的"中国人"，中华文化教育的必要性可以从四个方面认识。首先，重建文化认同。自鸦片战争以后，中国受到西方列强的欺凌，中华文化的发展也遭受到前所未有的挑战，这一历史经历，让部分国人形成了文化自卑的心理。因而，要建立当代"中国人"的文化自信，明晰文化身份，就要注重加强对中华民族优秀传统文化的教育，通过对中国历史、中华文化的正确认识，了解中华文化对世界的贡献以及时代价值。其次，中国是一个多民族的国家，各个民族都有不同的民族文化，这意味着不同民族的人有不同的生活方式和思维习惯，因而要通过中华文化的普及教育，实现各民族的文化融合，防止出现民族分裂等问题。通过马克思主义、社会主义核心价值观等教育，让各民族都能树立共同的价值观，从而维护祖国的统一发展。再次，"中国人"文化身份的实现很大程度上基于"中国人"对中华文化的认同度，而实现对中华文化的认同离不开文化传统教育。要通过历史、地理教育，让"中国人"了解这个祖祖辈辈生活的国家；要通过思想政治教育，宣传中国共产党的方针政策，学习马克思主义理论，掌握科学的思想武器；要通过中华文化的教育，普及中华优秀传统文化，弘扬中华民族精神。这些教育使"中国人"从国家、政治、民族、文化等各个方面实现对中华文化的认同。最后，中华文化在面对外来文化复杂影响的情况下，要体现自身文化优势，就要不断提高文化竞争力。然而，现阶段的中国作为发展中国家又是人口大国，要大力提升"中国人"的文化素质，培养更多的文化人才，创造出更有生命力的中华文化产品等，从而提升中华文化的影响力和竞争力。

　　围绕"中国人"文化身份建构的中华文化教育要从以下几个方面出发。首先，在"中国人"文化身份的塑造中，要重视马克思主义意识形态教育、中华优秀传统文化教育和社会主义先进文化教育。马克思主义意识形态教育关系到培养"中国人"科学的价值导向，中华优秀传统文化教育关系到"中国人"中国精神的发扬，社会主义先进文化教育有助于强化对"中国人"新时代中国特色社会主义理想的价值认同。其次，要积极开展文化历史教育，让人们从历史发展中了解中华文化的历史底蕴、发展历程，了解中华文化的兴衰起伏，认识当代中国文化的根脉。还可以利用党史教育、革命传统教育，让人们了解中国人民救亡图存的奋斗史，让人们认识走社会主义道路的必要性，坚定"四个自信"，使社会主义先进文化薪火相传。再次，要重视文化教育社会化，通过文化宣传、调研、创作诵读等实践活动，体会中华文化精髓，提升国民的国家认同感，从而有效推动国家文化身份的强化。最后，要发挥学校在中华文化教育中的主渠道作用，加强对全体教师中华文化相关知识的培训，构建完整的中华文化教育体系。教师应将中华文化教育内容系统地融入课程教学，通过人文素质教育来提升对自我身份的认知，丰富文化底蕴。

强化"中国人的文化身份"除了重视主体的教育强化以外，还要注重在生活实践中进一步强化。"中国人"的文化身份是在一定的文化环境和实践过程中不断生成的。

例如，中华优秀传统文化的产生来源于传统中国人的生产生活实践，革命文化是在革命战争年代的实践中不断形成的，社会主义先进文化是在中国特色社会主义的实践中不断发展的。因此，现阶段"中国人"文化身份的强化一定要与社会实践相结合，要在社会实践中不断强化民族精神的自觉。人是社会关系的总和，"中国人"的文化身份建立在一定的社会实践之中，"中国人"在处理人与自然的关系、人与社会的关系、人与人的关系的思想中都体现了中国的价值观和中华文化的智慧。因而，强化"中国人"的文化身份还要经历一次社会生活实践的回归。于生活实践中强化文化身份要注意两个方面：首先，要通过社区实践等活动强化文化身份，在社会实践中通过不同的主体和不同的教育方式来从心理上正确认识自我的文化身份，发挥隐形教育的作用，内化中华文化精神力量；其次，学校的中华文化教育要与家风教育和社会实践活动相结合，互为补充，同心同向形成教育合力，从而增强中华文化教育的实效性，使对中华文化及其所蕴含的精神形成一种自觉、自信、热爱的心理情感，在文化实践中强化文化身份。

（四）在文化自觉的培养中强化"中国人"文化身份

强化"中国人"的文化身份要做到文化自觉。"中国人"只有在对中华文化自觉的基础上才能建立文化自信，实现文化身份的确立。文化自觉强调的是对文化的形成、优势与不足、发展规律及其地位的把握。对于"中国人"而言，了解中华文化的发展历程，科学认识中华文化的优势与不足，把握其发展的规律和在世界文化中的地位是文化身份建立的动力源泉。文化自觉侧重的是对自我文化的科学把握与主动反思，对文化未来的发展及文化的传承有着极其重要的作用。培养"中国人"的文化自觉需要注意以下几个方面。

第一，文化自觉要求正确认识中华文化的基本特质。中华文化的内容包含了中华优秀传统文化、革命文化和社会主义先进文化三个方面。中华优秀传统文化是中华文化不断发展衍生的基础，涵盖了丰富的中华优秀传统美德、中华优秀的价值观、中华民族精神等；革命文化中有丰富的中国共产党领导人民创造的结合了马克思主义而产生的新民主主义文化、红色文化等；社会主义先进文化涵盖了植根于中国特色社会主义建设中的各种文化制度、文化观念等。中华文化除了丰富的文化内涵之外，还有以爱国主义为核心的中华民族精神。中华民族是一个崇尚集体主义、坚持集体本位的国家，明显区别于重视个人主义和自由主义的西方国家，这造就了中华民族是一个团结友爱的民族。中华民族自古以来就是一个具有爱国主义精神和忠义精神的国家，这也造就了世世代代的中国人具有艰苦奋斗、吃苦耐劳、勇敢拼搏、爱国敬业的性格。

第二，文化自觉要求正视中华文化的优势与不足，积极发扬中华文化的优势并对其精髓加以传承，而对其不适应时代的部分予以批判改造。中华文化中优秀的中国价值观、中华民族精神都是值得当代中国人发展和继承的文化精华，"中国人"正是因为传承着这部分文化基因，才实现了一代代"中国人"文化身份的流传和对中华文化的认同。但是也要认识到传统的文化价值观中有一部分反映的是封建社会的文化需求，不再适应当今时代潮流的发展，对于这部分文化要予以批判改造，对于文化呈现形式不再符合现代社会传播方式的文化要实现现代性的文化转换。另外，文化自觉还要求正确看待外国的文化。对于中华文化，不能盲目自大也不能妄自菲薄，要科学地看待本国文化的历史与发展。对于国外的文化，不能盲目崇拜也不能简单排斥，而要选择性地吸收，拒绝全盘西化。

第三，文化自觉要求正确把握中华文化的发展规律，实现中华文化的创造性转换。中华文化的发展是一个在曲折中不断前进的过程，在几千年的历史流变中历经磨难都没有中断，这体现了中华文化强大的生命力。新时代要实现中华文化的发展，必须坚持党的领导，坚持马克思主义引领中华文化的发展，实现中华文化的创新和多民族文化的融合，扩大中华文化的全球影响力。中华文化的时代性转换，要求赋予中华文化新的时代化内容。新时代，中国社会的主要矛盾发生变化，人们对美好生活的向往越发强烈，这要求中华文化应与现阶段的社会实践相结合，融入时代元素，用现代的语言范式、语言思维进行转化，在与时俱进中实现文化形式的多元多样繁荣发展。

第四，文化自觉要正确认识中华文化在世界文化中的发展现状。"中国人"

文化身份的建立不仅要注重在国内文化发展中寻求文化的认同，还要求在全球文化的对照与交流中实现认同。当今世界是一个文化多元化的世界，中华文化在国际文化中的影响力随着中国经济地位的提升而逐步提升，但是与发达国家相比还有差距。中国与其他国家的历史文化不同，作为社会主义国家，与西方资本主义国家在各个方面都有较大的差别，这也给中华文化在世界文化中的发展带来了不小的阻力。建立文化自觉，要求"中国人"要有世界格局和全球视野，要将本民族的发展与世界的发展联系起来，在有民族意识的同时也有世界意识。

（五）在文化自信的建立中强化"中国人"文化身份

强化"中国人"的文化身份要求建立文化自信。文化自信是建立在文化自觉的基础上形成对文化的高度认同和坚定信念。文化自信关系到民族文化的荣誉感和成就感，"中国人"文化自信的建立是强化文化身份的关键环节。建立文化自信要注重以下几个方面。

第一，对中华文化的自信，主要体现在中国价值观、中华文化民族精神这两个方面上。社会主义核心价值观是当代中国价值体系的主体内容，文化自信要求实现对马克思主义的认同并始终坚持以马克思主义为指导，发展和完善中国特色社会主义文化体系。文化自信还要求"中国人"在正确认识中华文化的基础上，实现对国家的认同、对政治的认同、对民族的认同。

第二，"中国人"的文化自信还来源于中国特色社会主义的道路、制度、理论和文化取得的成就之中。中国是社会主义国家，中国倡导的价值观和社会制度都与西方资本主义国家不同。自新中国成立以来，中国共产党带领"中国人"走社会主义道路，逐步实现了中国各方面的发展。中国的生产力快速发展，科技、军事以及哲学社会科学等方面都取得显著成就，文化软实力不断增强，中国的国际地位也获得了很大的提升。伴随着中国在一带一路、二十国集团、金砖国家等国际多边合作机制中发挥越来越重要的作用，中国逐渐走近世界舞台中心，现阶段的文化自信要熔铸在全面建设社会主义现代化国家的目标中。

第三，"中国人"的文化自信要求开发和弘扬中华文化的世界价值。中国作为文明古国，五千年的历史文化中一定有对世界文明有益的内容。要发扬中华文化中"天人合一""大同世界""爱好和平"等文化理念，为构建和平友好公正合理的国际秩序，建设人类命运共同体，建设和谐世界提供中国智慧。

（六）在国家认同、政治认同、民族认同和文化认同的统一中强化"中国人"文化身份

中国是社会主义国家，走的是中国特色社会主义道路。中国以公有制为基础，多种所有制共同发展的基本经济制度，决定了中国特色社会主义的政治、文化和意识形态的社会主义性质。对一个国家上层建筑的认同，也就是对这个国家公民身份的认同。对于"中国人"而言，首先，是对中国这个国家的认同。中国地大物博，具有丰富的自然资源和人文历史，祖祖辈辈的"中国人"就是在亚洲这片黄土地上不断繁衍，发展形成自己的文明。其次，是对中国共产党的政治认同。中国共产党成立以来，始终把人民群众的利益作为出发点，带领全国各族人民进行革命和建设，抗击了外国侵略，建立了社会主义制度，实现了改革开放，推动社会主义制度不断完善，生产力不断发展，综合国力和国际地位不断提升。党的十九大提出了中国特色社会主义进入新时代，人民充满对美好生活的向往。对中国共产党的政治认同也是对"中国人"身份认同必不可少的组成部分。最后，是对中华民族的认同。中国是由 56 个民族组成的多民族国家。每一个民族的文化都是中华文化中不可或缺的重要组成部分。"中国人"对中国的国家认同、政治认同和民族认同，与文化认同一道构成了"中国人"文化身份鲜明的标志，强化这种身份标志才是从根本上提升民族文化安全能力的关键。

第九章

公共文化安全核心问题：
坚守大众文化价值底线

意识形态安全、民族文化安全、公共文化安全是我国国家文化安全的三个基本组成部分。公共文化安全需要从文化民生、文化环境、文化活动、精神风貌、文化资源等方面着眼，考察在培养大众精神风貌、满足精神文化需求、树立理想价值观念、引领社会价值导向等方面的现实状况。公共文化安全的根源在于其系统内部蕴含着五个对立统一的矛盾，即文化需求与文化供给的矛盾、精英与大众的矛盾、功利追求与价值理想的矛盾、物质生活与精神生活的矛盾、私人空间与社会公域的矛盾，这些矛盾斗争性的一面会导致公共文化生活系统的无序和混乱，由此造成公共文化安全问题。破解这五大矛盾是解决公共文化安全问题的切入点，而其中最核心的问题就是贯穿五大矛盾内在线索，五大矛盾在斗争激化状态下都会"熔断"的大众文化价值底线。简言之，坚守大众文化价值底线是公共文化安全的核心问题。

一、坚守大众文化价值底线：公共文化安全的核心问题

（一）公共文化安全的实质

探寻公共文化安全的实质首先有必要探讨公共文化的基本理解。公共文化生活作为人民大众文化实践活动的基本样态，多元化和多样性是最主要的特征。但公共文化生活的边界范围较广，涵盖内容复杂多样，表现形式覆盖整个社会发展的文化环境，主体涉及社会文化环境中的每一个人。哈贝马斯曾指出在公共领域中，人们就共同关心的经济、政治、文化等社会问题展开讨论，形成公众文化或者说公共舆论，建立市民社会统一的价值认同体系，赋予市民社会以凝聚力。[①]

[①] 万林艳. 公共文化及其在当代中国的发展 [J]. 中国人民大学学报，2006，20（01）：98-103.

虽然哈贝马斯对公共文化的解读是建立在发达资本主义社会"公共领域"基础之上，但也揭示出公共文化所具有的共通性、群体性以及整合性的特点。所以，公共文化是一个容纳多重层面并彼此影响形成复杂关系的结合体（并非统一的整体），是国民丰富多彩的文化生活与文化实践。"它强调文化的公有性而非私有性、共享性而非排他性、平等性而非差异性。公共文化，是以实现国家文化认同和公民文化权益为目的，以公共图书馆、群众艺术馆、文化馆、文化站、文化大院、农家书屋等文化设施（空间）为载体，以图书、报刊、广播、电影、网络和民族民间文化资源、非物质文化遗产为依托，以文化传播、文化娱乐、文化教育、文化传承为内容，以丰富多彩的群众性文化活动为形式的文化形式。"① 上述讨论较为全面地概括出公共文化所涵盖的范围，但公共文化安全不仅要关注文化形式本身，还要考察由这些文化形式所反映的大众精神风貌，包括文明礼貌、人文素养、意志品质、信心能力、社会心态等内容。

公共文化安全作为国家文化安全的子系统，其实质就是公共文化主体的利益安全，也就是人民大众在纷繁复杂和丰富多彩的文化生活中的利益安全，具体而言，也就是人民大众在文化民生、文化环境、文化活动、精神风貌、文化资源等领域的文化利益安全。

从"非传统安全"的视角来看，国家文化利益除了考虑国家主体，还应关注次国家的文化单元发展状况，如国民精神文化风貌及民间文化实践活动等，这些次国家文化单元也就是"公共文化"，它并不直接与国家对应，因而国家文化利益就表现为"公共文化"的总体发展状况是否与国家的发展目标或国家的发展需求相一致，国家文化利益的消长及其引发的文化安全问题也就反映在"公共文化"发展的方向上。对于中国来说，富民强国、小康社会、民族复兴等绝不仅仅是物质形态国家目标，也包括深厚的文化内涵，国民积极、健康、向上的公共文化生活不仅是国家发展的文化动力，更是目的意义上的文化追求。与意识形态和民族文化所具有的鲜明价值指向不同，公共文化是国民文化生活与文化实践活动的综合体现，多元化和多样性是其最主要特征，意识形态导向和民族文化认同不可能涵盖，更不可能取代纷繁复杂和丰富多彩的公共文化生活，因此，公共文化安全的测度标准是不同文化实践在内容上和形式上所遵循的大众文化价值底线，亦即真善美与假恶丑的分界。公共文化是一切文化形式体现其目的与功能的基本载体，既不违背主导意识形态导向和民族文化认同，

① 曹爱军. 公共文化治理导论［M］. 北京：中国经济出版社，2019：25.

又体现真善美价值的公共文化生活，是一个国家文化软实力的直接体现，而"违背主导意识形态导向和民族文化认同，甚至走向真善美反面的消极、低俗、腐朽——如宣扬色情、暴力、恐怖、歧视等的公共文化实践则在最深层次上消解国家文化利益，危及国家文化安全"①。

（二）公共文化安全与大众文化的关系

与意识形态导向和民族文化认同所具有的鲜明价值导向不同，公共文化涉及每个人纷繁复杂的价值选择，单一的价值取向反而会激化公共文化内部的矛盾，不利于公共文化安全的实现，所以公共文化安全的核心问题和度量标准一定是不同文化实践在内容和形式上所遵循的文化价值底线，也就是所谓的认同尊重，即在最小部分认同上最大程度地尊重差异。习近平同志曾强调在面对"外部环境的深刻变化和我国改革发展稳定面临的新情况新问题新挑战，坚持底线思维，增强忧患意识，提高防控能力"②。文化价值底线的构建，正是基于这样一种底线思维的文化思考。

公共文化作为区别于以国家为主体的意识形态和民族文化，是人民大众各种文化实践形式的结合体，其安全不是各部分组合体安全的简单相加，差异化的文化特征很难实现面面俱到的安全规制，不同类型的文化矛盾也很难实现四海皆准的统一评判。因此公共文化安全应当是一种底线式的安全，应当合理区分各种矛盾的界限，而不是一种单纯机械式"非黑即白"的"红线"。就如同一个系统的"过滤器"，能够在差异化的文化形态中，清晰地区分安全与非安全，控制各项矛盾都处在较为缓和的发展阶段，既可以给大众提供完整的评判标准，又可以促进公共文化安全防控机制的建设，同时还有助于大众丰富多彩的文化选择，促进文化繁荣发展。

公共文化安全系统包含众多文化样式，每一种文化样式都代表了一部分国民所共有的文化选择，文化价值底线的设立也应当依附在具体文化实践活动中，而这种文化实践活动除了应当在形式和内容上具有相当的受众，还应当集中体现公共文化内部矛盾的发展。大众文化作为公共文化中的最基础，是受众数量繁多的公共文化的表现样式，其价值的体现来源于社会大众又回馈于社会大众，能直观反映出社会不同个体之间的认知差异和整个社会的思想动态，也能够直观反映出个体文化需求与公共文化供给之间的动态平衡。关于大众文化的理解，

---

① 韩源. 国家文化安全引论 ［J］. 当代世界与社会主义，2008（06）：90-94.

② 习近平谈治国理政：第3卷 ［M］. 北京：外文出版社，2020：219.

王一川认为"大众文化是以大众媒介为手段，按商品规律运作，旨在使普通市民获得日常感性愉悦体验的文化过程"①。金民卿认为大众文化是"反映工业化技术和商品（市场）经济条件下大众日常生活，在社会大众所接受和参与意义上的生产和流通的精神创造性活动及成果"②。也有学者指出，"大众文化是指民主化、工业化、市场化社会中为普通民众生产，并为普通民众所参与和消费的一种物质、符号、观念和活动"，简言之，"大众文化就是现代社会中普通民众的生活方式"③。上述学者对大众文化的定义有着明显的趋同性，即大众文化的落脚点始终是一种具有群体性质的、数量上占据大多数的、社会覆盖面广泛的人群，也就是所谓的"大众"。"大众"作为一个社会中的整体单元，宏观效果上其活动是有目的和意识的活动，是追求价值和创造价值的活动。虽然大众文化也反映崇高的价值追求，并具有一定的进步性，但大众文化在商品化、世俗化、生活化和符号化的文化表象之下，蕴含着资本逻辑的悖论、物化逻辑的悖论、快感逻辑的悖论和消费逻辑的悖论。④ 其中，资本逻辑悖论体现了公共文化安全中经济效益与社会效益、工具理性与价值理性之间的矛盾，物化逻辑悖论体现了文化产品思想性与娱乐性之间的矛盾，快感逻辑悖论体现了精神生活感官性与思想超越性之间的矛盾，消费逻辑悖论则体现了文化创造个人自由与文化传播公共秩序之间的矛盾。综上而言，大众文化既全面地反映了公共文化的现存状态，又集中体现了公共文化安全的内部矛盾，所以公共文化安全的文化价值底线应建立在大众文化这种具体的文化实践活动上。因此大众文化价值底线是每一个社会大众文化实践和文化活动的安全底线，因为"只有当考虑到所有人的文化安全得到保障时，国家的文化安全才有具体的意义，对所有人的文化安全得到保障，即对公共文化的关注，也就自然地和逻辑地成为国家文化安全的一部分"⑤。从根本上来讲，只有实现社会大众的个人价值，有效地维护大众文化价值底线，才能使公共文化安全落在实处。

（三）大众文化价值底线的含义

大众文化价值底线的划定是在纷繁复杂的文化选择和丰富多彩的文化生活

---

① 王一川. 大众文化导论 [M]. 3 版. 北京：高等教育出版社，2015：213.

② 金民卿. 大众文化论：当代中国大众文化分析 [M]. 北京：中共中央党校出版社，2002：34.

③ 闫玉刚，刘自雄. 大众文化通论 [M]. 3 版. 北京：中国广播影视出版社，2017：18.

④ 姜正君，邹智贤. 当代中国大众文化的逻辑悖论与价值引领 [J]. 伦理学研究，2017（04）：110-120.

⑤ 胡惠林. 中国国家文化安全论 [M]. 上海：上海人民出版社，2005：219.

样态中实现宏观把控的切入点，因此也是公共文化安全的最基本问题。我国大众文化的发展，在全球化的浪潮中与整个世界的大众文化有所关联又相互区别。后现代主义使文化价值问题原有的确定性出现了紊乱，① 大众开始意识到大众文化与其他文化样态之间存在着模糊的界限，多元价值的冲击开始要求每一个社会成员都要对现有文化传统的解构与重构做出回应。社会大众在纷繁复杂的大众文化中会轻易地判断出某些文化比其他文化更好，实现自己的价值追求，但很难找到一个简单明了的判断标准去供大众自己参考。而政府部门也很难在大众文化中寻找一个确定的评判标准去构建相关法律规章、行业政策、管理体制和引导措施。大众在对纷繁复杂的文化信息和文化形式的对比与选择中就容易迷失自我，丧失鉴别和归类的能力。政府也可能会在政策的发布和调整过程中，逐渐降低效益，丢失权威，大众文化也就会因此丧失赖以存在的价值基础，成为只在数量上占优势的文化空壳，转变为只能有价值需求，而无法创造和倡导价值的无序个体。同时，文化市场的繁荣促使大众文化通过媒介成为一种受市场影响的消费行为。这种消费行为会将大众文化中的价值创造活动演变为商品的生产交换活动，在文化产品使用价值的实现中淡化文化实践价值本身，进而用经济利益价值予以取代，大众文化就此沦为文化消费过程，公共文化的安全也就难以实现。在这一过程中，大众并不是在文化实践的过程中主动地创造价值，而是在消费文化商品的过程中创造价值。面对现实中大众对文化标准的丧失，对大众文化价值追求的异位，或者是政府对于大众文化中"假恶丑"现象宏观监管的缺位、社会价值导向引领的乏力，设置一条大众文化价值底线，不仅能够为大众提供标准，自行参考评价精神需求，同时也能够为政府提供决策服务，建立有效的防控机制，缓解大众文化内部的矛盾，更好地实现公共文化安全。

全球化浪潮所引发的大众文化价值缺位问题，在西方社会也引起广泛的关注。布迪厄就试图在日常生活的经验世界中，对"价值"进行（重新）定位，他试图表明价值评判从来就不是简单的个人品位问题，文化价值不但标榜着社会差异的存在，而且维系并支持着社会差异。大众文化价值底线设立的前提就是在尊重不同文化实践活动差异的基础上不断扩大社会认同。因为历史上任何一种文化形态都不是单独存在的，多样化是当前思想文化发展的基本趋势，大

---

① 约翰·斯道雷. 文化理论与大众文化导论［M］. 7 版. 北京：北京大学出版社，2019：253.

众文化自身也涵盖大众真善美的价值需求和假丑恶的多元取向，所以大众文化的价值底线不是也不会在无差异中实现，相反只能在各种各样的差异中寻求。大众文化价值底线的实质就在于在社会差异之中有效地防止大众文化"三俗化"的现象产生，在最大化差异的基础上，有效地引导大众文化的健康发展。

面对纷繁复杂的文化价值选择，大众文化价值底线自身所蕴含的底线伦理，主要是相对于较高的人生理想和价值观念来讲的，是人生理想和价值观念得以实现的基础。因为社会中的每个人不论是在追求什么样的生活方式和价值目标，都会有一些基本的规则要去遵守或者有一些界限不能违背，"对于道德的追求不能因为达不到最高，把最低的也放弃了"①。所以大众文化价值底线的内涵也包括两个方面：一是限制性的含义，确立一些基本的价值选择不能违背，如若违背，则予以警示，但并不能干涉个人的价值选择，在予以个人充分的选择空间的基础上，规范其价值选择的行为；二是发展性的含义，具有通往"导向"目标的逻辑通道，即确认为底线之上的对象、事实和理论，具有向价值导向目标趋近的发展趋势。② 从其本身所具有的含义来看，如上文所述，大众文化价值底线并不是一种单一机械式的"红线"，而是如同一个层层解析、系统的过滤器，使得最高目标和最低限度始终保持在一个动力均衡相互协调的范围。

如果说大众文化价值底线自身涵盖有纵向最高和最低的张力，那么在大众文化价值底线外部，需要横向处理好文化需求与文化供给、精英与大众、功利追求与价值理想、物质生活与精神生活、私人空间与社会公域之间的矛盾，其意义超越大众文化价值底线本身，同时其状况也是由整个底线把控的成效所决定的。大众文化价值底线本身就是公共价值导向和个人价值选择的结合物，但底线的构建又要抽离出两者之间的标准，所以其外部含有公私、供需相互维系的张力，这也从侧面决定了大众文化价值底线始终贯穿公共文化安全本身，大众文化价值底线究其根本是各类文化主体相互协商后达成共识的价值底线。需要注意的是，大众文化价值底线并不等于价值中立，更多是指社会成员基于自己的价值观在面对或处理各种矛盾、冲突、关系时所持的基本价值立场、价值态度以及所表现出来的基本价值倾向。而且大众文化价值底线在特定的历史发展时期往往具有特定的历史含义，并不是一成不变的固定的评价标准，其自身

---

① 何怀宏. 我为什么要提倡"底线伦理"［N］. 北京日报，2012-02-20（06）.

② 刘俐俐."正项美感"亦可覆盖"异项艺术"：文艺评论价值体系的导向与底线［J］. 探索与争鸣，2018（11）：96-103.

也在根据符合时代内涵的价值选择发生转变。所以大众文化价值底线不仅是内部平衡的系统，更是一个符合时代标准、自发变更的系统，它会伴随着公共文化安全的发展需要而不断变化。

二、大众文化价值观现状的底线审视

价值观集中体现了人对生命价值、生活意义的理解，也是人对自然界与人类社会各种事物与现象做出是非、好坏、善恶、美丑等判断的根本依据。价值观对人的行为方式和生活方式具有决定性的影响。德国哲学家洛采在柏拉图理念理论的基础上进行了改造，创造了"美""善""圣"等的理念领域，"在道德善之外也把美、幸福与神圣统一到这个全部具有价值的善之综合体中"，使"现实性"的"有效"在心灵中能够有所展现，从而奠基了现代意义上的价值哲学。① 从西方社会的价值哲学来看，只有"价值"的概念才能概括"真、善、美、圣"的意义指向。马克思则指出，"'价值'这个普遍的概念是从人们对待满足他们需要的外界物的关系中产生的"②，这说明价值是一个关系范畴，其形成是从主客体之间的关系出发的。在人类的实践活动中必然伴随着价值问题，也就会形成有关价值的基本观念，"从宏观的角度说，价值观念是社会文化系统的核心。从微观的角度说，价值观念是人的世界观的组成部分"③。在现实的文化生活中，价值观通常会带有明显的社会性特征，构成一定价值导向的内容，对人们的行为具有导向和指引作用，是人们文化实践活动的指向标。其主要作用在于为社会群体和个人在度量、评判和裁定某种实践活动时提供一种尺度，它作用的范围非常广泛，贯穿于人类社会实践活动的始终。恩格斯曾指出既有"文化上好的东西"，也有"文化上坏的东西"，④ 这里的"好"与"坏"是从文化内含的价值观内容方面而言的，大众文化现行发展的"好"与"坏"直观地表现为大众文化价值观的健康与否。

今天，大众文化已经成为产量最高、受众最多、影响最大的文化形态，它潜移默化地影响和改变着人们的世界观、价值观和日常生活经验，在塑造国民特别是普通大众的价值观方面发挥着重大作用。大众文化在当代社会不仅是文

① 郝亿春. 洛采与现代价值哲学之发起 [J]. 哲学研究, 2017 (10): 85-91.
② 马克思恩格斯全集: 第19卷 [M]. 北京: 人民出版社, 2006: 406.
③ 袁贵仁. 价值观的理论与实践 [M]. 北京: 北京师范大学出版社, 2006: 130.
④ 马克思恩格斯全集: 第22卷 [M]. 北京: 人民出版社, 1965: 412.

化生产与精神交往的重要形式，更成为人们获取知识、塑造人格、构建价值观的重要途径。虽然，大众文化不断丰富，发展了人们的精神文化生活，满足了人们差异化的价值选择，但大众文化的无序发展也会带来价值选择的混乱，甚至出现危害社会主义核心价值观的价值选择。2013 年 12 月中共中央办公厅印发的《关于培育和践行社会主义核心价值观的意见》指出："一切文化产品、文化服务和文化活动，都要弘扬社会主义核心价值观，传递积极人生追求、高尚思想境界和健康生活情趣。提升文化产品的思想品格和艺术品位，用思想性、艺术性、观赏性相统一的优秀作品，弘扬真善美，贬斥假恶丑。"这一规定间接表明了大众文化价值观的审视视角——"真善美"与"假恶丑"的不同倾向，以此为界划清大众文化价值底线。

三、坚守大众文化价值底线的战略措施

把大众文化价值底线作为公共文化安全的核心问题，这是习近平同志关于底线思维的论述在公共文化安全研究领域的运用，也是破解丰富多彩而又繁复杂乱的公共文化生活健康发展问题的切入点。这有两个基本问题需要探讨：底线如何划，底线如何守。

（一）科学划定大众文化价值底线

1. 大众文化价值底线的基本特征

在明确大众文化价值底线之前，有必要进一步深入探讨大众文化价值底线的基本特征。

首先，大众文化价值底线的标准具有相对性。大众文化价值底线作为大众在文化生活中价值选择的评判标准是相对的。"在当前急剧的社会转型及商业资本的推动下，各种形式的大众文化产品丰富了文化市场，扩大了文化的受众群落与传播空间，缩小了文化对普通人的心理和情感的距离，同时也对原有的价值标准、道德规范以及理想信念产生了冲击，改变了原有的公共精神理性的规范标准。"① 但又没有新的价值标准代替，这是当前大众文化日益杂乱的重要原因，这种情况下科学划定大众文化价值底线无疑是重建价值标准的基础性问题。列宁曾对标准进行了定义，他指出："实践标准实质上决不能完全地证实或驳倒人类的任何表象。这个标准也是这样的'不确定'，以便不让人的知识变成'绝

---

① 韩源. 国家文化安全论：全球化背景下的中国战略 [M]. 北京：社会科学文献出版社，2013：148.

对',同时它又是这样的确定,以便同唯心主义和不可知论的一切变种进行无情的斗争。"① 大众文化作为大众的一种文化实践活动,其发展始终处于集体与社会之中,个人的独特的文化实践活动也是在一定的社会关系中进行。而且文化实践活动本身就是一个多层次、多形式的复杂的系统,它具有具体性、能动性、社会历史性等特征。这就意味着在不同的时空中,文化实践活动是有条件的、相对的,也就意味着大众文化实践所带来的大众文化价值底线的标准是有条件的、相对的。换句话说,大众文化价值底线并不能对现有的一切文化现象做出判断,同时大众文化价值底线作为一种价值标准,也并不是固定不变、一劳永逸的,而是一个不断发展的过程,能够在不同的历史发展时期,依据不同的文化实践活动进行动态的调整。

大众文化价值底线和价值标准问题,自新中国成立以来,伴随着社会主义文化体系的形成发展,也有个演变的过程。毛泽东在《论十大关系》《同音乐工作者的谈话》《关于正确处理人民内部矛盾的问题》等著作中,集中论述了社会主义文化建设的重要地位、指导思想、目标任务、基本方针和方法途径;提出了社会主义文化建设的基本方针——"百花齐放、百家争鸣""古为今用、洋为中用"。毛泽东运用对立统一的辩证法分析指出:"正确的东西总是在同错误的东西作斗争的过程中发展起来的。真的、善的、美的东西总是在同假的、恶的、丑的东西相比较而存在,相斗争而发展的。"② 这可以理解为文化价值底线建设的标准是相对的。党的十一届三中全会,确定了把党和国家的工作重心转移到社会主义现代化建设上来,我国的文化建设也由此进入中国特色社会主义文化建设新时期。邓小平从中国特色社会主义事业发展全局出发,提出"我们要在建设高度物质文明的同时,提高全民族的科学文化水平,发展高尚的丰富多彩的文化生活,建设高度的社会主义精神文明"③。他还强调"精神文明是十分重要的一件事,特别是有理想、有道德、有纪律和艰苦奋斗。这也不是抓一年两年的事,要一直抓到底"④。"精神文明建设"的提出,反映了当时我国文化实践活动中物质生活和精神生活存在的矛盾,也间接展现出社会主义精神文明建设的价值标准。随着社会主义文化建设的不断推进,十六大以来,在文化建设

---

① 列宁选集:第3卷 [M]. 北京:人民出版社,2012:103.
② 毛泽东文集:第7卷 [M]. 北京:人民出版社,1999:230.
③ 邓小平文选:第2卷 [M]. 北京:人民出版社,1994:208.
④ 中共中央文献研究室. 邓小平年谱(1975—1997)下卷 [M]. 北京:中央文献出版社,2004:813-814.

上重申并强调要发展"面向现代化、面向世界、面向未来的，民族的科学的大众的社会主义文化"①，突出了大众文化发展的基本价值方向。"科学发展观"的提出，将社会主义文化的发展归结为以人为本的发展新主题，指出"和谐文化"既是和谐社会的重要特征……也是构建社会主义和谐社会的重要条件，将"和谐"的概念纳入了大众文化的价值标准之中。从我国社会主义文化的发展过程来看，大众文化的价值底线和价值标准，在不同的历史发展时期具有不同的具体表述。这是因为在不同的历史发展阶段，大众文化的价值标准所要解决的矛盾并不完全相同，矛盾的差异性也就导致了大众文化价值底线标准的相对性。

其次，大众文化价值底线具有灵活性。从上文的分析可以看出，大众文化价值标准通常具有两个指向，即最高的价值理想和最低的价值底线，这就意味着大众文化价值底线实际上是给大众文化价值划定边界，并以此达到确立范围的目的。由于价值标准存在两个边界，所以当价值理想脱离于价值标准时，大众文化价值底线是虚无的，是脱离于现实文化生活实践的，此时的价值底线所规定的范围，是过度放大人的主观能动性的产物，并不是客观真实的。脱离于最低价值标准参照的最高理想反而会成为空谈，最终流于形式，此时的大众文化价值底线所规定的范围只成为其所应然规定的范围，并不能够代表大众文化价值观发展的真实图景，从而无限放大了大众文化价值底线所规定的范围。所以当大众文化价值底线只注重最低的价值标准，而忽略了人的价值选择发展性，就会变成固定机械式的价值标准。但在客观的文化生活实践中，"各个人借以进行生产的社会关系，即社会生产关系，是随着物质生产资料、生产力的变化和发展而变化和改变的"②，每个人在文化上的价值选择不是一成不变的。固定的价值标准只会无限地压缩大众文化价值底线的范围空间，框条化个人的价值选择，使个人价值选择沦为价值标准的固定化产物，消散了大众文化的丰富性的特征。大众文化价值底线在内涵意义上的范围性也确保了其自身发展的上限与下限，即大众文化价值底线不能确立太高，否则会架空大众文化的价值导向；也不能确立太低，否则会限制大众文化的多样性色彩。

大众文化价值底线所具有的灵活性特征不仅存在内涵意义上的最高理想和最低标准之间，也还包括底线价值和价值真理之间的范围关系。哲学意义上的

---

① 江泽民文选：第2卷［M］．北京：人民出版社，2006：18．
② 马克思恩格斯文集：第1卷［M］．北京：人民出版社，2009：724．

底线价值就是指在价值范围中，价值主体最低能承受的程度和边界，并因价值主体的不同而不同。但是，底线价值并不等于价值底线，底线价值是价值主体内在的最低能承受的低层次价值，而价值底线则体现为一种价值主体之间的价值共识，是每一个价值主体所达成共识范围的程度和边界。大众文化的价值观涉及"公共领域"和"私人领域"，所要达到底线层次的价值共识一定是多重维度，而不是单一的机械的价值维度。价值底线的确立就是为了避免底线价值所带来的道德独断论的困扰，但同时底线价值的确立又确保了价值底线所拥有的基本价值共识并不是所谓的价值中立，它是有限度地尊重"私人领域"和"公共领域"的价值选择，但同时也在承认价值领域中价值共识所存在的最低限度。大众文化价值底线的范围确立，必须是价值底线和底线价值的辩证统一，且应当保持适度的张力。但大众文化价值底线的确立并不具备严格意义上的规制和惩罚措施，它所提供给大众的只是一种文化选择的价值标准。当个人跨越大众文化价值底线进行文化选择时，大众文化价值底线只能予以警示，而无法干涉个人的价值选择，它所提供的价值选择的标准并不能凌驾于个人自由的文化价值选择之上。因此如何把握大众文化价值底线的灵活特性，就成了其确立的关键。

最后，大众文化价值底线具有客观性。马克思指出，文化是人类社会特有的本质属性，不只是一种具体的特质和相对独立的社会现象，而是人的本质性的存在方式和社会存在不可或缺的重要组成部分。① 公共文化在文化形态中最贴近人的生活世界，最能够直观地反映人本质的行为，因为"人类活动的这两个方面是相互依存的，一方面，人只有在改造自然的对象化活动中，不断地再生产'整个自然界'，以扩展属人的对象化世界；另一方面，人也只有在这种活动中'能动地、现实地复现自己'，以实现和提升自己的本质能力。毫无疑问，人的对象化活动的这两个方面证实文化的本质内涵所在"②。公共文化的发展揭示了人类通过对象性的活动有目的地改造和利用客观世界以满足自己需要的事实，大众文化更是普通大众多样文化价值选择的综合体。所以大众文化价值底线的划分，首先，应当满足人自身本质的行为需求，否则无法体现自由自觉的对象化的本质特征。其次，大众文化价值底线并不是人的同一性的机械运用，人虽

---

① 衣俊卿，胡长栓. 马克思主义文化理论研究 [M]. 北京：北京师范大学出版社，2012：51.

② 左亚文. 马克思文化观的多维解读 [J]. 学术研究，2010（03）：31-35.

然具有同一性，但人并非像动物一样具有直接的同一性，底线的确立必须是建立在人的生命活动之上的，作用于自己的意志和意识的对象。以人本质发展为前提的大众文化价值底线是具有普遍性的，这样同时也会更加被大众接受，有利于价值标准的实现。

从实践论的角度来讲，大众文化价值底线的产生直接来源于大众的文化生活，厚植于大众文化的社会实践，这种建立在大众日常生活之上的价值选择，通常与人的生存的价值和意义相关，能够直观地反映大众文化生活的价值内涵和文化规定性，以及大众文化在个体生存和社会生活中的重要地位。从社会历史的方位上来看，大众文化也是一个文化再生产现象，无论是领域上的相互交叉，还是不同主体间变换的背景、视野或境遇，大众文化价值底线的建立都是直接来自现实的文化生活，依据现有的大众文化实践活动而建立的。正如马克思指出，"从前的一切唯物主义（包括费尔巴哈的唯物主义）的主要缺点是：对对象、现实、感性，只是从客体的或者直观的形式去理解，而不是把它们当做感性的人的活动，当做实践去理解，不是从主体方面去理解"①。大众文化价值底线并不是直观的文化形式上标准的统一，而是将每个人的文化实践活动作为一种存在物，不仅仅从具体的物质活动或认识来源来认识大众文化，也从人的基本生存方式或生存结构出发，去寻找大众文化潜在的价值标准。

2. 大众文化价值底线的划定原则

第一，直接与间接相结合的原则。公共文化安全与文化民生、文化环境、文化活动、精神风貌、文化资源等多种文化形式密切相关。其中既包括较为直观的广播影视音像文化信息、纸媒报刊图书文化信息以及各式各样的文化活动，也包括较为抽象的精神风貌，涵盖文明礼貌、人文素养、意志品质、信心能力、社会心态等多方面的内容。可见公共文化安全的实现并不只关乎公共文化生活直观具体的表现形式，抽象的表现形式也是实现公共文化安全讨论的重要内容。大众文化价值底线作为实现公共文化安全的价值标准，其划分对象既要关注直接的如"恐怖淫秽"之类的信息，也要注意大众间接的"假恶丑"的价值倾向，并不能将二者割裂对立。马克思指出，"一个人的发展，取决于和他直接或间接进行交往的其他一切人的发展"②，同样，每个人的直接和间接的价值选择

① 马克思恩格斯选集：第 1 卷 [M]. 北京：人民出版社，2009：133.
② 马克思恩格斯选集：第 3 卷 [M]. 北京：人民出版社，2009：515.

最终造就大众文化的价值取向，而这种价值取向又反作用于大众身上，影响大众的价值选择。对于每一个处在社会关系中具体的人，影响其价值取向的内容大多来源于间接经验，而在大众做出价值选择的同时也在或多或少的以某种直接经验为基础。所以大众文化价值底线的确立，既要立足于文化实践产生直接经验，同时也要关注间接经验对大众价值选择的影响，只有这样，才能创造大众文化价值共识，更好地实现公共文化安全。

第二，主体与客体相结合的原则。马克思在《1844 年经济学哲学手稿》中，通过对人的劳动实践与动物的生产活动进行对比，提出了人生产的两个尺度，"动物只是按照它所属的那个种的尺度和需要来构造，而人却懂得按照任何一个种的尺度来进行生产，并且懂得处处都把固有的尺度运用于对象；因此，人也按照美的规律来构造"①。马克思在此第一次提出了人类劳动"两个尺度"的思想，一个是"对象的性质"所决定的客体尺度，这是指事物本身所具有的尺度，也即事物本身所具有的规律；而另外一个尺度，则是"任何一个种"的尺度，是人的"本质力量的性质"所决定的主体的内在尺度。两个尺度相结合构成了"美"的价值判断。马克思所揭示的两个尺度，从主客体之间的关系出发，强调了"任何一个种的尺度"都是人在生产活动中所遵循的真理的尺度和标准。② 在文化生产实践活动中也是如此，社会大众创造并拥有文化，人作为主体所完成的大众文化价值上的成就，显现为主体不断超越"自身"的自然发展阶段而进入按照主体目的的自觉发展阶段，不断地追求人自由的价值选择的精神特质。在这个文化价值的实现过程中，价值判断的尺度由客观规律的尺度上升为主观内在的尺度，"任何一个种"的尺度在追求自由精神特质上都具有积极的意义（相比较动物而言）。但对于这种价值尺度的边界，马克思并没有做出明确的回应，这实际上就会暗含一个尺度上的价值问题——文化价值上实现自由的尺度，即主观自由价值选择的边界问题，这就是马克思在手稿中所表述的"美的规律"的尺度。大众文化价值底线的确立，就是公共文化实践活动中的价值尺度由客体尺度到主体尺度再到自由尺度的动态发展。因此大众文化价值底线所构建的价值标准不应是"高调的、英雄式的或者是模范式的，它应该是对

---

① 马克思恩格斯文集：第 1 卷 [M]. 北京：人民出版社，2009：163.

② 彭立勋. 正确理解马克思美学思想的三个关键理论问题 [J]. 武汉理工大学学报（社会科学版），2015，28（02）：162-170.

每一个公民的基本要求，而不应该是对少数人的特殊要求"①"应该是一种意在提升常识哲学的公共话语实践，其批评的价值尺度，不应该是宗教价值尺度或精英的价值尺度，当然也不是某特定社会群体的价值尺度，而应该是适合公民文化的普遍价值尺度，它应该弘扬的是能够得到全社会最广泛认可的价值观；它应该否定的，是公民道德底线之下的价值观"②。

第三，历史与现实相结合的原则。从上文的特征分析中可以看到，大众文化价值底线具有相对性的特征，这是因为在不同的历史时期，公共文化安全所要解决的矛盾并不是完全相同的。在新中国成立初期，我国大众文化含有不同阶级属性的文化内容，蕴含激烈的阶级斗争，因此当时大众文化发展的要义，就是要解决大众的社会主义文化需求与文化供给之间的矛盾、通俗文化与高雅文化之间的矛盾；改革开放之后，随着思想的进一步解放，社会主义精神文明建设和物质文明建设之间的矛盾逐渐成为推动大众文化发展新的因素；而后"三个代表"重要思想的提出，精英文化与大众文化之间的矛盾成为推动大众文化发展的关注焦点；"科学发展观"的提出，强调了以人为本的发展观，问题的重心集中于大众文化中追求功利与价值理想的矛盾；进入新时代，文化需求与供给的矛盾又有了不平衡、不充分的特征。虽然在不同的历史发展时期，推动大众文化发展的内在因素并不相同，但这些因素都具有继承性和发展性，并不是说这一因素可以在固定的历史阶段完全解决，而是说在当时的现实环境中，这一因素是当时大众文化发展所要解决的关键问题。但综观大众文化的历史发展，无论是在哪个历史阶段，私人空间与社会公域的矛盾是贯穿始终的，大众文化内部矛盾的历史与现实的特性，也就决定了大众文化价值底线的确立是历史的也是现实的。

第四，审查与分级相结合的原则。大众文化所包含的文化类型和文化样态众多，其内涵的价值观也不完全相同。大众文化价值底线作为价值标准，应当具备对大众文化内容进行辨别和筛选的能力，更好地服务于大众，使他们拥有自由的价值选择。由于大众文化价值底线是"底线式"的建构标准，相对于现有的文化管理体制来讲，这个标准并不表示严格意义上的"禁止"和"封杀"，而是尽可能多地标准化大众文化内容。对不同形式的大众文化内容进行标注，

---

① 蒋述卓，陶东风. 大众文化研究：从审美批评到价值观视野［M］. 广州：暨南大学出版社，2015：82.

② 陶东风. 核心价值体系与大众文化的有机融合［J］. 文艺研究，2012（04）：5-15.

方便大众根据不同的价值标准，有效选择适合自身发展的文化内容。基于文化价值标准的出发点就决定了大众文化价值底线是有别于现有文化产品的"审查"规定和"分级"讨论的。相较而言，大众文化价值底线的设立更像是一种建立在"审查"规定和"分级"讨论之间的一种新的划分，是"审查"规定的最低标准，是"分级"标准的前提条件。因为大众文化价值底线所解决的内容是直接关系到危害公共文化安全的内在因素，严格地分类文化产品，并不属于大众文化价值底线所要详细解决的内容。从目前我国对于公共文化产品的介入和管控上来看，文化产品的审查制度在国内只是行政管理手段，其文件出台的形式大多是以《规定》《办法》的行政命令来实现的；其实施过程缺乏必要的法律条文，同时行政管理手段也会带来诸多随意性和不确定性，从而导致强调公共价值导向因而影响多元价值选择的问题出现。而文化产品"分级"标准尚未实施的原因在于文化产品本身所具有的商业性和绩效性会导致标准的外化容易流于形式，经济利益的推动往往会导致冲破价值束缚的不同题材的文化作品出现。"分级"的潜在目的就会变成商业机构打开道德限制、扩大题材范围的工具，成为解除商业桎梏的缺口，最终成为市场标签的产物。基于内容的"分级"标准，侧重文化产品的分门别类，并不关注大众文化价值观的发展，从而导致公共文化中精神供给与精神需求的矛盾不断激化，这也就是当前我国在文艺产品中主要实行"审查制"而不是"分级制"的深层次原因。

为避免激化审查与分级制度中过度统一与过度分化带来的价值观对立的矛盾，本课题所建立的大众文化价值底线分级标准并不是完全脱离于现有"审查"，而是在现有"审查"机制最低标准上更为具体化分级，尽可能缩减现有"审查"制上所存在的各种主观误区，又有限制地对文艺产品进行危害程度的分级。大众文化价值底线的确立要兼顾"审查"和"分级"两项内容，"审查"那些严格触碰底线的文化内容，"分级"那些需要长期积累，对大众文化价值观产生影响的文化内容。所以"分级"标准的建立就不再是根据产品内容、年龄条件对文化产品进行分类，而是从价值观的层面，按照危害公共安全等级进行划分。一旦公共文化中相关文化产品、文化设施、文化组织所形成的价值观的安全程度进入某一等级，逼近"底线"时，就进入"审查"环节，并建立负面清单制度，对审查不予以通过的内容进行公示，形成大众文化价值底线的具体判例，同时实施负面清单动态调整的制度，予以逼近"分级"底线的文化产品整改机会。这可以很好兼顾价值引领与文化繁荣，确保大众文化"非禁即入"的普遍落实，进而促进积极健康大众文化价值观的有序形成。

3. 大众文化价值底线的分级标准

基于上述原则的分析，可以看出大众文化价值底线应当承担两方面的内容审查，一是突破大众文化价值底线，直接产生安全威胁的文化现象；二是徘徊在大众文化价值底线周围，随着时间等其他因素的变化，间接产生安全威胁的文化现象。相比较而言，直接产生安全威胁的文化现象应该在"审查"中直接去除；而间接产生安全威胁的文化现象应当在安全等级中进行分流，并对其不断进行观察，一旦产生安全威胁，就重新进入审查过程之中，进入"负面清单"予以公示。通过审查进入分流的文化现象，又会根据其性质进入不同的领域之中，进行具体的划分。大众文化价值底线作为维护公共文化安全的核心，作为价值标准，并不是单一地指向现有的文化产品的分级，比如，广播影视音像制品，还包括网络文化、纸媒报刊图书，同时其内容的覆盖面也包括文化设施以及各种形式的文化组织和文化活动。

我国现有的公共文化指导服务标准主要集中于 2015 年所颁布的《关于加快构建现代公共文化服务体系的意见》和《国家基本公共文化服务指导标准（2015—2020 年）》，文件对公共文化服务体系的项目和内容做出了规定。文件指出实现公共文化服务的标准化与均等化是提高公共文化服务体系建设水平的重要途径之一，同理，公共文化安全的实现也就是大众文化价值底线标准化和均等化的价值实现过程。所以如何把突破大众文化价值底线的文化现象"标准化"，评价就成为构建大众文化价值底线的关键。大众文化价值底线的"分级标准"应当是预警等级式的，是根据危害安全程度进行划分的，不同于某一文化产品的分级机制，目的在于为大众文化进行一个初步的预设分类，附加标准化的标签，以便更好地促进大众的自由选择。

大众文化价值底线作为标准化结构体系，所规定的范围和进行规划的方法，应当是基于现有的国家标准（由我国标准化管理委员会发布并在全国范围内实施的标准）来构建的。通过对比《文化及相关产业分类（2018）》和《国家基本公共文化服务指导标准（2015—2020 年）》，我国现有文化及相关产业类别的划分主要是文化制造业、文化批发业、文化零售业以及文化服务业。而大众文化则主要集中于文化服务业和文化制造业，主要囊括读书看报、收听广播、观赏电视、观赏电影、送地方戏、设施开放、文体活动七个方面。[①] 对这七个方面的内容再进行概括，就会发现上述内容可以概括为三个大类，即文化产品、

---

① 李小涛. 公共文化服务标准体系研究［M］. 南京：东南大学出版社，2019：107.

文化活动、文化设施。就目前所形成的大众文化价值取向来看，文化产品、文化活动、文化设施中都存在潜在的突破大众文化价值底线的文化现象。

从国家管理层面看，标准制定的目的是要保障人身健康、生命财产安全、国家安全、生态环境安全以及满足经济社会管理的基本需求，所以大众文化价值底线作为公共文化安全的核心问题，其内部的分级标准也需要标准化建立。根据 GB/T 1.1-2020 标准化工作导则，确认标准的类别目的在于能够帮助建立适用性更好的价值标准。我国现有标准的建立主要分为两类，一是按照标准化对象可以将标准划分为产品标准、过程标准、服务标准；二是按照标准内容的功能将标准划分为功能型标准、涵盖术语标准、符号标准、分类标准、试验标准。结合上文的分析，目前将大众文化分为文化产品、文化活动、文化设施三种大类，主要是基于诸如来源、构成、性能或用途等相似特性，对产品、过程或服务进行有规律的划分、排列或者确立分类体系的标准来构建的。① 因此从三个大的方面考虑大众文化价值底线标准的建立是符合标准化设立的。但需要注意的一点是，本课题分级标准的设立，只是提供一种可行性的构想，即只对主要分级的内容进行标准设立，并不是完全按照标准化文件的结构起草严格性的国家标准，只是对核心的三方面内容进行标准化设立的探讨。

大众文化价值底线作为一种标准化的体系，所审查、分级的对象不仅要符合标准化设立的特质，同时设立思路和实施过程也应当严格按照标准化认证体系的要求进行。大众文化价值底线所审查的内容事关公共文化安全，对于不同类别文化现象的划分实际上是对文化安全程度的划分。从我国现有的安全等级制度的划分来看，《国家突发公共事件总体应急预案》[各类突发公共事件按照性质、严重程度、可控性和影响范围等因素，一般分为四级：Ⅰ级（特别重大）、Ⅱ级（重大）、Ⅲ级（较大）和Ⅳ级（一般）]，②《信息安全等级保护管理办法》（信息系统的安全保护等级分为以下五级：第一级、第二级、第三级、第四级、第五级），③《生产安全事故报告和调查处理条例》[将安全事故划分为（特别重大、重大、较大、一般）四个等级]④ 等一系列涉及安全标准的规章制度，文件中关于安全等级的严重程度的描述是用数字级别（罗马数字或者阿拉

① 国家标准化管理委员会. 标准化工作导则. GB/T 1.1-2020［S］.
② 国务院. 国家突发公共事件总体应急预案［EB/OL］. 中国政府网, 2006-01-08.
③ 公安部, 国家保密局, 国家密码管理局, 等. 公安部等通知印发《信息安全等级保护管理办法》：公通字［2007］43 号［A/OL］. 中国政府网, 2007-07-24.
④ 国务院. 中华人民共和国国务院令（463 号）［A/OL］. 中国政府网, 2007-04-09.

伯数字）或者表示程度的副词来描述的。同理，大众文化价值底线作为公共文化安全的直观表征，对于直接或者间接危害公共文化安全的现象能够进行分级处理，所以大众文化价值底线分级标准的建立，不仅包括对大众文化内容的分级，还包括对危害安全的标准分级。基于上文的分析，掌握了公共文化安全的标准化需求，明确了标准化的对象和标准化的内容，需要建立一个明确的大众文化价值底线的运行过程模型，因此下文给出一个具体的设计思路，其中包括大众文化三个大类的分级标准。

具体的思路导图：

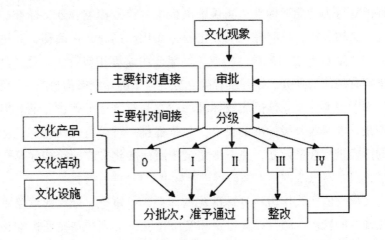

此框架下，大众文化价值底线的设立分为了五个不同类型的等级：0级是无须观察（尚未影响大众价值观的文化现象）；Ⅰ级是待观察（容易影响大众文化价值观的文化现象）；Ⅱ级是长观察（间接影响大众文化价值观的文化现象）；Ⅲ级是责令整改（直接影响大众文化价值观的文化现象），整改后返回分级重新评估；Ⅳ级是审批通过后，难以在分级中重新定位的，返回审批重新查看，如不能通过，列入"负面清单"予以公示。虽然在安全等级上划分了五个维度，但这五个维度同样适用于大众文化生活的三个方面，在文化产品、文化活动、文化设施三个方面中，其内部又可以根据自身条件，进行相应的等级的划分。标准的内容维度可以用下图进行表现：①

① 该图构建受到李小涛"公共文化服务标准的三个维度"坐标图启发。李小涛. 公共文化服务标准体系研究 ［M］. 南京：东南大学出版社，2019：109.

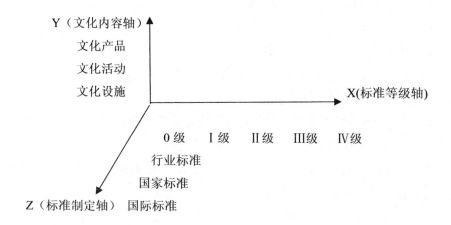

我国现有的文化服务标准体系包括三项标准，分别是国际标准、国家标准、行业标准，大众文化价值底线标准的设立是实现我国公共文化安全的需要，其维度的构建是跨越行业标准和国家标准的，并对国家标准的构建具有一定的影响，反之亦然，结合目前其他国家现行的大众文化标准，同样有助于我国大众文化价值底线的设立。

首先，是文化产品分级标准。文化产品作为大众文化的一个详细分类，分类标准应当囊括广播影视音像文化产品、网络文化信息产品以及纸媒报刊文化产品。我国现有的中国文化产业分类的核心标准是文化本身，它是以文化产业产品的内容来确定行业归属的，强调的是产品的文化属性。所以现有的文化产品的分级标准，依然以作品的内容为主导，但依托作品的内容来进行安全等级的划分，并不能判断安全的受危害等级。美国、法国、日本、韩国等国家，文化产品分级制度的实施是以年龄为标准进行的，我国虽未有明确的法律，明文要求按照年龄限制划分文化产品，但在诸多短视频网络平台已经开启了"青少年模式"，显然是将年龄作为作品内容划分和管理防控的潜在标准。基于此，结合我国当前现有的法律规章制度，将七岁（法定义务教育年龄）、十四岁（最低刑事责任年龄）、十八岁（承担全部刑事责任）作为文化产品分级的标准，[①] 其内容的判定只局限于影响大众文化价值观的"假、恶、丑"的文化现象。具体分级如下。

---

① 周晗玉，李佳蕊. 中国现行法律体系下文艺作品分级制度的可行性［J］. 法制与社会，2020（20）：7-10.

0级（无观察级）：适合全部年龄段接受的文化产品。

I级（短观察级）：未满七岁儿童不宜接受的文化产品。

①尊重客观事实，可适当简化人物形象。

②色情、暴力、恐怖等内容以及脏话、辱骂等不文明行为。若有存在，应是批评教育素材，可以严格控制时间。

II级（长观察级）：未满十四岁儿童不宜接受的文化产品。

①可适当夸大化客观人物形象，无明显价值偏向。

②存在暴力、裸体、粗俗语言等其他内容的一些描述，其描述篇幅、呈现画面或者播放时间具有明显的限制。

III级（整改级）：未满十八岁儿童不宜接受的文化产品。

一般会存有裸体、性爱场面、血腥展现、暴力行为等不文明行为，但以上现象是为了表现文化产品积极的内容主题。

IV级（禁止级）：全部年龄段禁止接受的文化产品。该阶段内容严格遵照国家相关规定执行。

不同于西方国家针对具体文化作品所出台的配套明文法律，我国现有的文化产品所依据的"审查"相关规定，虽在一定程度上满足公共价值导向的需要，但这并不利于个人多样价值选择的发展。对于大众文化价值底线文化作品分级标准来讲，每个分级标准是流通的，文化产品可以根据适合的受众，不断按照标准的内容进行调整，而大众也可以根据分级标准的不同，来选择适合自己的文化产品。需要注意的是，文化产品的分类标准只是一种标准化的标注，如同食物的认证标准，该标准的建立并不是要严格限制跨越分级标准接受其他层级的文化选择行为，相反，该标准的目的在于更加清晰地明确影响公共文化安全的因素。

其次，是文化活动分级标准。文化活动作为公共文化生活的重要组成部分，参照《国家基本公共文化服务指导标准（2015—2020年）》，目前我国主要的文化活动类型大致可以分为七个大类：休闲娱乐、文体生活、演艺观赏、民俗节庆、参观旅游、展会游园、宗教活动。这七种类型的文化活动又可根据参与活动的人数多少，分为大型文化活动（举办人数大于1000人）、中型文化活动（参与人数在200~1000人之间）、小型文化活动（参与人数在几十人之上）。①参与文化活动的人数越多，活动主题所体现的大众文化价值影响就越大，基于

---

① 刘嘉龙. 休闲活动策划与管理［M］. 上海：上海出版社，格致出版社，2016：150-151.

此，有必要将文化活动的参与人数作为文化活动的基本标准。依据我国现阶段的法律条文可见，集会人数越大的活动，越容易受到监管，所以文化活动的分级标准会与活动人数呈现一个反比，同样，其内容的判断的范围只局限于影响大众文化价值观的"假、恶、丑"的文化活动。为此，可以将文化活动分级作如下探讨。

0 级（无观察级）：适合于单独个人参加的文化活动。

由于个人生活无法适时管控，所以理论意义上无须观察的文化活动，实际上与文化产品的分级标准相一致，此时的大众文化价值底线只能通过文化产品的分级标准进行判断。

Ⅰ级（短观察级）：不宜于大型文化活动所举办的题材。

无明显色情、暴力、恐怖的内容以及不文明的相关行为，即便存在，也应当属于日常生活化行为。

Ⅱ级（长观察级）：不宜于中型文化活动所举办的题材。

①涉及较大金额的货币交易。

②存有色情、暴力等较为隐晦的因素，但无直观的内容表述。

Ⅲ级（整改级）：不宜于小型文化活动所举办的题材。

①具有明显政治倾向错误。

②存在色情、暴力、恐怖等内容。

Ⅳ级（禁止级）：全部文化活动禁止举办的题材。该段内容严格遵照国家相关规定执行。

大众文化价值底线中关于文化活动的分类，目的在于有效区分个人文化选择在私人空间和社会公域之间的差异，即个人的文化选择行为在私人空间和社会公域中所出现的行为反差。例如，在私人空间中个人的文化选择行为可能会突破大众文化价值底线，但在社会公域中，由于文化活动所具有的价值导向性，则会改变个人价值选择，更好地坚守大众文化价值底线，反之亦然。上文对于文化活动的划分，目的在于划分文化活动所具有的价值导向，避免固有的价值导向对个人文化选择倾向的影响，使二者处于动态平衡之中，同时也要确保文化活动的有效供给和价值平衡。

最后，是文化设施分级标准。按照《文化及相关产业分类（2018）》所载，我国现有的文化服务业中，涉及文化设施的有电影放映（8760）、艺术表演场馆（8820）、互联网文化娱乐平台（6432）、歌舞厅娱乐活动（9011）、电子游艺厅（9012）、网吧活动（9013）、游乐园（9020）、城市公园管理（7850）、其他游览景区管理（7869）、自然遗迹保护管理（7712）、动物园水族馆管理服务（7715）、植物园管理服务（7716）。① 上述内容的标准化分类涵盖了我国公共文化中主要的文化设施。而对于上述设施的建立标准，2012 年正式印发的《全国地级市公共文化设施建设规划》中指出，地级市公共图书馆、文化馆根据服务人口数量确定基本建设规划，而博物馆的建设则要根据馆藏文物数量确定基本建设规模，文件所提及的公共文化设施的建设，基本属于公益一类事业单位。② 但对电影场馆、互联网娱乐平台、歌舞厅娱乐平台等非公益事业的公共文化设施的建设，缺乏明确的分级标准。

对于本课题所探讨的大众文化的文化设施的分级，应当涵盖具有公益性质的文化设施，也应当包括非公益性质的文化设施。2019 年文化和旅游发展统计公报显示，公共图书馆和群众文化机构采用的都是年末全国平均每万人建筑面积的衡量单位。③ 由于公益性文化设施的建设是以政府为主体的，其考察的重点在于满足需求的程度，而非公益性文化设施的建立是以非政府单位为主体的，该文化设施的安全程度应当是由该设施所承担文化娱乐活动的性质所决定的。所以在文化设施的分级标准构建中，应该按照公益性文化设施和非公益性文化设施，分列而立。但是公益性文化设施的全国平均每万人建筑面积的数字限定尚未有确切划分，从 2019 年的公报中显示的数据可以看出，无论是年末全国平均每万人公共图书馆建筑面积，还是全国平均每万人群众文化设施建筑面积，数值都还在连年不断地增长，从长远的发展来看，此时的数值还远未达到理想状态。因此可以假设，定义某一增长拐点为 P（平均每万人大众文化设施建筑面积——能够有效满足大众文化需要的设施），以 N 平方米为增长间隔，共涉及五个等级，并把此作为衡量基础，来判别公益性文化事业所反映的安全程度，而非公益性文化产业则遵照其内容性质按照"假、恶、丑"的价值取向来进行划分。具体内容划分见下表：

---

① 统计局. 文化及相关产业分类（2018）［DB/OL］. 中国政府网，2018-12-31.

② 国家发展改革委，文化部，国家文物局.《全国地市级公共文化设施建设规划》正式印发［EB/OL］. 中国政府网，2012-02-07.

③ 文化和旅游部. 中华人民共和国文化和旅游部 2019 年文化和旅游发展统计公报［R/OL］. 中国政府网，2020-06-22.

	公益性文化设施		非公益性文化设施
0 级	远远大于 P+N	0 级	游乐园
I 级	P+N	I 级	艺术表演场所、电影放映设施
II 级	P	II 级	歌舞厅娱乐活动设施、电子游戏厅设施
III 级	P−N	III 级	互联网文化娱乐平台
IV 级	远远小于 P−N	IV 级	

公益性文化设施的安全分级标准，虽然也具有五个等级，但该等级的划分是对能否满足大众基本的文化需要而言的，当公益性文化设施的建筑面积低于拐点值 P 时，不能实现大众有效的文化需求，即判定为不安全，反之亦然。而非公益性文化设施的分级是基于设施本身的性质进行分类的，即按照该设施平台所承载的文化产品或者文化活动辨别的难易程度来进行分类，所以非公益性文化设施的分级也会根据产品的分级发生相应的轮转。同时由于文化设施的建设审批具有相关的行业标准，例如，《文化经营许可证》《网络文化经营许可证》等内容，所以现实生活中很少出现国家相关法律条文明文禁止的大众文化设施，IV 级标准也就可以不考虑。

（二）维护和坚守大众文化价值底线

确立划定大众文化价值底线的目的是有效把控大众文化价值倾向，避免公共文化生活出现突破价值底线，进而危害公共文化安全的情况，因此，如何维护和坚守大众文化价值底线才是全部问题的关键。这主要有两个重点。

1. 完善大众文化价值底线实行的动态机制

首先，需要科学评估阶段效益。大众文化价值底线作为标准系统，能够更加清晰化公共文化安全内在的因素，有利于大众形成积极的价值观，带来明显的社会和市场效益，更好地实现公共文化安全。对大众文化价值底线的维护和坚守，进行阶段性的效益评价，不仅有助于吸引越来越多的文化机构遵守相关标准，同时也能够帮助大众更好地参照标准，实现自身的价值选择。在复杂的文化环境中，僵化固定的价值标准只会导致大众文化价值选择的单一，使得公共价值导向成为价值选择的空壳，造成整个大众文化价值导向的分裂。科学评估阶段效益，能够让大众文化底线自身处在时刻更新的状态中，及时根据大众价值取向的变化，实现分级标准的动态调整。除此之外，科学评估方的选择也至关重要。评估方不仅要有来自价值底线的监管人员，也应该增设第三方科学评定，如人大代表评议、社会组织评议、专家评议、行业协会评议等，做到公正客观地评估阶段效益。对于维护和坚守大众文化价值底线有良好表现的文化经营主体，应给予相应的激励。

其次，确立合理复审周期。根据我国1990年发布的《国家标准管理办法》中的规定，国家标准实施以后，应由国家标准主管部门组织复审，复审周期一般不超过5年。[①] 任何一项标准，其正确性和科学性都不是永久的，其标准无法跟随现实环境发生变迁的时候，就容易造成很多负面的风险影响。大众文化价值底线的实施和设立也会受到政治、经济、科技等多个方面的复杂影响。复审周期并不单独指大众文化价值底线内部的各分级标准的复审，也指需要经过大众文化价值底线审查的文化现象的复审，尤其是在"审批"的过程中，"审批"人主观意识上的差距也会给文化产品带来一定的影响。合理的复审周期不仅能够使进入整改阶段的内容重新考察分级，同时复审周期的建立也给予了创作者充裕的修改时间，尽可能促使更多的文化产品进入市场，而对于已经按照标准进行分级过后的文化产品，可以实行抽查复检机制，对其进行复核和检查。

最后，及时反馈价值底线系统漏洞。大众文化价值底线作为新的价值评判标准，现有分级标准的划分只是理论的分析设想，缺乏具体大众文化实践的检验，因此要在标准实施后，对标准的实施效果进行评估，及时反馈标准执行与应用的各种问题，并按照大众文化价值底线的现有原则和特性进行及时地修订，以提高大众文化价值底线的整体水平。在大众文化价值底线系统漏洞反馈方面，可以从大众文化价值底线自身、大众文化价值底线的判断对象、大众文化价值底线受用者三个方面搜集，积极借助社会各界力量和市场机制，来实现大众文化价值底线标准的动态调整，以期其更加灵敏地、及时地适应大众文化需求。

2. 加强配套综合措施的协同

首先，培育社会主义核心价值观的文化自觉。中共十九届五中全会通过的《中共中央关于制定国民经济和社会发展第十四个五年规划和二〇三五年远景目标的建议》指出，"坚持马克思主义在意识形态领域的指导地位，坚定文化自

---

① 李小涛. 公共文化服务标准体系研究［M］. 南京：东南大学出版社，2019：109.

信，坚持以社会主义核心价值观引领文化建设，加强社会主义精神文明建设"①。社会主义核心价值观作为主导意识形态的重要内容，是满足人民文化需求和增强人民精神力量相统一的重要保障。在大众文化价值底线的建设过程中，必须突出社会主义核心价值观的引导地位，正确处理好文化需求与文化供给、功利追求与价值理想、物质生活与精神生活、私人空间与社会公域之间的矛盾，形成正确的价值准则和价值判断标准，实现维护公共文化安全的最终目的。社会主义核心价值观体现着人民大众共同的价值追求，也是大众现实生活的道德准则。现时代文化创作和传播方式的多样化，虽然放大了文化产品的利润诉求，但并未改变文化产品观照现实、启迪心灵的创作本质，"真""善""美"始终是文化作品永恒的价值追求。②

大众文化价值底线的设立，是把大众精神文化需求作为标准化体系的出发点和落脚点，是对大众文化中"真善美"与"假恶丑"边界的探寻。大众文化的良好发展，不仅要有社会公域中社会主义核心价值观导向的带动，也要有个人私域中个人价值观念的自觉形成。当代中国大众文化是人民大众直接参与的文化，人民大众已经成为当代文化产品的重要创作者和传播者。虽然一个人的审美趣味和审美能力的高低，取决于个体的文化程度、生活阅历和道德修养等诸多因素，但起决定作用的是是否具备高尚的道德情操和正确的是非善恶观念。所以，要采取有效的教育措施，培植大众对核心价值观的认同，使得文化实践活动和文化生活体现社会主义核心价值观的文化自觉。采取大众喜闻乐见的教育方式，将经济效益与社会效益有机结合，打破个人价值取向和公共价值导向的二元格局，将价值观教育与个人升学就业等切身利益紧密相连，融通价值理想与物质生活之间的关系，使大众在文化生活实践中不断汲取信仰的力量，从而促进当代中国大众文化健康有序地发展。

其次，强化防控机制的作用。大众文化价值底线作为公共文化安全的评价标准体系，能够对不同类型的大众文化产品、文化活动、文化设施进行分类，方便大众有针对性地进行选择，其运行模式如同价值"认证"。对于已经突破价值底线的文化现象，大众文化价值底线虽具有鲜明的价值标志，但更需要相应的防控机制。而现有的文化管理监管机制也存在一些盲点。例如，已经被相关

① 中共中央关于制定国民经济和社会发展第十四个五年规划和二〇三五年远景目标的建议 [M]. 北京：人民出版社，2020：31.
② 贾雪丽. 大众文化价值论——以伦理学为视角 [M]. 北京：中央编译出版社，2017：205.

管理部门严格禁止的电影或者视频片段，大众依然可以通过网络渠道来获取相应的资源，只是做到"防"而没有落实到"控"。再者，全时段全方位的"防控"成本增多，也会直接导致防控效果受损。从我国现有的文化法律来看，主要包括《中华人民共和国非物质文化遗产法》（以下内容省去"中华人民共和国"这一特殊称谓）《文物保护法》《广告法》《商标法》《著作权法》《专利法》《档案法》等。刑法对于上述法典违法行为的定罪，是根据人的各项权利受损情况来决定的。本课题大众文化价值底线所界定的"假、丑、恶"现象在各明文法典中鲜有罗列，在各项法规中陈述较多的修饰性用语通常是"禁止"，而对于非禁止行为量化或者惩戒的内容，尚未有明确的法规规定。这样的法律法规空白，就会给监管工作带来压力，愈演愈烈的"专项整治"和"特别行动"并不能做到"标本兼治"，造成这一局面的深层原因就在于现有的文化监管机制，没有正确处理好积极引导与加强监管、文化自由与禁止发展之间的关系。所以应在法规明文中纳入大众文化价值底线的内容，运用大众文化价值底线去裁决、衡量现有的文化产品，并据此建立行业标准、国家标准，构建配套的法律明文系统，细化惩戒方式，确保公共文化安全。同时还应当完善文化价值的政治表达渠道，健全文化价值的法律诉求体系，构建表达文化价值诉求统一的社会平台，切实增强新闻媒体对于文化价值诉求表达的服务与引导作用，为大众文化价值底线的建立提供监管与引导。

再次，深化文化监管体制改革。目前政府在现有的标准化体系构建中起着重要的指导作用，主导着大众文化价值底线标准设定和落实的全部过程。应该考虑政府以及相关文化管理部门可以将标准的制定、实施与修订交由社会相关组织或者行业协会，确保大众文化价值底线的设立能够正确处理精英与大众、功利追求与价值理想的矛盾。大众文化价值底线作为大众文化的分类标准，等级划分的制定者与文化产品的消费者，二者之间潜在价值取向的差异在一定程度上反映的是大众文化与精英文化的差异。大众文化价值底线的构建既要面对大众文化在艺术表现上的通俗性与趣味性，也要突出底线标准必须具有的缜密逻辑性、社会批判性等特征，所以底线设立是大众文化与精英文化之间差异的重要交汇点。因此，一方面，政府需要形成合理的管理机制，吸引第三方机构和社会公众参与，扩大大众在标准制定中的影响力；另一方面，政府应在制定大众文化价值底线的同时，出台相应的激励措施，让大众能够充分参与到底线设立与维护的过程中。

适时合理的大众文化价值底线的设立，会刺激大众文化市场的繁荣，但文化市场的进一步繁荣也会打破原有格局，而对已有大众文化价值底线形成冲击，这要求大众文化价值底线分级标准适时调整。如果大众文化价值底线不能随着文化产业的发展而调整，社会效益和经济效益的矛盾就会由于时间差的存在而更加激化，从而制约文化产业的发展。而且，文化产业的发展也会导致新的文化产品、文化活动、文化设施的产生，又促进大众文化价值底线根据文化产业的发展变化适时调整。因此，政府及相关文化产业部门，应当密切关注文化市场的价值动向，敏锐捕捉文化产品的价值机理，协调好大众文化在生产、流通、消费等不同环节之间的衔接，并根据最新的发展动向，及时对大众文化价值底线的内容和范围进行优化和拓展。除去随时更新大众文化价值底线的建设内容，政府部门还应该对法人和相关从业者进行专项的教育培训，增强从业人员的人文素养；此外，政府部门优化市场管理制度，简化放权，轻重有别，在战略上调整文化产业政策，激发文化市场活力，实现经济效益与社会效益的双赢。

最后是加强主旋律作品引导。社会主义核心价值观是社会主义意识形态的主体内容，而商业性则是大众文化的本质属性。从大众文化产品和活动内容的角度来说，我国的大众文化在其发展过程中和政府意志、意识形态以及社会主义制度有着千丝万缕的联系，而且承担着一定的意识形态传播和思想政治工作的任务，主旋律文艺作品就是在这样的背景下产生的。[1] 主旋律作品作为大众文化一种特殊的文化样态，所带有的鲜明价值导向积极引导大众的文化选择，但也应正视其"流量""票房""粉丝"的有限性。主旋律文化作品构建了一种新型的大众文化选择方式，形成新型的文化产品。但是主旋律作品的影响也受市场因素制约，主旋律文化作品要靠自身的优势发展来赢取大众的信赖。

主旋律文化作品肩负的文化任务，是以严肃的故事主题弘扬国家意识形态和积极向上的时代价值，对于大众文化价值底线而言，主旋律文化作品侧重的是实现与底线相对应的最高价值理想，所以主旋律文化作品的内容并不会突破大众文化价值底线。即便是在主旋律文化作品越来越商业化的今天，不同于其他文化作品，商业资本的投入产出机制并不会影响到文化产品的最终价值导向。因此，在大众文化价值底线构建过程中，要辩证地看待大众文化中主旋律与大众选择多样性的关系，既倡导主旋律文艺作品对大众的价值观的引领作用，又不能奢求大众文化以主旋律为主，降低大众文化样式的灵活度，实现功利追求与价值理想的平衡。

---

[1]　金民卿. 大众文化论：当代中国大众文化分析 [M]. 北京：中共中央党校出版社，2002：187.

参考文献

一、中文参考文献

马克思主义经典文献和领导人著作：

[1] 马克思恩格斯全集：第 3 卷 [M]. 北京：人民出版社，2002.

[2] 马克思恩格斯全集：第 14 卷 [M]. 北京：人民出版社，2013.

[3] 马克思恩格斯全集：第 19 卷 [M]. 北京：人民出版社，2006.

[4] 马克思恩格斯全集：第 22 卷 [M]. 北京：人民出版社，1965.

[5] 马克思恩格斯选集：第 1 卷 [M]. 北京：人民出版社，2012.

[6] 马克思恩格斯选集：第 3 卷 [M]. 北京：人民出版社，2012.

[7] 马克思恩格斯文集：第 1 卷 [M]. 北京：人民出版社，2009.

[8] 马克思恩格斯文集：第 2 卷 [M]. 北京：人民出版社，2009.

[9] 马克思恩格斯文集：第 4 卷 [M]. 北京：人民出版社，2009.

[10] 马克思恩格斯文集：第 8 卷 [M]. 北京：人民出版社，2009.

[11] 马克思恩格斯文集：第 10 卷 [M]. 北京：人民出版社，2009.

[12] 列宁选集：第 1 卷 [M]. 北京：人民出版社，2012.

[13] 列宁选集：第 2 卷 [M]. 北京：人民出版社，2012.

[14] 列宁选集：第 3 卷 [M]. 北京：人民出版社，2012.

[15] 毛泽东选集：第 2 卷 [M]. 北京：人民出版社，1991.

[16] 毛泽东文集：第 7 卷 [M]. 北京：人民出版社，1999.

[17] 邓小平文选：第 2 卷 [M]. 北京：人民出版社，1994.

[18] 邓小平文选：第 3 卷 [M]. 北京：人民出版社，1993.

[19] 江泽民文选：第 2 卷 [M]. 北京：人民出版社，2006.

[20] 胡锦涛. 高举中国特色社会主义伟大旗帜　为夺取全面建设小康社会

新胜利而奋斗——在中国共产党第十七次全国代表大会上的报告 [R]. 北京：人民出版社，2007.

[21] 胡锦涛. 坚定不移沿着中国特色社会主义道路前进　为全面建成小康社会而奋斗——在中国共产党第十八次全国代表大会上的报告 [R]. 北京：人民出版社，2012.

[22] 习近平谈治国理政 [M]. 北京：外文出版社，2014.

[23] 习近平谈治国理政：第 2 卷 [M]. 北京：外文出版社，2017.

[24] 习近平谈治国理政：第 3 卷 [M]. 北京：外文出版社，2020.

[25] 习近平. 决胜全面建成小康社会　夺取新时代中国特色社会主义伟大胜利——在中国共产党第十九次全国代表大会上的报告 [R]. 北京：人民出版社，2017.

[26] 习近平. 在哲学社会科学工作座谈会上的讲话 [M]. 北京：中央文献出版社，2018.

[27] 习近平全面深化改革论述摘编 [M]. 北京：中央文献出版社，2014.

[28] 习近平关于社会主义文化建设论述摘编 [M]. 北京：中央文献出版社，2017.

[29] 习近平关于总体国家安全观论述摘编 [M]. 北京：中央文献出版社，2018.

[30] 习近平. 之江新语 [M]. 杭州：浙江人民出版社，2007.

[31] 习近平. 在纪念马克思诞辰 200 周年大会上的讲话 [M] 北京：人民出版社，2018.

[32] 中共中央文献研究室. 建国以来重要文献选编：第 1 册 [M]. 北京：中央文献出版社，2011.

[33] 中共中央文献研究室. 建国以来重要文献选编：第 26 册 [M]. 北京：中央文献出版社，2011.

[34] 中共中央文献研究室. 十二大以来重要文献选编（上）[M]. 北京：人民出版社，1986.

[35] 中共中央文献研究室. 十四大以来重要文献选编（上）[M]. 北京：中央文献出版社，2011.

[36] 中共中央文献研究室. 十六大以来重要文献选编（下）[M]. 北京：中央文献出版社，2011.

[37] 中共中央文献研究室. 十八大以来重要文献选编（上）[M]. 北京：

中央文献出版社，2014.

[38] 中国共产党第十九届中央委员会第五次全体会议文件汇编 [M]. 北京：人民出版社，2020.

中文学术著作：

[1] 阿尔贝特·施韦泽. 文化哲学 [M]. 上海：世纪出版社，上海人民出版社，2013.

[2] 爱德华·W. 萨义德. 文化与帝国主义 [M]. 李琨，译. 北京：生活·读书·新知三联书店，2016.

[3] 麦克卢汉. 理解媒介 [M]. 何道宽，译. 北京：商务印书馆，2000.

[4] 乔纳森·弗里德曼. 文化认同与全球性过程 [M]. 北京：商务出版社，2003.

[5] 乔治·萨拜因，索尔森. 政治学说史：民族国家（下）[M]. 邓正来，译. 上海：上海人民出版社，2015.

[6] 让·波德里亚. 消费社会 [M]. 南京：南京大学出版社，2001.

[7] 塞缪尔·亨廷顿. 我们是谁？——美国国家特性面临的挑战 [M]. 北京：新华出版社，2005.

[8] 尤尔根·哈贝马斯. 公共领域的结构转型 [M]. 上海：学林出版社，1999.

[9] 尤瓦尔·赫拉利. 人类简史 [M]. 北京：中信出版社，2017.

[10] 约翰·斯道雷. 文化理论与大众文化导论（第七版）[M]. 北京：北京大学出版社，2019.

[11] 约瑟夫·奈. 软力量：世界政坛成功之道 [M]. 北京：东方出版社，2005.

[12] 约瑟夫·奈. 软实力 [M]. 北京：中信出版社，2013.

[13] 国家标准化管理委员会. 标准化工作导则. GB/T 1.1-2020 [S].

[14] 中国中央文献研究室. 毛泽东年谱（1949—1976）：第2卷 [M]. 北京：中央文献出版社，2013.

[15] 中共中央文献研究室. 邓小平年谱（1975—1997）下卷 [M]. 北京：中央文献出版社，2004.

[16] 本书编委会. 总体国家安全观干部读本 [M]. 北京：人民出版社，2016.

[17] 当代中国研究所. 中华人民共和国史稿：第1卷 [M]. 北京：人民出

版社，当代中国出版社，2012.

［18］当代中国研究所. 中华人民共和国史稿：第2卷［M］. 北京：人民出版社，当代中国出版社，2012.

［19］当代中国研究所. 中华人民共和国史稿：第3卷［M］. 北京：人民出版社，当代中国出版社，2012.

［20］当代中国研究所. 中华人民共和国史稿：第4卷［M］. 北京：人民出版社，当代中国出版社，2012.

［21］曹爱军. 公共文化治理导论［M］. 北京：中国经济出版社，2019.

［22］曹泽林. 国家文化安全论［M］. 北京：军事科学出版社，2006.

［23］贾雪丽. 大众文化价值论——以伦理学为视角［M］. 北京：中央编译出版社，2017.

［24］丰子义. 现代化的理论基础：马克思现代社会发展理论研究［M］. 北京：北京师范大学出版社，2017.

［25］韩源. 国家文化安全论：全球化背景下的中国战略［M］. 北京：社会科学文献出版社，2013.

［26］韩源. 中国文化安全评论［M］. 北京：金城出版社，社会科学文献出版社，2015.

［27］韩震. 社会主义核心价值观凝练研究［M］. 北京：北京师范大学出版社，2012.

［28］郝保权. 多元开放条件下中国社会主义意识形态安全研究［M］. 北京：人民出版社，2000.

［29］郝立新，臧峰宇. 马克思主义发展史：第1卷［M］. 北京：人民出版社，2018.

［30］郝立新，臧峰宇. 马克思主义发展史：第2卷［M］. 北京：人民出版社，2018.

［31］郝立新，臧峰宇. 马克思主义发展史：第3卷［M］. 北京：人民出版社，2018.

［32］胡惠林，胡霁荣. 国家文化安全治理［M］. 上海：上海人民出版社，2020.

［33］胡惠林. 国家文化安全学［M］. 北京：清华大学出版社，2016.

［34］胡惠林. 国家文化安全研究导论［M］. 上海：上海人民出版社，2013.

［35］胡惠林.中国国家文化安全论［M］.上海：上海人民出版社，2005.

［36］黄骏，等.通往民族和谐之路——当代中国民族地区和谐社会构建模式的创新［M］.北京：人民出版社，2013.

［37］姬振海.环境安全论［M］.北京：人民出版社，2011.

［38］贾英健.全球化背景下的民族国家研究［M］.北京：中国社会科学出版社，2005.

［39］蒋述卓，陶东风.大众文化研究：从审美批评到价值观视野［M］.广州：暨南大学出版社，2015.

［40］金民卿.文化全球化与中国大众文化［M］.北京：人民出版社，2004.

［41］金民卿.大众文化论：当代中国大众文化分析［M］.北京：中共中央党校出版社，2002.

［42］李孟刚.产业安全预警研究［M］.北京：北京交通大学出版社，2016.

［43］李小涛.公共文化服务标准体系研究［M］.南京：东南大学出版社，2019.

［44］刘澜.中国文化软实力有多大［M］.北京：机械工业出版社，2015.

［45］刘嘉龙.休闲活动策划与管理［M］.上海：上海出版社，格致出版社，2016.

［46］林尚立.中国共产党执政方略［M］.上海：上海社会科学院出版社，2002.

［47］梁漱溟.中国文化的命运［M］.北京：中信出版社，2013.

［48］缪家福.全球化与民族文化多样性［M］.北京：人民出版社，2005.

［49］聂富强，等.中国国家经济安全预警系统研究［M］.北京：中国统计出版社，2005.

［50］钮先钟.战略研究入门［M］.上海：文汇出版社，2018.

［51］欧阳雪梅.中华人民共和国文化史（1949—2019）［M］.2版.北京：当代中国出版社，2019.

［52］潘知常.美学的边缘——在阐释中理解当代审美观念［M］.上海：上海人民出版社，1998.

［53］任颋.中国城市企业经营环境评估报告：方法与数据［M］.北京：企业管理出版社，2017.

[54] 任裕海. 全球化、身份认同与超文化能力 [M]. 南京：南京大学出版社，2015.

[55] 孙乃龙. 社会意识形态危机与规避——当代中国社会思潮的本质及导引研究 [M]. 北京：中国社会科学出版社，2013.

[56] 唐钧. 社会稳定风险评估与管理 [M]. 北京：北京大学出版社，2015.

[57] 陶东风. 当代大众文化价值观研究：社会主义与大众文化 [M]. 沈阳：辽宁教育出版社，2014.

[58] 陶东风. 当代中国大众文化价值观研究 [M]. 北京：中国社会科学出版社，2020.

[59] 王晓德. 美国文化与外交 [M]. 北京：世界知识出版社，2000.

[60] 王一川. 大众文化导论 [M]. 3 版. 北京：高等教育出版社，2015.

[61] 吴舜泽. 国家环境安全评估报告 [M]. 北京：中国环境科学出版社，2006.

[62] 雪丽. 大众文化价值论——以伦理学为视角 [M]. 北京：中央编译出版社，2017.

[63] 闫玉刚，刘自雄. 大众文化通论 [M]. 3 版. 北京：中国广播影视出版社，2017.

[64] 衣俊卿，胡长栓. 马克思主义文化理论研究 [M]. 北京：北京师范大学出版社，2012.

[65] 于春洋. 现代民族国家建构：理论、历史与现实 [M]. 北京：中国社会科学出版社，2016.

[66] 余晓慧. 文化认同与构建和谐社会的关系研究 [M]. 北京：中国社会科学出版社，2019.

[67] 袁贵仁. 价值观的理论与实践 [M]. 北京：北京师范大学出版社，2006.

[68] 赵勇. 透视大众文化 [M]. 北京：中国书籍出版社，2013.

[69] 郑晓云. 文化认同与文化变迁 [M]. 北京：社会科学出版社，1992.

[70] 周晓宏，等. 我国文化产业安全预警体系构建研究 [M]. 北京：人民出版社，2019.

[71] 周雪光. 中国国家治理的制度逻辑：一个组织学的研究 [M]. 北京：生活·读书·新知三联书店，2017.

[72] 朱立元. 当代西方文艺理论 [M]. 3版. 上海: 华东师范大学出版社, 1997: 374.

中文学术论文:

[1] 蔡春霞. 公共文化产品服务的现状调查——以北京市为例 [J]. 北京印刷学院学报, 2020, 28 (05).

[2] 蔡文伯, 杜芳. 冲突与整合: 对新疆双语教育与中华民族文化认同的几点思考 [J]. 兵团教育学报, 2011, 21 (04).

[3] 蔡小龙. 发扬传统文化, 促进文化创新 [J]. 青年生活, 2020 (04).

[4] 曾婕, 沈壮海, 刘水静. 中华文化"走出去"战略及其实践研究 [J]. 江汉论坛, 2016 (02).

[5] 陈大民. 捍卫国家文化安全 [J]. 求是, 2012 (16).

[6] 陈亮. 国外社会安全预警防范理论研究进展 [J]. 情报杂志, 2011, 30 (08).

[7] 陈首丽, 马立平. 国家经济安全监测指标体系 [J]. 山西统计, 2002 (04).

[8] 陈孝凯. 新中国民族文化传承与保护政策的历史发展探析 [J]. 民族高等教育研究, 2017, 5 (03).

[9] 陈秀莲. 基于DSR模型的中国海洋战略资源安全评估和预测——以中国南海石油安全为例 [J]. 世界地理研究, 2017, 26 (03).

[10] 崇坤. 美国务院研究应对"中美文明冲突" [EB/OL]. 参考消息网, 2019-05-03.

[11] 董小川. 美利坚民族认同问题探究 [J]. 东北师大学报, 2006 (01).

[12] 范杨洲, 周晓宏, 贾强, 等. 我国文化产业安全态势及其对策研究 [J]. 齐齐哈尔大学学报 (哲学社会科学版), 2016 (04).

[13] 范语馨, 史志华. 基于模糊层次分析法的生态环境脆弱性评价——以三峡水库生态屏障区湖北段为例 [J]. 水土保持学报, 2018, 32 (01).

[14] 范玉刚. 从"文化冷战"到"文化热战"——非传统国家文化安全及其症候分析 [J]. 探索与争鸣, 2016 (11).

[15] 费孝通. 反思·对话·文化自觉 [J]. 北京大学学报 (哲学社会科学版), 1997 (03).

[16] 高珊, 黄贤金. 基于PSR框架的1953—2008年中国生态建设成效评

价 [J]. 自然资源学报, 2010, 25 (02).

[17] 高永久, 柳建文. 多民族国家的文化整合: 历史经验与实践的再审视 [J]. 南开学报 (哲学社会科学版), 2011 (04).

[18] 顾海兵, 李宏梅, 周智高. 我国国家经济安全监测评估系统的设计 [J]. 湖北经济学院学报, 2006, 4 (05).

[19] 关世杰. 中国核心价值观的世界共享性初探 [J]. 国际传播, 2019 (06).

[20] 郭乐天. 互联网虚假信息的控制与网络舆情的引导 [J]. 新闻记者, 2005 (02).

[21] 韩春梅, 赵康睿, 张心怡. 城镇化进程中社会安全风险评估指标权重赋值研究——基于层次分析法 [J]. 中国人民公安大学学报 (社会科学版), 2019, 35 (03).

[22] 韩源. 国家文化安全引论 [J]. 当代世界与社会主义, 2008 (06).

[23] 韩源. 中国国家文化安全形势评析 [J]. 当代世界与社会主义, 2004, 22 (04).

[24] 韩源. 中国文化力评估 [J]. 西南民族大学学报 (人文社科版), 2004 (02).

[25] 韩震. 中国文化上自强必须有引领世界潮流的先进的核心价值观——再论社会主义核心价值观念的内涵 [J]. 道德与文明, 2011 (03).

[26] 韩柱. 论意识形态影响力的基本构成 [J]. 云南社会科学, 2009 (01).

[27] 郝亿春. 洛采与现代价值哲学之发起 [J]. 哲学研究, 2017 (10).

[28] 郝宇青. 从分化到整合: 改革开放 40 年社会变迁的动力及其转换 [J]. 江西师范大学学报 (哲学社会科学版), 2018, 51 (05).

[29] 何怀宏. 我为什么要提倡 "底线伦理" [N]. 北京日报, 2012-02-20 (06).

[30] 何儒汉, 等. 基于梯度提升决策树的卷烟零售户信用评分模型研究 [J]. 计算机应用研究, 2020, 37 (S1).

[31] 胡惠林. 国家文化安全: 经济全球化背景下中国文化产业发展策论 [J]. 学术月刊, 2000 (02).

[32] 胡键. 中国文化软实力建设: 必要性、瓶颈和路径 [J]. 社会科学, 2012 (02).

[33] 胡键. 中国文化软实力评估与增进策略：一项国际比较的研究 [J]. 中国浦东干部学院学报, 2014, 8 (02).

[34] 胡长栓. 弘扬伟大的民族精神 [J]. 红旗文稿, 2020 (12).

[35] 胡正荣, 姬德强. 内生与虚拟：文化安全观的两个视角转换 [J]. 国家治理, 2016 (11).

[36] 黄坤明. 坚持马克思主义在意识形态领域指导地位的根本制度 [N]. 人民日报, 2019-11-20 (06).

[37] 惠康, 任保平, 钞小静. 中国金融稳定性的测度 [J]. 经济经纬, 2010 (01).

[38] 姜正君, 邹智贤. 当代中国大众文化的逻辑悖论与价值引领 [J]. 伦理学研究, 2017 (04).

[39] 蓝波涛, 王新刚. 新时代维护我国国家文化安全的路径选择 [J]. 马克思主义理论学科研究, 2019, 5 (06).

[40] 雷家骕, 陈亮辉. 基于国民利益的国家经济安全及其评价 [J]. 中国软科学, 2012 (12).

[41] 李建华. 社会主义核心价值观提炼的原则与方法 [J]. 理论视野, 2017 (03).

[42] 李孟刚, 贾美霞, 刘晓飞. 基于 DEA 模型的中国文化产业安全评价实证分析 [J]. 吉首大学学报（社会科学版）, 2018, 39 (05).

[43] 李其庆. "人类社会如按照目前的方式发展下去, 就将自我毁灭"——人类进步基金会研究报告 [J]. 国外理论动态, 1994 (19).

[44] 李毅弘, 孙磊. 习近平关于基层党组织建设的重要论述探析 [J]. 思想理论教育导刊, 2020 (09).

[45] 李玉照, 刘永, 颜小品. 基于 DPSIR 模型的流域生态安全评价指标体系研究 [J]. 北京大学学报（自然科学版）, 2012, 48 (06).

[46] 林艳梅. 马克思恩格斯论 "恶" 的历史作用 [J]. 北方论丛, 2003, (06).

[47] 刘国章. 论真善美中的假恶丑 [J]. 江淮论坛, 2006 (04).

[48] 刘江宁, 周留征. 当代中国文化认同问题之透析 [J]. 理论学刊, 2013 (02).

[49] 刘俐俐. "正项美感" 亦可覆盖 "异项艺术"：文艺评论价值体系的导向与底线 [J]. 探索与争鸣, 2018 (11).

[50] 刘莉. 全球化场域中中华民族文化身份与民族认同的建构 [J]. 思想战线, 2011, 37 (06).

[51] 刘跃进. 非传统的总体国家安全观 [J]. 国际安全研究, 2014, 32 (06).

[52] 刘跃进. 解析国家文化安全的基本内容 [J]. 北方论丛, 2004 (05).

[53] 刘云山. 领导干部要注重提高政治能力 [N]. 学习时报, 2017-09-11 (06).

[54] 刘志华, 孙丽君. 中美文化产业行业分类标准及发展优势比较 [J]. 经济社会体制比较, 2010 (01).

[55] 路宪民. 美国的民族认同模式及其启示 [J]. 西北师大学报 (社会科学版), 2014, 51 (02).

[56] 罗文东. 关于社会主义核心价值观的理论思考 [J]. 山东社会科学, 2009 (12).

[57] 吕渊. 文化产业发展中的文化资源保护与开发问题研究 [C]. 人文与科技 (第二辑), 2019.

[58] 孟东方, 王资博. 我国文化竞争指数的理论框架与现实应用 [J]. 改革, 2013 (11).

[59] 莫岳云. 抵御境外宗教渗透与构建我国意识形态安全战略 [J]. 湖湘论坛, 2010, 23 (04).

[60] 南方日报评论员. 明确价值取向, 守护价值底线 [N]. 南方日报, 2012-06-28 (06).

[61] 潘一禾. 当前国家体系中的文化安全问题 [J]. 浙江大学学报 (人文社会科学版), 2005, 35 (02).

[62] 彭立勋. 正确理解马克思美学思想的三个关键理论问题 [J]. 武汉理工大学学报 (社会科学版), 2015, 28 (02).

[63] 强跃, 何运祥, 刘光华. 基于模糊层次分析法的中小型水利水电工程施工风险评价 [J]. 施工技术, 2013, 42 (21).

[64] 秦瑞英. 基于因子分析法的广州城市文化竞争力比较研究 [J]. 开发研究, 2013 (04).

[65] 秦宣. 关于增强中华文化认同的几点思考 [J]. 中国特色社会主义研究, 2010 (06).

[66] 任东景. 当代文化认同视阈下的大学生价值观教育研究 [J]. 黑龙江

高教研究，2008（06）.

　　[67] 任海平，王天龙. 当前我国国家安全形势综合评估及应对 [J]. 全球化，2015（01）.

　　[68] 任剑涛. 从"民族国家"理解"中华民族" [J]. 清华大学学报（哲学社会科学版），2019，34（05）.

　　[69] 石中英. 论国家文化安全 [J]. 北京师范大学学报（社会科学版），2004（03）.

　　[70] 宋琳. 基于模糊层次分析法的 P2P 网贷行业风险评估研究 [J]. 东岳论丛，2017，38（10）.

　　[71] 孙亮. "文化软实力"指标体系的建构原则与构成要素 [J]. 理论月刊，2009（05）.

　　[72] 孙攀峰，张文中. 基于 FSCI 指数的中国金融稳定性评估 [J]. 技术经济与管理研究，2020（03）.

　　[73] 孙晓蓉，邵超峰. 基于 DPSIR 模型的天津滨海新区环境风险变化趋势分析 [J]. 环境科学研究，2010，23（01）.

　　[74] 唐爱玲. 积极有效传承中华优秀传统文化 [J]. 陕西社会主义学院学报，2020（01）.

　　[75] 陶东风. 核心价值体系与大众文化的有机融合 [J]. 文艺研究，2012（04）.

　　[76] 涂浩然，卢丽刚. 全球化时代文化认同建构中的中国国家文化安全 [J]. 前沿，2011（07）.

　　[77] 万林艳. 公共文化及其在当代中国的发展 [J]. 中国人民大学学报，2006，20（01）.

　　[78] 王海琴. 基于合理性评估的网络文化安全指标体系研究 [J]. 中国公共安全（学术版），2014（02）.

　　[79] 王红，孙敏，李亚林. 文化产品消费满意度影响因素研究——以湖北省为例 [J]. 品牌研究，2016（05）.

　　[80] 王娜，施建淮. 我国金融稳定指数的构建：基于主成分分析法 [J]. 南方金融，2017（06）.

　　[81] 王沛，胡发稳. 民族文化认同：内涵与结构 [J]. 上海师范大学学报（哲学社会科学版），2011，40（01）.

　　[82] 王瑞香. 论总体国家安全观视野中的国家文化安全 [J]. 社会主义研

究，2016（05）.

[83] 王学俭，李东坡. 社会主义核心价值观研究述要 [J]. 思想政治教育研究，2013，29（04）.

[84] 王逸舟. 国家利益再思考 [J]. 中国社会科学，2002（02）.

[85] 吴春生，等. 基于模糊层次分析法的黄河三角洲生态脆弱性评价 [J]. 生态学报，2018，38（13）.

[86] 吴满意，孙程芳，谢海蓉. 中国文化安全面临的挑战及其战略选择 [J]. 当代世界与社会主义，2004（03）.

[87] 肖庆. "风险社会"理论视角下的国家文化安全问题 [J]. 文化艺术研究，2011，4（02）.

[88] 熊正德，郭荣凤. 国家文化软实力评价及提升路径研究 [J]. 中国工业经济，2011（09）.

[89] 徐成龙，程钰，任建兰. 黄河三角洲地区生态安全预警测度及时空格局 [J]. 经济地理，2014，34（03）.

[90] 徐泽水. 模糊互补判断矩阵排序的一种算法 [J]. 系统工程学报，2001，16（04）.

[91] 许纪霖. 现代中国的民族国家认同 [J]. 世界经济与政治论坛，2005（06）.

[92] 阎学通，徐进. 中美软实力比较 [J]. 现代国际关系，2008（01）.

[93] 阎学通. 中国的新安全观与安全合作构想 [J]. 现代国际关系，1997（11）.

[94] 杨德山. 习近平党的思想建设理论创新述析 [J]. 马克思主义理论学科研究，2018，4（01）.

[95] 杨小玄，王一飞. 我国系统性风险度量指标构建及预警能力分析——基于混频数据动态因子模型 [J]. 南方金融，2019（06）.

[96] 杨悦. 新中国文化外交70年——传承与创新 [J]. 国际论坛，2020，22（01）.

[97] 杨竺松，胡明远，胡鞍钢. 中美文化软实力评估与预测（2003—2035）[J]. 清华大学学报（哲学社会科学版），2019，34（03）.

[98] 姚红，郭凤志. 中国文化软实力研究态势及其问题破解 [J]. 重庆社会科学，2014（01）.

[99] 叶淑兰. 中国文化软实力评估：基于对上海外国留学生的调查 [J].

社会科学，2019（01）.

[100] 易华勇，邓伯军. 新时代中国国家文化安全策论 [J]. 江海学刊，2020（01）.

[101] 于志刚. 网络安全对公共安全、国家安全的嵌入态势和应对策略 [J]. 法学论坛，2014，29（06）.

[102] 余亮. 文化产业高质量发展的几大着力点 [J]. 人民论坛，2019（27）.

[103] 喻海燕. 我国主权财富基金对外投资风险评估——基于三角模糊层次分析法（TFAHP）的研究 [J]. 厦门大学学报（哲学社会科学版），2015（01）.

[104] 张汉林，魏磊. 全球化背景下中国经济安全量度体系构建 [J]. 世界经济研究，2011（01）.

[105] 张军以，苏维词，张凤太. 基于 PSR 模型的三峡库区生态经济区土地生态安全评价 [J]. 中国环境科学，2011，31（06）.

[106] 张琏瑰. 国家利益辨析 [J]. 中共中央党校学报，1998（04）.

[107] 张锐，郑华伟，刘友兆. 基于 PSR 模型的耕地生态安全物元分析评价 [J]. 生态学报，2013，33（16）.

[108] 张书林. 近两年来社会主义核心价值观研究综述——兼解读十八大报告"积极培育和践行社会主义核心价值观"思想 [J]. 理论建设，2013（01）.

[109] 张颐武. 中国人的"民族自豪感"坚韧、干净 [J]. 中关村，2018（01）.

[110] 张远，等. 流域水生态安全评估方法 [J]. 环境科学研究，2016，29（10）.

[111] 张越. 近代历史研究与民族文化认同 [J]. 史学史研究，2010（04）.

[112] 张铮，熊澄宇. "文化和谐指数"的理论基础与基本构成 [J]. 理论导刊，2008（07）.

[113] 张志刚. 文化安全战略体系完善与国际文化博弈 [J]. 吉林广播电视大学学报，2012（03）.

[114] 赵德兴，等. 城市文化竞争力指标体系研究 [J]. 南京社会科学，2006（06）.

[115] 赵欢春. "总体国家安全"框架下的意识形态安全风险预警探究

[J]. 马克思主义研究, 2015 (11).

[116] 赵剑英. 文化认同危机与建构社会基本价值观的紧迫性 [J]. 马克思主义与现实, 2005 (02).

[117] 郑凡. 分化与整合: 中国当代文化 [J]. 思想战线, 1988 (03).

[118] 郑杭生、洪大用. 中国转型期的社会安全隐患与对策 [J]. 中国人民大学学报, 2004, 18 (02).

[119] 周晗玉, 李佳蕊. 中国现行法律体系下文艺作品分级制度的可行性 [J]. 法制与社会, 2020 (20).

[120] 周留征, 刘江宁. 当代中国文化认同危机的历史成因与现实对策 [J]. 山东社会科学, 2013 (08).

[121] 周庆天, 李滢宇, 刘越. 习近平总书记关于基层党组织建设思想的研究 [J]. 吉林省教育学院学报, 2017, 33 (09).

[122] 周艳. 论文化事业与文化产业的互动发展 [J]. 农家参谋, 2020 (16).

[123] 周毓萍, 陈官羽. 基于机器学习方法的个人信用评价研究 [J]. 金融理论与实践, 2019 (12).

[124] 朱明明. 基于模糊层次分析法的工程项目风险评估 [J]. 科技管理研究, 2010, 30 (20).

[125] 朱新光. 中国共产党的意识形态安全环境 [J]. 上海师范大学学报 (哲学社会科学版), 2015, 44 (06).

[126] 朱正威, 吴佳. 中国应急管理的理念重塑与制度变革——基于总体国家安全观与应急管理机构改革的探讨 [J]. 中国行政管理, 2019 (06).

[127] 左亚文. 马克思文化观的多维解读 [J]. 学术研究, 2010 (03).

[128] 陈瑞欣. 中共十八大以来中国周边外交思想与实践研究 [D]. 武汉: 华中师范大学, 2016.

[129] 董成雄. 中国优秀传统文化的系统解读和传承建构 [D]. 泉州: 华侨大学, 2016.

[130] 纪少锋. 论美国文化霸权对中国文化安全的影响 [D]. 武汉: 华中师范大学, 2007.

[131] 李群群. 新时代文化产业供给侧结构性改革研究 [D]. 长春: 吉林大学, 2019.

[132] 林存文. 文化资源产业转化机制研究——基于69个样本城市11年的

面板数据分析 [D]. 泉州：华侨大学，2019.

[133] 马强. 当代中国总体国家安全观研究 [D]. 沈阳：辽宁大学，2017.

[134] 曲慧敏. 中华文化走出去战略研究 [D]. 济南：山东师范大学，2012.

[135] 苏哲斌. FAHP 中三类判断矩阵的一致性问题和排序方法研究 [D]. 西安：西安理工大学，2006.

[136] 孙宁. 新世纪中国共产党的国家文化安全战略论析 [D]. 北京：中国社会科学院大学，2011.

[137] 田越英. 论毛泽东积极防御思想 [D]. 北京：中共中央党校，1997.

[138] 王凌. 美国对他者的安全化：路径与动因研究 [D]. 上海：复旦大学，2012.

[139] 王晓刚. 文化体制改革研究 [D]. 北京：中共中央党校，2007.

[140] 吴腾飞. 新时代国家文化建设研究 [D]. 长春：吉林大学，2020.

[141] 吴晓艳. 战略管理体系对战略执行效果的影响研究 [D]. 杭州：浙江大学，2011.

[142] 向颖. 基本公共文化服务供给公众满意度研究 [D]. 武汉：华中师范大学，2019.

[143] 王晓刚. 文化体制改革研究 [D]. 北京：中共中央党校，2007.

二、英文参考文献

[1] HOLYK GG. Paper Tiger? Chinese Soft Power in East Asia [J]. Political Science Quarterly, 2011, 126 (02).

[2] KOWALSKI R M, GIUMETTI G W, SCHROEDER A N, et al. Bullying in the digital age: a critical review and meta-analysis of cyberbullying research among youth. [J]. Psychological Bulletin, 2012, 140 (4).

[3] SAATY T L. A scaling method for priorities in hierarchical structures [J]. Journal of mathematical psychology, 1977, 15 (3).

[4] SAATY T L. The Analytic Hierarchy Process Mcgraw Hill [J]. New York: Agricultural Economics Review, 1980, 16 (23).

[5] LAARHOVEN P M J V, PEDRYCZ W. A fuzzy extension of Saaty's priority theory [J]. Fuzzy Sets & Systems, 1983, 11 (1-3).

附录 A：普查问卷及调查结果

1. 党领导一切：你是否赞成"坚持党对一切工作的领导"？
   A. 完全赞成   B. 比较赞成   C. 基本赞成
   D. 不太赞成   E. 很不赞成

2. 两个维护：你是否赞成"坚决维护习近平总书记党中央的核心、全党的核心地位，坚决维护党中央权威和集中统一领导"？
   A. 完全赞成   B. 比较赞成   C. 基本赞成
   D. 不太赞成   E. 很不赞成

3. 四个意识：你是否赞成党员干部要树立"政治意识、大局意识、核心意识、看齐意识"？
   A. 完全赞成   B. 比较赞成   C. 基本赞成或不清楚
   D. 不太赞成   E. 很不赞成

4. 四个自信：中国的道路、理论、制度、文化能够保证实现国家富强、民族振兴、人民幸福。这个判断你赞成吗？
   A. 完全赞成   B. 比较赞成   C. 基本赞成或不清楚
   D. 不太赞成   E. 很不赞成

5. 祖国统一：你希望祖国实现完全统一吗？
   A. 非常希望   B. 比较希望   C. 大概希望
   D. 不太希望   E. 很不希望

6. 民族团结：你希望中国 56 个民族团结一体，共同发展吗？
   A. 非常希望   B. 比较希望   C. 大概希望
   D. 不太希望   E. 很不希望

7. 国家富强：你希望中国成为社会主义现代化强国吗？
   A. 非常希望   B. 比较希望   C. 大概希望
   D. 不太希望   E. 很不希望

8. 民族振兴：你希望中华民族在世界上处于领先地位吗？

    A. 非常希望   B. 比较希望   C. 大概希望

    D. 不太希望   E. 很不希望

9. 人民幸福：你希望所有中国人权利得到充分保障，生活美满幸福吗？

    A. 非常希望   B. 比较希望   C. 大概希望

    D. 不太希望   E. 很不希望

10. 国家层面：你赞成国家应追求富强、民主、文明、和谐吗？

    A. 完全赞成   B. 比较赞成   C. 基本赞成

    D. 不太赞成   E. 很不赞成

11. 社会层面：你赞成社会应弘扬自由、平等、公正、法治吗？

    A. 完全赞成   B. 比较赞成   C. 基本赞成

    D. 不太赞成   E. 很不赞成

12. 个人层面：你赞成个人应崇尚爱国、敬业、诚信、友善吗？

    A. 完全赞成   B. 比较赞成   C. 基本赞成

    D. 不太赞成   E. 很不赞成

13. 思想路线：在思想认识上，必须坚持实事求是，一切从实际出发。这句话你赞成吗？

    A. 完全赞成   B. 比较赞成   C. 基本赞成

    D. 不太赞成   E. 很不赞成

14. 实践基础（所有制立场）：你赞成必须坚持公有制主体地位吗？

    A. 完全赞成   B. 比较赞成   C. 基本赞成

    D. 不太赞成   E. 很不赞成

15. 发展理念（以人民为中心）：你赞成以人民为中心的发展理念吗？

    A. 完全赞成   B. 比较赞成   C. 基本赞成

    D. 不太赞成   E. 很不赞成

16. 最高理想：你赞成以共产主义为最高理想吗？

    A. 完全赞成   B. 比较赞成   C. 基本赞成

    D. 不太赞成   E. 很不赞成

17. 基本路线：以经济建设为中心，坚持社会主义道路，坚持人民民主专政，坚持中国共产党的领导，坚持马克思列宁主义、毛泽东思想，坚持改革开放。对此你赞成吗？

    A. 完全赞成   B. 比较赞成   C. 基本赞成

D. 不太赞成　　　　　　E. 很不赞成

18. 方针政策：你赞成十九大以来（2017 年 10 月 18 日）党和国家的各项
    方针政策吗？

    A. 全部赞成　　　　　B. 大部分赞成　　　　C. 一半赞成

    D. 少部分赞成　　　　E. 基本不赞成

19. 身份感：作为中国人你感到自豪吗？

    A. 非常自豪　　　　　B. 比较自豪　　　　　C. 一般

    D. 不太自豪　　　　　E. 很不自豪

20. 荣誉感：你认为中华文明对人类文明的贡献很大吗？

    A. 非常大　　　　　　B. 比较大　　　　　　C. 一般

    D. 比较小　　　　　　E. 非常小

21. 成就感：改革开放以来，中国成功的经验值得其他国家借鉴。这个观点
    你赞成吗？

    A. 完全赞成　　　　　B. 比较赞成　　　　　C. 基本赞成

    D. 不太赞成　　　　　E. 很不赞成

22. 集体本位：你是否赞成"集体统一行动比个人能力发挥重要"？

    A. 完全赞成　　　　　B. 比较赞成　　　　　C. 基本赞成

    D. 不太赞成　　　　　E. 很不赞成

23. 家国情怀：如果有机会移民到任何国家生活，你会移民吗？

    A. 肯定不会　　　　　B. 大概不会　　　　　C. 不清楚

    D. 可能会　　　　　　E. 肯定会

24. 忠义精神：对人、对组织或团队、对职业岗位、对某种信条原则，你本
    人在所有方面都诚心诚意、尽心尽力、始终如一。这个判断你赞成吗？

    A. 完全赞成　　　　　B. 比较赞成　　　　　C. 基本赞成

    D. 不太赞成　　　　　E. 很不赞成

25. 历史情感共同性认识：你对"八国联军""日本侵略中国"以及"东亚
    病夫"等历史记忆，至少在一个方面有屈辱感。这个判断你赞成吗？

    A. 完全赞成　　　　　B. 比较赞成　　　　　C. 基本赞成

    D. 不太赞成　　　　　E. 很不赞成

26. 民族融合共同性认识：在 56 个民族中，你所属的民族的历史是中国历
    史的组成部分。这个观点你赞成吗？

    A. 完全赞成　　　　　B. 比较赞成　　　　　C. 基本赞成

D. 不太赞成   E. 很不赞成

27. 国家认同：中国是你祖祖辈辈生活的国家。这个判断你赞成吗？

    A. 完全赞成   B. 比较赞成   C. 基本赞成

    D. 不太赞成   E. 很不赞成

28. 政治认同：爱祖祖辈辈生活的祖国、爱中国共产党，这两方面你同时具有。这个判断你赞成吗？

    A. 完全赞成   B. 比较赞成   C. 基本赞成

    D. 不太赞成   E. 很不赞成

29. 民族认同：你是中华民族的子孙。这个判断你赞成吗？

    A. 完全赞成   B. 比较赞成   C. 基本赞成

    D. 不太赞成   E. 很不赞成

30. 文化认同：56 个民族文化传统都是中华民族文化传统的组成部分。这个观点你赞成吗？

    A. 完全赞成   B. 比较赞成   C. 基本赞成

    D. 不太赞成   E. 很不赞成

31. 生活方式（中餐）：你吃牛排、汉堡、日本料理、韩国料理等异国风味餐饮的时候很多吗？

    A. 非常多   B. 比较多   C. 一般

    D. 比较少   E. 非常少

32. 思维方式（中医药）：如果生病你会去看中医吗？

    A. 肯定会   B. 可能会   C. 不清楚

    D. 大概不会   E. 肯定不会

33. 风俗习惯（传统节日）：春节、元宵节、清明节、端午节、七夕节、中元节、中秋节、重阳节等传统节日的习俗你全都清楚吗？

    A. 完全清楚   B. 比较清楚   C. 基本清楚

    D. 不太清楚   E. 很不清楚

34. 情感表达（文字艺术）：古诗文、中国书画、传统服饰、传统戏曲、曲艺、乐器等，至少一种你是喜欢的。这个判断你赞成吗？

    A. 完全赞成   B. 比较赞成   C. 基本赞成

    D. 不太赞成   E. 很不赞成

35. 语言文字（汉语汉字）：汉语是你最熟练的语言。这个判断你赞成吗？

    A. 完全赞成   B. 比较赞成   C. 基本赞成

D. 不太赞成   E. 很不赞成

36. 个人意识：你认为政治思想问题很重要吗？

    A. 非常重要   B. 比较重要   C. 一般

    D. 不太重要   E. 不重要

37. 个人意识：你认为传承和弘扬民族文化很重要吗？

    A. 非常重要   B. 比较重要   C. 一般

    D. 不太重要   E. 不重要

38. 个人意识：你认为拥有健康的精神生活很重要吗？

    A. 非常重要   B. 比较重要   C. 一般

    D. 不太重要   E. 不重要

接下来，图 A.1 展示被调查者的年龄、民族、职业等特征的分布情况，图 A.2 展示问卷中各个问题回答的选项分布情况。

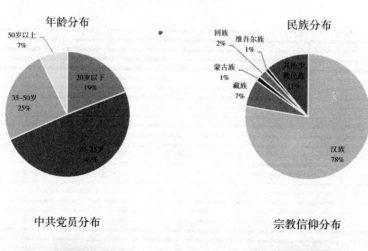

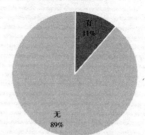

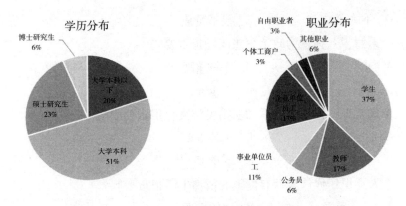

图 A.1 普查被调查者的特征分布

从上图可以看出，被调查者在不同年龄、民族、政治面貌、宗教信仰、学历和职业等特征上的分布较为契合我国实际情况。因此，可以认为所做普查能够较好地代表人民大众对国家文化安全各方面问题的感受和看法。

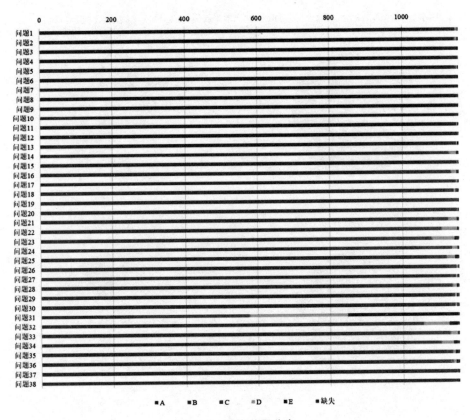

图 A.2 普查结果分布

附录 B：专家调查问卷及调查结果

1. 党政干部言与行：党政干部都能做到言行一致。这个判断你赞成吗？
   A. 完全赞成　　　　　　B. 比较赞成　　　　　　C. 基本赞成
   D. 不太赞成　　　　　　E. 很不赞成

2. 政策制定与落实：党和国家以及各级政府制定的政策都能够很好地落实。这个判断您赞成吗？
   A. 完全赞成　　　　　　B. 比较赞成　　　　　　C. 基本赞成
   D. 不太赞成　　　　　　E. 很不赞成

3. 人民期望与现实：人民群众对国家和社会的期望都能够成为现实。这个判断您赞成吗？
   A. 完全赞成　　　　　　B. 比较赞成　　　　　　C. 基本赞成
   D. 不太赞成　　　　　　E. 很不赞成

4. 理论继承与发展：马克思列宁主义、毛泽东思想、邓小平理论、三个代表重要思想、科学发展观、习近平新时代中国特色社会主义思想，很好地处理了继承和发展的关系。这个结论您赞成吗？
   A. 完全赞成　　　　　　B. 比较赞成　　　　　　C. 基本赞成
   D. 不太赞成　　　　　　E. 很不赞成

5. 道路继承与发展：新中国成立以来的发展道路，改革开放以来的发展道路，十八大以来的发展道路，都充分体现了继承和发展的统一。这个结论您赞成吗？
   A. 完全赞成　　　　　　B. 比较赞成　　　　　　C. 基本赞成
   D. 不太赞成　　　　　　E. 很不赞成

6. 制度继承与发展：我国社会主义制度建立以来至今，逐渐形成和发展的经济、政治、文化、社会、生态等各项制度，都充分体现了继承和发展的统一。这个结论您赞成吗？

    A. 完全赞成   B. 比较赞成   C. 基本赞成

    D. 不太赞成   E. 很不赞成

7. 文化继承与发展：中国特色社会主义文化与中华优秀传统文化、革命文化、社会主义先进文化，充分体现了继承和发展的统一。这个结论您赞成吗？

    A. 完全赞成   B. 比较赞成   C. 基本赞成

    D. 不太赞成   E. 很不赞成

8. 学术思想多元：我国社会科学领域各学科的思想流派是多元多样的。这个判断您赞成吗？

    A. 完全赞成   B. 比较赞成   C. 基本赞成

    D. 不太赞成   E. 很不赞成

9. 网络舆论多样：互联网上传播的思想是多元多样的。这个判断您赞成吗？

    A. 完全赞成   B. 比较赞成   C. 基本赞成

    D. 不太赞成   E. 很不赞成

10. 传媒信息繁复：报刊、图书、影视、音像等传媒体现的思想是多元多样的。这个判断您赞成吗？

    A. 完全赞成   B. 比较赞成   C. 基本赞成

    D. 不太赞成   E. 很不赞成

11. 宗教传播蔓延：当前宗教在社会上的影响很大。这个判断您赞成吗？

    A. 完全赞成   B. 比较赞成   C. 基本赞成

    D. 不太赞成   E. 很不赞成

12. 国际舆论交锋：当前国际舆论交锋很激烈。这个判断您赞成吗？

    A. 完全赞成   B. 比较赞成   C. 基本赞成

    D. 不太赞成   E. 很不赞成

13. 西方思想渗透：西方思想对中国社会的影响很大。这个判断您赞成吗？

    A. 完全赞成   B. 比较赞成   C. 基本赞成

    D. 不太赞成   E. 很不赞成

14. 国际形势影响：面对当前复杂的国际环境，您认为中国的大政方针需要进行调整吗？

    A. 非常需要   B. 比较需要   C. 大概需要

    D. 不太需要   E. 完全不需要

15. 理论学习：当前政治理论学习做到了既严谨规范又灵活务实。这个判断您赞成吗?

A. 完全赞成　　　　　B. 比较赞成　　　　　C. 基本赞成

D. 不太赞成　　　　　E. 很不赞成

16. 工作实践：当前"维护中央权威与激发基层活力"是否有效统一?

A. 完全统一　　　　　B. 比较统一　　　　　C. 基本统一

D. 不太统一　　　　　E. 很不统一

17. 国家意志：党和国家是否重视思想政治工作?

A. 非常重视　　　　　B. 比较重视　　　　　C. 一般

D. 不太重视　　　　　E. 很不重视

18. 社会氛围：全社会所有机构、部门、企业、团体是否都很重视思想政治
工作?

A. 非常重视　　　　　B. 比较重视　　　　　C. 一般

D. 不太重视　　　　　E. 很不重视

19. 战略思想：党和国家有系统、完备、科学的意识形态工作思想。这个判
断您赞成吗?

A. 完全赞成　　　　　B. 比较赞成　　　　　C. 基本赞成

D. 不太赞成　　　　　E. 很不赞成

20. 领导体制：您认为宣传思想工作的领导体制需要改革吗?

A. 非常需要　　　　　B. 比较需要　　　　　C. 大概需要

D. 不太需要　　　　　E. 完全不需要

21. 工作理念：您认为当前各级宣传部门的工作理念都是合理的吗?

A. 非常合理　　　　　B. 比较合理　　　　　C. 大概合理

D. 不太合理　　　　　E. 完全不合理

22. 主流媒体：您认为主流媒体的宣传效果好吗?

A. 非常好　　　　　　B. 比较好　　　　　　C. 一般

D. 不太好　　　　　　E. 很不好

23. 立德树人：您认为学校思政课效果好吗?

A. 非常好　　　　　　B. 比较好　　　　　　C. 一般

D. 不太好　　　　　　E. 很不好

24. 解答能力：中国的发展道路、制度模式、取得的成就和存在的问题现有
理论能够清楚解答。这个观点您赞成吗?

A. 完全赞成　　　　　B. 比较赞成　　　　　C. 基本赞成

        D. 不太赞成   E. 很不赞成

25. 批判能力：当前对错误思想的批判是积极有效的。这个判断您赞成吗？

        A. 完全赞成   B. 比较赞成   C. 基本赞成

        D. 不太赞成   E. 很不赞成

26. 解决能力：当前关于意识形态及思想政治工作的理论研究非常充分、扎实、有效。这个判断您赞成吗？

        A. 完全赞成   B. 比较赞成   C. 基本赞成

        D. 不太赞成   E. 很不赞成

27. 体制机制：当前意识形态风险管控机制是否健全？

        A. 非常健全   B. 比较健全   C. 基本健全

        D. 不太健全   E. 很不健全

28. 工作准则：当前意识形态风险管控工作准则是清晰合理的。这个判断您赞成吗？

        A. 完全赞成   B. 比较赞成   C. 基本赞成

        D. 不太赞成   E. 很不赞成

29. 防控操作：当前对新闻报道、书刊出版、网络舆情的引导和管控都是卓有成效的。这个判断您赞成吗？

        A. 完全赞成   B. 比较赞成   C. 基本赞成

        D. 不太赞成   E. 很不赞成

30. 交流沟通：对外讲好中国故事、传播好中国声音的工作成效显著。这个判断您赞成吗？

        A. 完全赞成   B. 比较赞成   C. 基本赞成

        D. 不太赞成   E. 很不赞成

31. 反击渗透：国际舆论环境中，当前中国对美国等西方国家的意识形态攻击回应积极有效。这个判断您赞成吗？

        A. 完全赞成   B. 比较赞成   C. 基本赞成

        D. 不太赞成   E. 很不赞成

32. 秩序建构：在各国不同发展模式和价值观问题上，中国对构建平等对话、相互尊重的国际秩序的努力是卓有成效的。这个判断您赞成吗？

        A. 完全赞成   B. 比较赞成   C. 基本赞成

        D. 不太赞成   E. 很不赞成

33. 价值追求：56个民族的价值观差异很大吗？

  A. 非常大   B. 比较大   C. 一般

  D. 比较小   E. 很小

34. 生活习惯：56 个民族不同的传统生活习惯已经被共同的现代社会生活习惯代替。这个判断您赞成吗？

  A. 完全赞成   B. 比较赞成   C. 基本赞成

  D. 不太赞成   E. 很不赞成

35. 语言文艺：56 个民族不同的语言文学以及各种艺术形式都能相互欣赏、美美与共。这个判断您赞成吗？

  A. 完全赞成   B. 比较赞成   C. 基本赞成

  D. 不太赞成   E. 很不赞成

36. 历史轨迹：56 个民族各自不同的历史脉络都已经融会成为一条共同的历史道路。这个判断您赞成吗？

  A. 完全赞成   B. 比较赞成   C. 基本赞成

  D. 不太赞成   E. 很不赞成

37. 利益需求：不同职业、不同群体、不同阶层的全体中国人的基本利益需求都是一致的。这个判断您赞成吗？

  A. 完全赞成   B. 比较赞成   C. 基本赞成

  D. 不太赞成   E. 很不赞成

38. 进口文化产品影响：当前国外影视、动漫等文化产品及其衍生品的消费对中国民族文化发展有消极影响。这个观点您赞成吗？

  A. 完全赞成   B. 比较赞成   C. 基本赞成

  D. 不太赞成   E. 很不赞成

39. 国外文学艺术和学术思想影响：当前国外文学艺术和学术思想对中国的文学艺术和学术思想发展有消极影响。这个观点您赞成吗？

  A. 完全赞成   B. 比较赞成   C. 基本赞成

  D. 不太赞成   E. 很不赞成

40. 英语传播影响：当前英语在中国的传播对民族文化传承产生了消极影响。这个观点您赞成吗？

  A. 完全赞成   B. 比较赞成   C. 基本赞成

  D. 不太赞成   E. 很不赞成

41. 西方节日影响：当前圣诞节、感恩节、复活节、万圣节等西方节日在中国的流行影响了中国人的文化认同。这个观点您赞成吗？

A. 完全赞成　　　　B. 比较赞成　　　　C. 基本赞成

D. 不太赞成　　　　E. 很不赞成

42. 历史逻辑的民族性与世界性：中国模式的核心逻辑既包含世界现代化进程和世界社会主义运动的历史规律，也包含三千年中华文明的基本特质。这个观点您赞成吗？

A. 完全赞成　　　　B. 比较赞成　　　　C. 基本赞成

D. 不太赞成　　　　E. 很不赞成

43. 民族意识与世界意识：您认为既有民族意识，又有世界意识的中国人很多吗？

A. 非常多　　　　　B. 比较多　　　　　C. 一般

D. 比较少　　　　　E. 很少

44. 文艺形式的传统与现代：古诗文能够充分表达当代中国人的生活状态和思想感情。这个观点您赞成吗？

A. 完全赞成　　　　B. 比较赞成　　　　C. 基本赞成

D. 不太赞成　　　　E. 很不赞成

45. 价值观的传统与现代：中国传统价值观与当今中国人实际体现的价值观差别很大。这个判断您赞成吗？

A. 完全赞成　　　　B. 比较赞成　　　　C. 基本赞成

D. 不太赞成　　　　E. 很不赞成

46. 文化实力与综合国力差异：中国文化软实力国际地位与中国综合国力国际地位相当。这个判断您赞成吗？

A. 完全赞成　　　　B. 比较赞成　　　　C. 基本赞成

D. 不太赞成　　　　E. 很不赞成

47. 国际地位与文化贡献差异：中华文化对世界的贡献能够与中国成为世界性强国的目标匹配。这个判断您赞成吗？

A. 完全赞成　　　　B. 比较赞成　　　　C. 基本赞成

D. 不太赞成　　　　E. 很不赞成

48. 国家意志：党和国家是否重视中华民族"精神家园"建设？

A. 非常重视　　　　B. 比较重视　　　　C. 一般

D. 不太重视　　　　E. 很不重视

49. 社会氛围：全社会所有机构、部门、企业、团体是否都很重视传承和弘扬中华民族文化？

  A. 非常重视   B. 比较重视   C. 一般

  D. 不太重视   E. 很不重视

50. 战略思想：党和国家有系统、完备、科学的传承和弘扬中华民族文化的战略思想。这个判断您赞成吗？

  A. 完全赞成   B. 比较赞成   C. 基本赞成

  D. 不太赞成   E. 很不赞成

51. 民族文化融合政策与措施：国家民族和宗教政策的实施对促进中华民族文化认同起到很大作用。这个结论您赞成吗？

  A. 完全赞成   B. 比较赞成   C. 基本赞成

  D. 不太赞成   E. 很不赞成

52. 中外文化融合政策与措施：当代中国文化充分融会了人类文明积极成果。这个结论您赞成吗？

  A. 完全赞成   B. 比较赞成   C. 基本赞成

  D. 不太赞成   E. 很不赞成

53. 中马文化融合政策与措施：马克思主义与中华优秀传统文化实现了有机融合。这个结论您赞成吗？

  A. 完全赞成   B. 比较赞成   C. 基本赞成

  D. 不太赞成   E. 很不赞成

54. 文化交流措施：中国的文化外交措施是积极有效的。这个判断您赞成吗？

  A. 完全赞成   B. 比较赞成   C. 基本赞成

  D. 不太赞成   E. 很不赞成

55. 国际文化秩序建构：中国在推动构建相互尊重文化主权，各国文化多元共存、平等对话、和而不同的国际文化秩序方面的努力是卓有成效的。这个判断您赞成吗？

  A. 完全赞成   B. 比较赞成   C. 基本赞成

  D. 不太赞成   E. 很不赞成

56. 广播影视音像文化信息：当前广播影视音像文化信息都是积极健康的。这个判断您赞成吗？

  A. 完全赞成   B. 比较赞成   C. 基本赞成

  D. 不太赞成   E. 很不赞成

57. 网络文化信息：当前网络传播的文字、音视频、游戏、广告等文化信息都是积极健康的。这个判断您赞成吗？

  A. 完全赞成   B. 比较赞成   C. 基本赞成

  D. 不太赞成   E. 很不赞成

58. 纸媒报刊图书文化信息：当前纸媒报刊图书文化信息都是积极健康的。这个判断您赞成吗？

  A. 完全赞成   B. 比较赞成   C. 基本赞成

  D. 不太赞成   E. 很不赞成

59. 娱乐休闲：当前大众棋牌、歌舞、茶座、电子游戏等娱乐休闲活动都是积极健康的。这个判断您赞成吗？

  A. 完全赞成   B. 比较赞成   C. 基本赞成

  D. 不太赞成   E. 很不赞成

60. 文体兴趣：当前大众书画、摄影、戏曲票友、文艺创作、工艺制作、社区文体等文体兴趣活动都是积极健康的。这个判断您赞成吗？

  A. 完全赞成   B. 比较赞成   C. 基本赞成

  D. 不太赞成   E. 很不赞成

61. 演艺观赏：当前各类现场观赏的演艺活动都是积极健康的。这个判断您赞成吗？

  A. 完全赞成   B. 比较赞成   C. 基本赞成

  D. 不太赞成   E. 很不赞成

62. 民俗节庆：当前大众组织或参与的各类民俗、节庆活动形式和内容都是积极健康的。这个判断您赞成吗？

  A. 完全赞成   B. 比较赞成   C. 基本赞成

  D. 不太赞成   E. 很不赞成

63. 参观旅游：当前大众旅游参观活动的形式和内容都是积极健康的。这个判断您赞成吗？

  A. 完全赞成   B. 比较赞成   C. 基本赞成

  D. 不太赞成   E. 很不赞成

64. 展会游园：当前大众组织或参与的各类展会游园活动形式和内容都是积极健康的。这个判断您赞成吗？

  A. 完全赞成   B. 比较赞成   C. 基本赞成

  D. 不太赞成   E. 很不赞成

65. 宗教活动：当前大众参与的宗教活动都是合法有序的。这个判断您赞成吗？

  A. 完全赞成　　　　　B. 比较赞成　　　　　C. 基本赞成

  D. 不太赞成　　　　　E. 很不赞成

66. 文明礼貌：您如何评价当今中国人的文明礼貌状况？

  A. 非常好　　　　　　B. 比较好　　　　　　C. 一般

  D. 不太好　　　　　　E. 很不好

67. 人文素养：您如何评价当今中国人的人文素养？

  A. 非常好　　　　　　B. 比较好　　　　　　C. 一般

  D. 不太好　　　　　　E. 很不好

68. 意志品质：您如何评价当今中国人在意志品质方面的表现？

  A. 非常好　　　　　　B. 比较好　　　　　　C. 一般

  D. 不太好　　　　　　E. 很不好

69. 信心能力：您如何评价当今中国人在信心能力方面的表现？

  A. 非常好　　　　　　B. 比较好　　　　　　C. 一般

  D. 不太好　　　　　　E. 很不好

70. 社会心态：您如何评价当今中国人的社会心态？

  A. 非常好　　　　　　B. 比较好　　　　　　C. 一般

  D. 不太好　　　　　　E. 很不好

71. 文化产品思想性与娱乐性：当前文化产品充分发挥了传播思想、教化社会的功能。这个结论您赞成吗？

  A. 完全赞成　　　　　B. 比较赞成　　　　　C. 基本赞成

  D. 不太赞成　　　　　E. 很不赞成

72. 文艺作品高雅性与通俗性：当前文艺作品很好地实现了高雅性与通俗性的统一。这个结论您赞成吗？

  A. 完全赞成　　　　　B. 比较赞成　　　　　C. 基本赞成

  D. 不太赞成　　　　　E. 很不赞成

73. 文化经典正统性与普及性：当前文化经典传播为有利于广泛普及进行改编和解读的同时，又很好地保留原貌、尊重原著。这个结论您赞成吗？

  A. 完全赞成　　　　　B. 比较赞成　　　　　C. 基本赞成

  D. 不太赞成　　　　　E. 很不赞成

74. 经济效益与社会效益：当前文化产业和教育行业发展都实现了经济效益和社会效益的统一。这个结论您赞成吗？

      A. 完全赞成   B. 比较赞成   C. 基本赞成

      D. 不太赞成   E. 很不赞成

75. 工具理性与价值理性：学校教育升学就业目标与思想品质、科学精神、人文素养、心理健康等方面都兼顾得很好。这个结论您赞成吗？

      A. 完全赞成   B. 比较赞成   C. 基本赞成

      D. 不太赞成   E. 很不赞成

76. 物质生活水平与精神生活水平差异：当前中国人精神生活水平与物质生活水平差异很大。这个判断您赞成吗？

      A. 完全赞成   B. 比较赞成   C. 基本赞成

      D. 不太赞成   E. 很不赞成

77. 物质生活需求度与精神生活需求度差异：当前中国人物质生活需求度与精神生活需求度差异很大。这个判断您赞成吗？

      A. 完全赞成   B. 比较赞成   C. 基本赞成

      D. 不太赞成   E. 很不赞成

78. 精神生活感官性内容与思想性（超越性）内容比例差异：当前中国人依托物质生活消费的感官满足和娱乐主义的精神体验，明显多于思想性、超越性的精神体验。这个判断您赞成吗？

      A. 完全赞成   B. 比较赞成   C. 基本赞成

      D. 不太赞成 E. 很不赞成

79. 文化兴趣个人选择与社会价值导向：当前文化兴趣个人选择与社会价值导向的矛盾很突出。这个判断您赞成吗？

      A. 完全赞成   B. 比较赞成   C. 基本赞成

      D. 不太赞成   E. 很不赞成

80. 文化行为个性化与文化活动公共性：当前文化行为个性化与文化活动公共性的矛盾很突出。这个判断您赞成吗？

      A. 完全赞成   B. 比较赞成   C. 基本赞成

      D. 不太赞成   E. 很不赞成

81. 文化创造个人自由与文化传播公共秩序：当前文化创造个人自由与文化传播公共秩序的矛盾很突出。这个判断您赞成吗？

      A. 完全赞成   B. 比较赞成   C. 基本赞成

      D. 不太赞成   E. 很不赞成

82. 国家意志：党和国家是否重视文化健康发展？

  A. 非常重视   B. 比较重视   C. 一般

  D. 不太重视   E. 很不重视

83. 社会氛围：全社会所有机构、部门、企业、团体是否都很重视文化产品等"精神粮食"的健康问题？

  A. 非常重视   B. 比较重视   C. 一般

  D. 不太重视   E. 很不重视

84. 战略思想：党和国家有系统、完备、科学的促进文化健康发展的战略思想。这个结论您赞成吗？

  A. 完全赞成   B. 比较赞成   C. 基本赞成

  D. 不太赞成   E. 很不赞成

85. 操作措施：当前针对大众文化生活价值底线的防控措施是否有效？

  A. 非常有效   B. 比较有效   C. 一般

  D. 不太有效   E. 没有效

86. 优秀文艺作品和文化精品激励措施：当前针对优秀文艺作品和文化精品的激励措施积极有效吗？

  A. 非常有效   B. 比较有效   C. 一般

  D. 不太有效   E. 没有效

87. 主旋律作品的产出机制：当前主旋律作品的产出机制是合理、健全的。这个结论您赞成吗？

  A. 完全赞成   B. 比较赞成   C. 基本赞成

  D. 不太赞成   E. 很不赞成

88. 主旋律作品的影响力：您怎样评价"主旋律"文化产品（文艺作品）的影响力？

  A. 非常大   B. 比较大   C. 一般

  D. 比较小   E. 很小

以下，图 B.1 展示了专家调查的结果分布。

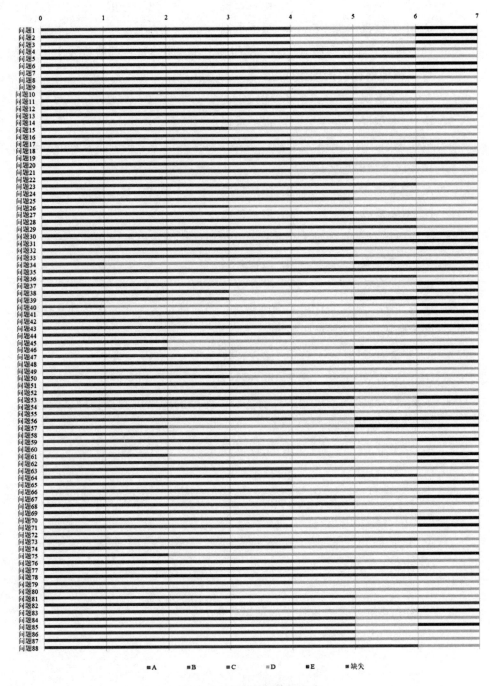

图 B.1 专家调查结果分布

附录 C：文献评估结果及其来源

1. 党建引领：基层党组织思想建设效果好吗？
   A. 非常好   B. 比较好   C. 一般
   D. 不太好   E. 不好

   评估结果：C

   文献来源：李毅弘和孙磊（2020）[①]；杨德山（2018）[②]；周庆天等（2017）[③]

2. 干部带头：领导干部政治理论学习效果好吗？
   A. 非常好   B. 比较好   C. 一般
   D. 不太好   E. 不好

   评估结果：B

   文献来源：刘云山（2017）[④]

3. 城市外国人口占比：城市常驻外国人口占比。
   A. 5%以上   B. 4%—5%   C. 3%—4%
   D. 2%—3%   E. 2%以下

   评估结果：E

   数据来源：国家统计局

[①] 李毅弘，孙磊. 习近平关于基层党组织建设的重要论述探析［J］. 思想理论教育导刊，2020（09）：33-37.

[②] 杨德山. 习近平党的思想建设理论创新述析［J］. 马克思主义理论学科研究，2018，4（01）：148-156.

[③] 周庆天，李滢宇，刘越. 习近平总书记关于基层党组织建设思想的研究［J］. 吉林省教育学院学报，2017，33（09）：133-135.

[④] 刘云山. 领导干部要注重提高政治能力［N］. 学习时报，2017-09-11（06）.

4. 在华跨国公司雇员就业人口占比：外资企业中国员工数/中国就业人口总数。

    A. 50%以上   B. 35%—50%   C. 25%—35%

    D. 10%—25%   E. 10%以下

    评估结果：E

    数据来源：国家统计局

5. 有出国经历人数占比：有出国经历人数占比。

    A. 50%以上   B. 35%—50%   C. 25%—35%

    D. 10%—25%   E. 10%以下

    评估结果：E

    数据来源：中国宏观经济数据库

6. 价值观的民族性与世界性：中华民族价值观的世界共享性评价。

    A. 非常低   B. 比较低   C. 一般

    D. 比较高   E. 非常高

    评估结果：D

    文献来源：关世杰（2019）①

7. 政策制定：国家保障和支持民族文化传承的政策体系是健全完备的。这个判断您赞成吗？

    A. 完全赞成   B. 比较赞成   C. 基本赞成

    D. 不太赞成   E. 很不赞成

    评估结果：C

    文献来源：陈孝凯（2017）②；董成雄（2016）③；唐爱玲（2020）④

① 关世杰. 中国核心价值观的世界共享性初探［J］. 国际传播，2019（6）：9-26.
② 陈孝凯. 新中国民族文化传承与保护政策的历史发展探析［J］. 民族高等教育研究，2017，5（03）：27-33.
③ 董成雄. 中国优秀传统文化的系统解读和传承建构［D］. 泉州：华侨大学，2016.
④ 唐爱玲. 积极有效传承中华优秀传统文化［J］. 陕西社会主义学院学报，2020（01）：26-28，32.

8. 工作措施：当前传承和弘扬中华优秀传统文化的具体措施是合理有效的。
   这个判断您赞成吗？

   A. 完全赞成　　　　　B. 比较赞成　　　　　C. 基本赞成

   D. 不太赞成　　　　　E. 很不赞成

   评估结果：B

   文献来源：唐爱玲（2020）①

9. 政策制定：国家有健全完备的鼓励和支持民族文化创新的政策体系。这
   个判断您赞成吗？

   A. 完全赞成　　　　　B. 比较赞成　　　　　C. 基本赞成

   D. 不太赞成　　　　　E. 很不赞成

   评估结果：C

   文献来源：陈孝凯（2017）②

10. 工作措施：当前推动文化创新的具体措施是合理且有效的。这个判断您
    赞成吗？

    A. 完全赞成　　　　　B. 比较赞成　　　　　C. 基本赞成

    D. 不太赞成　　　　　E. 很不赞成

    评价结果：C

    文献来源：蔡小龙（2020）③

11. 政策制定：国家有健全完备的提高中华文化国际竞争力的战略部署。这
    个判断您赞成吗？

    A. 完全赞成　　　　　B. 比较赞成　　　　　C. 基本赞成

    D. 不太赞成　　　　　E. 很不赞成

    评价结果：B

----

① 唐爱玲. 积极有效传承中华优秀传统文化 [J]. 陕西社会主义学院学报, 2020 (01)：26-28, 32.

② 陈孝凯. 新中国民族文化传承与保护政策的历史发展探析 [J]. 民族高等教育研究, 2017, 5 (03)：27-33.

③ 蔡小龙. 发扬传统文化, 促进文化创新 [J]. 青年生活, 2020 (04).

文献来源：曲慧敏（2012）①

12. 工作措施：当前增强中华文化国际竞争力的措施是积极有效的。这个判断您赞成吗？

    A. 完全赞成   B. 比较赞成   C. 基本赞成

    D. 不太赞成   E. 很不赞成

评价结果：C

文献来源：曾婕等（2016）②

13. 文化外交政策：中国的文化外交政策是健全和完善的。这个判断您赞成吗？

    A. 完全赞成   B. 比较赞成   C. 基本赞成

    D. 不太赞成   E. 很不赞成

评价结果：C

文献来源：杨悦（2020）③

14. 中国在国际文化组织作用：中国在国际性文化组织的作用很大。这个判断您赞成吗？

    A. 完全赞成   B. 比较赞成   C. 基本赞成

    D. 不太赞成   E. 很不赞成

评价结果：D

文献来源：曲慧敏（2012）④

15. 文化消费水平：中国文化消费水平。

    A. 非常高   B. 比较高   C. 一般

    D. 比较低   E. 非常低

---

① 曲慧敏. 中华文化走出去战略研究［D］. 济南：山东师范大学，2012.

② 曾婕，沈壮海，刘水静. 中华文化"走出去"战略及其实践研究［J］. 江汉论坛，2016（02）：5-14.

③ 杨悦. 新中国文化外交70年——传承与创新［J］. 国际论坛，2020，22（01）：72-83，158.

④ 曲慧敏. 中华文化走出去战略研究［D］. 济南：山东师范大学，2012.

评价结果：D

数据来源：国家统计局

16. 文化保障水平：公共文化服务全国总体水平。

　　A. 非常高　　　　　　　B. 比较高　　　　　　　C. 一般

　　D. 比较低　　　　　　　E. 非常低

　　评价结果：B

　　文献来源：向颖（2019）①

17. 文化多样性：文化遗产传承和文化多样性保护状况怎样？

　　A. 非常好　　　　　　　B. 比较好　　　　C. 一般

　　D. 不太好　　　　　　　E. 不好

　　评价结果：C

　　文献来源：成新湘（2019）

18. 文化资源管理：文化资源管理的法律法规和政策措施是否健全？

　　A. 非常健全　　　　　　B. 比较健全　　　　　　C. 一般

　　D. 不太健全　　　　　　E. 不健全

　　评价结果：D

　　文献来源：吕渊（2019）②

19. 文化资源开发利用合理性：当前对文化资源的开发利用都是积极合理

　　的。这个判断您赞成吗？

　　A. 完全赞成　　　　　　B. 比较赞成　　　　　　C. 基本赞成

　　D. 不太赞成　　　　　　E. 很不赞成

　　评价结果：D

　　文献来源：林存文（2019）③

---

① 向颖. 基本公共文化服务供给公众满意度研究［D］. 武汉：华中师范大学，2019.

② 吕渊. 文化产业发展中的文化资源保护与开发问题研究［C］. 人文与科技（第 2 辑），
2019：134-144.

③ 林存文. 文化资源产业转化机制研究［D］. 泉州：华侨大学，2019.

20. 文化产业量的供需矛盾：中国文化产业量的供需矛盾

    A. 非常突出   B. 比较突出   C. 一般

    D. 不太突出   E. 不突出

    评价结果：B

    数据来源：国家统计局

21. 文化产业质的供需矛盾：文化产品质量满意度。

    A. 不满意   B. 不太满意   C. 一般

    D. 比较满意   E. 非常满意

    评价结果：C

    文献来源：李群群（2019）[①]；王红等（2016）[②]；蔡春霞（2020）[③]

22. 文化事业局部与现代化总体布局的矛盾：当前政府以经济效益为核心的政绩评价与发展文化事业的矛盾很突出吗？

    A. 非常突出   B. 比较突出   C. 一般

    D. 不太突出   E. 不突出

    评价结果：B

    文献来源：王晓刚（2007）[④]

23. 法律规章：当前针对文化环境"污染"和文化活动"失范"治理的法律法规和规章制度是否健全？

    A. 非常健全   B. 比较健全   C. 一般

    D. 不太健全   E. 不健全

    评价结果：C

    文献来源：余亮（2019）[⑤]

[①] 李群群. 新时代文化产业供给侧结构性改革研究 [D]. 长春：吉林大学，2019.

[②] 王红，孙敏，李亚林. 文化产品消费满意度影响因素研究——以湖北省为例 [J]. 品牌研究，2016（05）：73-80.

[③] 蔡春霞. 公共文化产品服务的现状调查——以北京市为例 [J]. 北京印刷学院学报，2020，28（05）：62-69;.

[④] 王晓刚. 文化体制改革研究 [D]. 北京：中共中央党校，2007.

[⑤] 余亮. 文化产业高质量发展的几大着力点 [J]. 人民论坛，2019（27）：136-137.

24. 监管机制：当前针对文化信息发布、文化产品生产传播和文化活动开展的监督、管理机制是否健全？

    A. 非常健全   B. 比较健全   C. 一般

    D. 不太健全   E. 不健全

    评价结果：C

    文献来源：王晓刚（2007）①

25. 文化产业政策：当前文化产业政策有助于解决经济效益和社会效益的矛盾。这个结论您赞成吗？

    A. 完全赞成   B. 比较赞成   C. 基本赞成

    D. 不太赞成   E. 很不赞成

    评价结果：D

    文献来源：王晓刚（2007）②

26. 文化事业政策：当前文化事业政策有助于提高大众精神生活水平。这个结论您赞成吗？

    A. 完全赞成   B. 比较赞成   C. 基本赞成

    D. 不太赞成   E. 很不赞成

    评价结果：C

    文献来源：周艳（2020）③

27. 教育行业政策：当前教育行业政策有利于促进人的自由而全面发展。这个结论您赞成吗？

    A. 完全赞成   B. 比较赞成   C. 基本赞成

    D. 不太赞成   E. 很不赞成

    评价结果：D

    文献来源：董玥欣（2017）④

---

① 王晓刚. 文化体制改革研究［D］. 北京：中共中央党校，2007.
② 王晓刚. 文化体制改革研究［D］. 北京：中共中央党校，2007.
③ 周艳. 论文化事业与文化产业的互动发展［J］. 农家参谋，2020（16）：290.
④ 董玥欣. 人的可持续发展概念及实现途径的研究［D］. 天津：天津大学，2017.

28. 领导机制：各级文化管理部门机构合理、体系完备、管理综合、权责明确、管办分离。这个结论您赞成吗？

    A. 完全赞成　　　　　B. 比较赞成　　　　　C. 基本赞成

    D. 不太赞成　　　　　E. 很不赞成

    评价结果：D

    文献来源：王晓刚（2007）[①]

29. 法律法规：文化建设领域相关法律法规是否健全？

    A. 非常健全　　　　　B. 比较健全　　　　　C. 一般

    D. 不太健全　　　　　E. 不健全

    评价结果：C

    文献来源：曲慧敏（2012）[②]；王晓刚（2007）[③]

30. 行业协会：当前文化领域行业协会发挥的作用很大吗？

    A. 非常大　　　　　　B. 比较大　　　　　　C. 一般

    D. 比较小　　　　　　E. 很小

    评价结果：C

    文献来源：林存文（2019）[④]

31. 文化产业与文化事业协调机制：文化产业与文化事业协调机制是否健全？

    A. 非常健全　　　　　B. 比较健全　　　　　C. 一般

    D. 不太健全　　　　　E. 不健全

    评价结果：C

    文献来源：王晓刚（2007）[⑤]

32. 文化产业市场作用与政府作用协调机制：文化产业市场作用与政府作用

[①] 王晓刚. 文化体制改革研究［D］. 北京：中共中央党校，2007.

[②] 曲慧敏. 中华文化走出去战略研究［D］. 济南：山东师范大学，2012.

[③] 王晓刚. 文化体制改革研究［D］. 北京：中共中央党校，2007.

[④] 林存文. 文化资源产业转化机制研究［D］. 泉州：华侨大学，2019.

[⑤] 王晓刚. 文化体制改革研究［D］. 北京：中共中央党校，2007.

协调机制是否健全？

A. 非常健全　　　　　B. 比较健全　　　　　C. 一般

D. 不太健全　　　　　E. 不健全

评价结果：C

文献来源：王晓刚（2007）①

33. 文化生产与文化传播协调机制：文化生产与文化传播协调机制是否健全？

A. 非常健全　　　　　B. 比较健全　　　　　C. 一般

D. 不太健全　　　　　E. 不健全

评价结果：C

文献来源：曲慧敏（2012）②

附录 D：专家所填互反判断矩阵（略）

---

① 王晓刚. 文化体制改革研究［D］. 北京：中共中央党校，2007.

② 曲慧敏. 中华文化走出去战略研究［D］. 济南：山东师范大学，2012.

后　记

　　本书是我承担的国家社会科学基金项目结项成果，也是我出版的第五本国家文化安全研究专著。国内学术界关于国家文化安全的研究经历了20多年的积累，取得了大量的研究成果，并逐步发展成为一个独立的研究领域，学科特征逐渐明晰。同时，现有国家文化安全研究文献也存在较为普遍的内容同质化、结构模板化等特点，尽管逐步超越了宽泛的面上研究阶段，但突破的思路也主要体现为从某个局部领域切入，逻辑推进套路化仍然明显，可以认为国家文化安全研究需要研究视域的拓展以及方法和范式上的突破。本书把国家文化安全体系看作"动态系统"，立足国家文化安全形势的定量评估，尝试研究方法和研究范式上的新思路，并在此基础上对集中提炼的国家文化安全战略和策略两个层次的核心问题进行探讨。本书的特点不是体系的完整性，而是通过相互关联的重点和核心问题进行的专题性深入研究，以及尝试寻求对国家文化安全研究新的思路与方法的突破。需要提醒读者，这些所谓"突破"仅具有开拓思路举一反三的启发性意义，特别是其中国家文化安全形势定量评估方法的运用、问卷设计和数据采集的方式等都还比较粗糙，需要同行共同推进提高。当然，实证研究中数据的真实性和可靠性是毋庸置疑的，国家文化安全指数的计算结果是科学合理的。

　　本书是团队合作的成果，团队多数成员都是我的博士生。西南财经大学思想政治教育学科博士点从2012年开始就设立了"国家文化安全研究"博士培养方向，团队合作、集体攻关是推动学科发展的重要途径。课题研究的方案和书稿撰写的思路框架，以及研究方法和实施路径等由我部署和拟定，研究结果的呈现和书稿各章的撰写在我的指导下完成并最终由我修改定稿，苏茂林协助完成了相关工作。具体各章分工如下：武丽丽承担第一、二章，刘家豪承担第三章，帅建强承担第四、七章，苏茂林承担第五、六章，王卓欣承担第八章，白中英承担第九章。另外，实证研究的整个过程由课题组共同协作完成，国家文化安全评估指标体系和评估方案由我设计，各位团队成员承担了调研以及数据采集和处理的各项工作。除了最终成果呈现的以上成员，程红、柳行承担了专项调研和数据采集的任务，西南财经大学马克思主义学院部分博士和硕士生参加了问卷整理、数据统计录入等工作。西南财经大学金融学院朱波教授为定量评估方法提供了支持，西南财经大学马克思主义学院陈宗权教授、段江波教授、刘芳教授、刘君涵副教授、四川省委党校李刚教授、四川省社会科学院肖云研究员、李军副研究员、邓真副研究员八位专家参与了专家问卷和互反判断矩阵的填写。

对本书完成过程中做出过贡献而未署名的各位专家和同学在此表示感谢。

本书在研究中参阅了大量相关文献，已整理为附录列出，若有遗漏的文献作者也一并感谢。

感谢光明日报出版社的大力支持，感谢编辑的辛勤工作，文责由作者承担。

特别感谢家人的支持，因为我躲过了很多家务和烦琐。

最后还要感谢母亲的养育之恩，书稿编审之际母亲驾鹤瑶池，谨以此书告慰母亲的在天之灵。

韩　源

2023 年 2 月